“十二五”国家重点出版物出版规划项目

国家出版基金项目
NATIONAL PUBLICATION FOUNDATION

国别商务环境研究系列丛书

总主编　杨言洪

美国商务环境

主编　刘宝成　张梦莎

对外经济贸易大学出版社
中国·北京

图书在版编目（CIP）数据

美国商务环境／刘宝成，张梦莎主编．—北京：对外经济贸易大学出版社，2015
（国别商务环境研究系列丛书）
ISBN 978-7-5663-1470-3

Ⅰ.①美… Ⅱ.①刘… ②张… Ⅲ.①国际商务-经济环境-研究-美国 Ⅳ.①F737.12

中国版本图书馆 CIP 数据核字（2015）第 216714 号

美国商务环境

刘宝成 张梦莎 主编
责任编辑：史伟明

对外经济贸易大学出版社
北京市朝阳区惠新东街 10 号 邮政编码：100029
邮购电话：010-64492338 发行部电话：010-64492342
网址：http://www.uibep.com E-mail：uibep@126.com

三河市少明印务有限公司印装 新华书店北京发行所发行
成品尺寸：170mm×230mm 14.5 印张 268 千字
2016 年 6 月北京第 1 版 2016 年 6 月第 1 次印刷

ISBN 978-7-5663-1470-3
定价：47.00 元

序　言

改革开放以来，中国经济持续快速发展，如今中国已成为世界第二大经济体。在经济全球化深入发展的新形势下，党的十八大报告中强调指出，要完善互利共赢、多元平衡、安全高效的开放型经济体系。这是在全面总结中国 30 多年对外开放实践的基础上，根据当前世情、国情新变化提出的新要求，为今后一个时期进一步扩大开放、全面提高开放型经济水平指明了方向，对于在更大范围、更广领域、更高水平上推进对外开放，具有十分重要的指导意义。

近年来，随着开放型经济建设水平和质量的不断提升，中国参与世界经济活动的广度与深度与日俱增。仅以国际贸易为例，世界贸易组织公布的贸易统计数据显示，2014 年中国货物出口额为 2.34 万亿美元，居世界第一位；货物进口额为 1.959 万亿美元，居世界第二位。2014 年中国货物出口与进口相加总额为 4.3 万亿美元，在全球的货物贸易额排名中位列第一，超出美国 2 685 亿美元。

开放型经济是一种全方位、宽领域、深层次开放的经济形态，一种内外联动、互利共赢、安全高效的经济体系。随着中国建设“开放型经济”战略的不断深化，相信未来将有更多的中国企业走出国门投资建厂或从事工程承包等业务。因此，我们比以往任何时候都更加需要对世界各地区和国家的了解。

在这个多元的世界上，各个地区、各个国家、各个民族历史经历不同，文化背景迥异，经济和社会发展程度存在差异，政治体制、社会结构、法律法规千差万别。这就需要我们对经济合作与贸易往来对象国的商务环境进行认真研究，为中国企业“走出去”投资经商、工程承包提供智力支撑。

2015 年 3 月，经国家出版基金管理委员会批准，“国别商务环境研究系列丛书”被确定为 2015 年度国家出版基金项目。本系列的首批图书聚焦 20 国集团，因为该集团国内生产总值（GDP）总量约占世界的 85%，贸易额占全球的 80%，人口约为40亿，将近世界总人口的2/3。研究20国集团的商务环境，对于服务国家建设开放型经济发展战略，增强中国企业国际化经营能力和竞争力大有裨益。

而这正是对外经济贸易大学区域国别研究所组织撰写“国别商务环境研究系列丛书”的立意。

该丛书的撰写与出版得到对外经济贸易大学校内“211”工程的支持，同时作为中共中央编译局委托课题，得到“中央文献对外翻译与传播协同创新中心”科学研究项目部分支持。

杨言洪

2015年3月

目　录

第1章 美国概况

1.1 美国国家概况

1.1.1 地理环境

美国全称美利坚合众国（the United States of America，USA），本土位于北美洲中南部，东临大西洋，西濒太平洋，北接加拿大，南邻墨西哥与墨西哥湾。美国领土还包括北美洲西北部的阿拉斯加和太平洋中部的夏威夷群岛，国土面积共计9 826 675平方千米，其中陆地面积9 161 966平方千米，水域面积664 709平方千米。美国共有50个州和1个特区，即首都华盛顿的所在地哥伦比亚特区，主要城市有纽约、洛杉矶、芝加哥、亚特兰大、波士顿、达拉斯、休斯敦、西雅图等。①

华盛顿

纽约

① https：//www. cia. gov/library/publications/the-world-factbook/geos/us. html.

自由女神像

纽约时报广场

芝加哥

波士顿

达拉斯

旧金山

美国幅员辽阔，地形复杂，气候类型多样。美国东北部沿海地区和北部五大湖区属于温带湿润大陆性气候，冬寒夏热，降水分布较为均匀。东南部地区和墨西哥湾沿岸属于亚热带季风性湿润气候，冬季凉爽干燥，夏季炎热多雨。中部平原地区属于温带大陆性气候，冬夏温差较大，降水少而集中。西部内陆高原冬冷夏热，干燥少雨。太平洋沿岸南段属亚热带地中海型气候，冬季温和多雨，夏季炎热干燥；北段属温带海洋性气候，冬暖夏凉，温差较小，雨量充沛且冬雨较多。此外，阿拉斯加属亚寒带大陆性气候，冬季漫长而严寒，夏季短暂而温暖，降水量低，但湿度较高。夏威夷属热带海洋性气候，全年温暖湿润。佛罗里达半岛北部属亚热带气候，南部属热带气候，雨量大且多集中于夏季。

拉斯维加斯

夏威夷

大峡谷

黄石公园

美国自然资源丰富，其农业用地、油气矿产、林业资源等均位于世界前列。美国的耕地与牧地面积约为4.3亿公顷，占全球农业用地的10%左右，耕地面积占全国土地面积的18.01%。截至2011年，美国已探明原油储量206.8亿桶，居世界第13位；天然气储量244.7万亿立方英尺，居世界第5位；煤炭储量近4 910亿吨，占全球总储量的27%，居世界第2位；铜矿储量9 200万吨（金属量），居世界第2位；铅矿储量5 352万吨（金属量），居世界首位。美国共有森林和草地6.5亿公顷，其中森林约占50%，森林覆盖率达33%。美国北有阿拉斯加寒带林，大陆本土有广阔的温带林，波多黎各和夏威夷有繁茂的热带林，林地面积仅次于加拿大和巴西，居全球第3位，主要树种有美洲松、黄松、白松和橡树等。①

1.1.2 人口结构

根据美国人口普查局（United States Census Bureau）的估算，截至2013年7月1日，美国约有人口3.16亿，位列全球第3位。② 其中，男女占比分别为49.2%和50.8%。③ 60岁和65岁以上人口占比分别为19.9%和14.1%，呈现出老龄化社会的特征④（参见图1-1）。

美国是一个多种族国家，常住居民有白人、黑人及非洲裔、印第安人和阿拉斯加土著、亚裔、夏威夷原住民和其他太平洋岛民等。美国人口普查局2013年的估算数据显示，白人在美国社会的占比最高，为77.7%，黑人及非洲裔的占比次之，为13.2%。⑤

根据美国人口普查局2012年的普查结果，截至2009年，美国5岁以上人口中有80.0%只讲英语，12.4%讲西班牙语，其他语言有汉语、法语、德语、越南语等，但使用这些语言的人口比例均不足1%。⑥

美国人口普查局2012年的普查结果显示，截至2008年，美国成年人中有76.0%信仰基督教，3.9%信仰犹太教、伊斯兰教、佛教等其他宗教，15.0%没

---

① http：//us.mofcom.gov.cn/article/zt_investguide/lanmutwo/201405/20140500574337.shtml.

② http：//www.census.gov/popclock/.

③ http：//factfinder2.census.gov/faces/tableservices/jsf/pages/productview.xhtml？ src=bkmk.

④ 根据联合国标准，若一个国家或地区中60岁以上人口占比达到10%或65岁以上人口占比达到7%，则意味着这个国家或地区进入了老龄化社会。

⑤ http：//quickfacts.census.gov/qfd/states/00000.html.

⑥ http：//www.census.gov/compendia/statab/2012/tables/12s0053.pdf.

有特定的宗教信仰，另有 5.2% 的成年人拒绝透露该信息。[①]

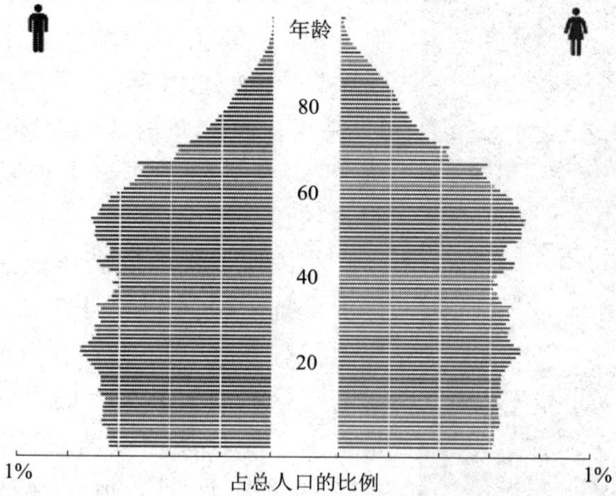

图 1-1 美国人口性别年龄结构

资料来源：http：//www.census.gov/popclock/.

1.1.3 发展历史

1.1.3.1 殖民地时期

最早的美洲原住民来自亚洲，他们跨越大陆桥，以族群的形式定居于北美大陆。1492 年，哥伦布发现“新大陆”（实为加勒比海附近岛屿）。1497 年，约翰·卡伯特航行至加拿大和美国东海岸。自此，欧洲各国相继登陆北美大陆并建立殖民地，开始资本的原始积累。

16—18 世纪，法国人在圣劳伦斯河流域下游大湖区和密西西比河流域等地建立了新法兰西，西班牙人在墨西哥和美国西南部建立了新西班牙，英国在北美洲大西洋沿岸建立了 13 个殖民地。

1.1.3.2 独立战争与建国时期

1756 年，英法为争夺殖民地和海上霸权爆发了“七年战争”。1763 年，英国取得战争胜利，接管了加拿大和密西西比河以东的新法兰西。此后，英国对

① http：//www.census.gov/compendia/statab/2012/tables/12s0075.pdf.

费城立宪会议旧址

北美殖民地严加控制，征收重税，严重损害了殖民地人民的经济利益。1770 年，英国殖民当局与北美殖民地波士顿地区人民发生流血冲突，“波士顿惨案”发生。1773 年，“茶税法”的通过引起了“波士顿倾茶事件”。1774 年，英国政府连续颁布 5 项“不可容忍法令”，从政治和军事上加紧了对殖民地的控制与镇压。

英国对殖民地的高压统治引起了各地区人民的反抗。1774 年 9 月 5 日，除佐治亚外的殖民地代表在费城召开了第一届大陆会议，通过了与英国断绝贸易关系的决议，并向英王递送请愿书，要求英国取消对殖民地的高压政策。1775 年 4 月 18 日，波士顿附近爆发了列克星敦和康科德战役，拉开了美国独立战争的序幕。1776 年 7 月 4 日，第二届大陆会议通过《独立宣言》(The Declaration of Independence)，宣布 13 个殖民地脱离英国独立。1783 年，英美签订了《巴黎和约》，英国承认 13 个殖民地的独立，战争宣告结束。

1777 年，第二届大陆会议通过了《邦联条例》。据此，13 个殖民地成立了松散的中央政府，宣布成立美利坚共和国。1787 年，制宪会议在费城召开，制定了世界第一部成文宪法《美利坚合众国宪法》(The Constitution of the United States)。宪法规定，美国是联邦制国家，实行立法、行政、司法三权分立的民主共和制度。1789 年，联邦政府正式成立，乔治·华盛顿（George Washington）就任美国首届总统。同年，美国国会通过了宪法前 10 条修正案，即“权利法案”，该法案于 1791 年生效。1812—1815 年，美国为维护国家主权和民族独立同英国开战，史称“第二次独立战争”。从此，美国彻底摆脱了英国在政治和经济上的控制，成为了一个完全独立的民族主权国家。

联邦大厅国家纪念堂

1.1.3.3 南北战争与重建时期

1816—1824年，联邦党逐渐衰落，民主共和党一党执政，形成了美国历史上的“和谐时期”。随后，民主共和党内出现分裂，组成了民主党和辉格党两大派别。1828年，民主党人安德鲁·杰克逊（Andrew Jackson）当选总统。杰克逊政府颁布了《印第安人迁移法》，将印第安人驱逐至密西西比河以西，制止了南卡罗来纳州借口高关税法而掀起的分裂危机，废除了贫民因负债而受到监禁的法令，普及了白人男子的普选权。

1823年，美国总统詹姆斯·门罗（James Monroe）在国情咨文中提出了美国外交政策的原则，即“门罗主义”，反对欧洲列强干涉美洲事务。此后，美国开始了对外扩张的进程。1844年，美国胁迫中国清政府签订不平等的《望厦条约》。1846年，美国对墨西哥发动战争。1851年，美国参与镇压中国的太平天国运动，并胁迫日本开放门户。

19世纪初，美国东部居民开始向西迁移，美国领土由大西洋沿岸逐渐扩张至太平洋沿岸。与此同时，美国南北地区的经济也沿着不同的方向发展。美国北部普遍实行自由劳动制，工商业与海上贸易兴盛。美国南部以奴隶制为主导，大力发展棉花种植园经济。而西部领土的制度选择问题则成为南北双方争论的焦点。1820年，北部地区作出让步，与南方地区达成《密苏里妥协案》，双方争执暂时得到平息。

随着黑奴反抗运动的不断掀起，群众性的废奴运动逐渐蔓延至全国范围。1840年，主张废奴运动的自由党成立。1848年，废奴主义者以及民主党和辉格党内反对奴隶制的成员组成了自由土壤党，旨在西部领土建立自由州。1854年，国会通过《堪萨斯-内布拉斯加法案》，取消了奴隶州和自由州的地理疆界线。北部工业资产阶级对之强烈反对，于1854年成立共和党，与代表奴隶主利益的民主党对峙。1857年，最高法院作出斯科特判决案，奴隶制随后被推向全国，从而加剧了南北双方的斗争。1859年，布朗领导了反奴隶制的武装起义，但以失败告终。1860年，共和党人亚伯拉罕·林肯（Abraham Lincoln）在总统选举中获胜。南部奴隶主集团决定脱离联邦，成立南部联盟。

1861年4月，南部同盟占领萨姆特炮台，南北战争爆发。1863年，林肯颁布的《解放宣言》生效，黑人奴隶重获自由并被允许参军。1864年，联邦军队占领亚特兰大，取得决定性胜利。1865年4月9日，南部同盟军总司令李将军投降，南北战争宣告结束。

同年4月14日，林肯遇刺，翌日身亡。安德鲁·约翰逊（Andrew Johnson）继任总统，对南部种植园主实行妥协政策。1865年，密西西比州颁布《黑人法典》，试图恢复奴隶主阶级对黑人的统治。1866 年，恐怖组织三 K 党成立，对刚获得自由的黑人施以私刑。在此情形下，国会提出弹劾总统案，但最终以一票之差未获通过。

1865 年、1868 年及 1870 年，国会分别通过了宪法第 13、14、15 条修正案，奴隶制被彻底废除，黑人被承认为美国公民并获得选举权。1867 年，国会通过《重新建设南部法案》，对南部实行军管。各州成立了黑人与白人联合执政的政权，制定了民主的进步法令。但北部资产阶级保守势力向南部种植园主势力妥协，试图恢复南部在内战后初期的旧秩序。1873 年，美国爆发经济危机，削弱了共和党的势力。1877 年，拉瑟福德·海斯（Rutherford Hayes）当选总统，取消了对南部的军管，导致当地黑人失去了政治、经济、法律上的平等地位。

1.1.3.4 第一次世界大战时期

19 世纪后半叶，美国在科学技术领域取得重大突破，其中以电力的应用最为突出。加之南部种植园制度的废除，美国资本主义经济得以快速发展。1880 年，工业占美国国内生产总值的比重超过农业。1894 年，美国工业生产总值跃居世界首位，成为高度发达的资本主义国家。

19 世纪末，美国加入帝国主义国家瓜分世界的狂潮。在西奥多·罗斯福（Theodore Roosevelt）和威廉·塔夫脱（William Taft）执政时期，美国交替使用“大棒政策”和“金元外交”，通过军事和经济手段不断扩大自身的势力范围。1889 年，美国召开泛美会议，向拉丁美洲渗透。1898 年，美国对西班牙宣战，控制了加勒比海域的古巴和波多黎各及太平洋海域的关岛和菲律宾群岛，吞并了夏威夷群岛。1900 年，美国参加八国联军，侵犯中国领土，并取得了北京等地的驻兵特权。1903 年，美国策动巴拿马政变，控制了巴拿马运河区。1904 年，日俄战争爆发。一战后，美日为争夺中国东北地区发生争执，后经谈判于 1908 年签订《罗脱-高平协定》，同意维持两国在太平洋海域的既得利益。

在 1912 年的总统大选中，由于共和党的分裂，民主党人伍德罗·威尔逊（Woodrow Wilson）上台执政，提出了“新自由”思想。在对内政策上，威尔逊政府降低关税，建立联邦储备银行制度，通过《克莱顿反托拉斯法》（1914），征收累进所得税。在对外政策上，美国对墨西哥和加勒比海地区施以外交压力并进行武装干涉。

1914 年，第一次世界大战爆发。美国宣布中立，向交战双方提供军火，对协约国进行贷款。1917 年，德国潜艇在北大西洋击沉了 5 艘美国商船。为确保自身的经济利益，美国对德宣战。参战后，威尔逊政府对内实施《惩治间谍法》和《镇压煽动叛乱法》，对反战人民进行镇压。战争期间，由于国外移民的中断，美国黑人大量北移，补充北部的劳动力与作战兵力。然而，对黑人施以私刑的现象仍然普遍存在，种族歧视与反歧视斗争日趋激烈。1917年，美日签订《蓝辛-石井协定》，美国承认日本在中国山东、东北、内蒙古等地的特殊利益。1918年，美国参加14国对苏维埃俄国的武装干涉，直至1920年撤军。

1918年11月11日，德国签署停战协议，第一次世界大战结束。战争促进了美国经济的繁荣，美国由欠款60亿美元的债务国变为贷出100亿美元的债权国，成为最富有的国家。

1.1.3.5 第二次世界大战时期

1923—1929年，世界资本主义进入相对稳定时期。国内固定资本的更新、建筑业的兴起、汽车与钢铁行业的扩张以及商品与资本输出的高涨，加速了美国工商业的发展。与此同时，美国企业出现第二次“合并浪潮”，工业、银行业、零售商业等部门逐渐呈现出垄断趋势。

国内新兴工业的过热发展导致了生产与消费的脱节，国民经济各部门比例严重失调，农业增长缓慢，投机现象普遍。1929年，美国爆发严重的经济危机，并蔓延至全球范围。共和党人赫伯特·胡佛（Herbert Hoover）领导的政府试图通过自由放任的政策挽救经济颓势，但以失败告终。

1933年，民主党人富兰克林·罗斯福（Franklin Roosevelt）就任总统并开始推行“新政”，对经济进行广泛的干预。通过整顿金融、复兴工农业、举办救济事业等措施，美国的经济危机有所缓解，国家垄断资本主义得到强化。1937年，美国再次爆发经济危机。对此，罗斯福政府通过扩大财政赤字的方法予以应对，挽救了美国的资本主义制度。

1939年9月1日，德国入侵波兰，英法对德宣战，第二次世界大战全面爆发。1940年，法国投降，英伦三岛遭到德国空军的猛烈轰炸，岌岌可危。1941年6月22日，希特勒发动侵苏战争。8月14日，罗斯福与英国首相丘吉尔发表《大西洋宪章》，宣布了对德战争目的与和平处置构想。9月29日至10月1日，美、英、苏三国召开莫斯科会议，商讨援助苏联的作战策略，奠定了战时合作基础。12月7日，日本偷袭珍珠港，美国太平洋舰队遭到重创。次日，美英对日宣战。

1942年1月1日，美、英、苏、中等26个国家签署《联合国家宣言》，国际反法西斯联盟正式形成。1943年7—8月，同盟军在西西里岛登陆战中取得战略性胜利。1944年6月6日，由美国、英国、加拿大等国部队组成的盟军在法国诺曼底登陆，开辟了欧洲第二战场。

1945年2月，美、英、苏三国举行雅尔塔会议，探讨最后的作战计划与战后世界格局。同年7月，三国首脑举行波茨坦会议，美英就处置德国与对日作战问题与苏联达成一致。1945年8月6日，美军在广岛投下第一颗原子弹。8月8日，苏联宣布对日作战。次日，美军在长崎投下第二颗原子弹，日本投降，第二次世界大战结束。时任美国总统哈利·S·杜鲁门（Harry S. Truman）任命麦克阿瑟为盟军驻日最高统帅，美军随后进驻日本，实现了对日本的控制。

第二次世界大战期间，美国通过向同盟军供应军火物资促进了经济的繁荣发展，同时利用参战机会在世界重要的战略据点建立了军事基地，成为资本主义世界的霸主。

1.1.3.6 冷战时期

二战结束后，英法等国实力衰退，苏联和美国成为东西方的两个“超级大国”。为争夺世界霸权，两国在军事、政治、经济、科技等方面展开较量，一如战时。美国政府推行杜鲁门主义，制定马歇尔计划，筹划成立北大西洋公约组织，试图对苏联实行政治孤立、经济封锁和军事包围。20世纪40年代末到50年代初，美国国内充斥着反共排外的麦卡锡主义，其政治、教育、文化等领域均受到了不同程度的影响。

越南战争纪念碑

1950年6月，朝鲜战争爆发。美军在中国台湾建立军事基地，侵犯中国领土主权，对中国实行封锁禁运。朝中两国军队并肩战斗，美军严重受挫。1953年，德怀特·艾森豪威尔（Dwight Eisenhower）就任美国总统，签署朝鲜停战协定。1953—1954年，受朝鲜战争的拖累，美国国内爆发经济危机。为缓和国内外的紧张形势，艾森豪威尔政府扩大《社会保险法》的实施范围，加强科研工作的国家化，进一步发展宇航事业。1955年，美、英、法、苏四国首脑会议召开，国际形势得到缓和。20世纪60年代，民主党约翰·肯尼迪（John Kennedy）和林登·约翰逊（Lyndon Johnson）相继执政，实行长期财政赤字政策，促进了美国经济的增长。但由于美国卷入越南战争，政府不断增加军费开支，导致美国的经济实力被大幅削弱。与此同时，联邦德国和日本经济迅速崛起，逐渐成为美国的竞争对手。

1957年，苏联成功发射世界上第一颗人造地球卫星，向美国尖端科学的领先地位发起挑战。1958年，美国第一颗人造卫星“探险者一号”被送入太空，美苏之间由军备竞赛转入对宇宙空间的争夺。

肯尼迪总统纪念碑

朝鲜战争期间，美国国内的黑人民权运动逐渐兴起。1955年12月，蒙哥利马市的黑人公民在马丁·路德·金（Martin Luther King Jr.）的领导下，公开反对巴士种族隔离措施，罢乘公交长达381天之久。1963年8月，包括黑人和白人在内的25万美国公民聚集在华盛顿广场上的林肯纪念堂前，为抗议种族歧视举行了大规模的游行示威活动，马丁·路德·金发表了《我有一个梦想》的演说。在黑人民权运动的推动下，美国国会于1964年通过民权法案，宣布种族隔离和歧视政策非法。

1969年，理查德·尼克松（Richard Nixon）就任总统，推行以“伙伴关系、实力和谈判”为基础的新型对外政策。1972年，尼克松总统访华，发表《中美上海公报》，中美两国关系开始走向正常化，并于1979年1月1日正式建立大使级外交关系。1972年5月，尼克松访苏，双方签署了《关于限制反弹道导弹系统条约》和《关于限制进攻性战略武器的某些措施的临时协定》以及一系列补充协定书，美苏关系有所缓解。20世纪80年代，美苏之间的军备竞赛由数量转向质量方面。1985年以来，两国首脑经过4次会晤，最终于1987年签署《中程导弹条约》，美苏关系进一步趋于缓和。

在经济方面，1973年爆发的能源危机导致美国经济陷入滞胀。1981年，罗纳德·里根（Ronald Reagan）当选总统，通过大规模减税和增加国防开支的高赤字政策刺激经济，同时严格控制货币发行量。1982年，美国经济逐渐复苏，转入低速增长。1987年10月，美国股市崩盘，但经济增长较为平稳，而财政赤字仍是美国经济的隐忧。

1988年，乔治·布什（George Bush）就任美国第41届总统。1989年，美军入侵巴拿马，罢黜并流放其总统。1991年，美国借伊拉克攻占科威特之机，发动海湾战争。同年12月，苏联解体，这标志着冷战的结束，美国成为了世界上唯一的超级大国。

1.1.3.7 新时期

1993 年，比尔·克林顿（Bill Clinton）当选美国第 42 任总统。克林顿政府对内增加税收、促进投资，使财政预算由赤字转为盈余；对外加强同欧盟和日本的竞争，大力发展航天、信息与生物高科技。1992 年，美国与墨西哥和加拿大共同签署了《北美自由贸易协定》，加速了区域经济一体化的进程。

2001 年，乔治·沃克·布什（George Walker Bush）当选美国第 43 任总统。当年 3 月，美国经济步入衰退，结束了长达 10 年的经济增长期。作为中东与北爱尔兰和平进程的主导者，美国发动了科索沃战争并派遣维和部队进入巴尔干地区。此外，美国拒绝签署应对全球变暖的《京都议定书》，饱受国际社会诟病。同年 4 月，中美战机在南海相撞，两国关系一度恶化。

纽约世界贸易中心

2001 年，美国纽约世界贸易中心和华盛顿五角大楼遭到恐怖分子袭击，发生了震惊世界的“9·11 事件”。同年 10 月，美国发动阿富汗战争，推翻了塔利班统治。2003 年，美国发动了伊拉克战争，推翻了萨达姆政权。

2008 年，美国爆发金融危机，并迅速扩散到欧盟、日本等市场，导致全球经济陷入衰退。2009 年，贝拉克·奥巴马（Barack Obama）就任美国第 44 任总统，成为历史上第一位具有黑人血统的美国总统，并于 2013 年连任成功。

1.2 美国政治体制

根据 1787 年美国联邦宪法的规定，美国实行三权分立的民主共和制，立法权、行政权与司法权彼此独立且相互制衡。

1.2.1 立法体制

1.2.1.1 国会组织

国会（Congress）作为美国的最高立法机关，由参议院（Senate）和众议院

(House of Representatives) 组成，两院议员由各州选民直接选举产生。其中，参议员每州两名，共 100 名，任期 6 年，每两年改选 1/3。众议员名额与各州人口数量成比例，共 435 名，任期两年，期满全部改选。两院议员均可连任且任期不限，但当选期间不得在行政或司法系统供职。根据众议员任期，美国国会以两年为一届，每两年举行一次中期选举，每 4 年举行一次大选。

国会两院在各自议长的主持下开展工作和行使权力。根据宪法规定，参议院议长由副总统兼任；当副总统缺席或行使总统职务时，则由多数党党团会议提名一位临时议长，主持参议院的工作。参议院议长的权力包括任命参议院调查委员会委员和两院协商委员会中的参议院委员，将议案送交各常设委员会审议，准许议员在全院会议上发言，签署参议院通过的法案等。参议院议长不得参加议案审议，只有在某项议案获得的赞成票与反对票数量相等的情况下才有权表决，而参议院临时议长则不受此限制。

新一届国会召开前夕，众议院议长经多数党党团会议提名和众议院选举产生。只要其所属政党在众议院保持多数席位，则该议长将在下一届国会连任。众议院议长是仅次于副总统的总统继任者，其权力包括任命众议院调查委员会委员和两院协商委员会中的众议院委员，将议案送交各常设委员会审议，准许议员在全院会议上发言，签署众议院通过的法案，就议案进行表决等。如果议长与总统同属一党，那么该议长向总统提出的建议通常会得到总统的尊重和采纳；若二者分属不同政党，则众议院议长往往会扮演反对派的角色，在很大程度上制约总统的政策推行。

国会的立法工作主要在两院设立的委员会中进行，委员会的决议是一项议案能否通过的关键。目前，国会委员会大致可分为 3 种类型，即常设委员会、特别委员会及联合委员会。其中，常设委员会由参众两院根据各自的职能分别建立，不受国会换届的影响而长期存在，委员会主席通常由多数党成员担任。常设委员会是国会中最重要的委员会，其中影响较大的委员会包括拨款委员会、军事委员会、司法委员会、外交委员会、州际和对外贸易委员会等。

特别委员会是为处理某个特定问题而设立的临时性委员会，当问题得到解决或一届国会届满时，相应的特别委员会也会随之解散。一般而言，特别委员会无权提出或审理议案，即使监督议案的执行也需要全院大会的授权。而两院设立的情报委员会虽然在名义上属于特别委员会，但其实际运行与常设委员会别无二致，不仅可以跨国会届别长期设立，而且拥有议案的审理权和监督执行权。

联合委员会是参众两院为商讨某些重大问题或监督某些国会资助机构而设立的委员会，如经济联合委员会、税收联合委员会、印刷联合委员会、图书馆联合委员会等。一般而言，两院代表在联合委员会中各占一半席位，委员会主席由两院议员轮流担任。协商委员会是为消除某项待通过议案的文本差异而设立的临时性联合委员会。只有当两院就某项议案达成一致意见后，该议案才可送交总统签署。

参议院和众议院的地位平等，相互独立，共同享有宪法赋予国会的立法权力，内容涉及课税举债、贸易管理、归化立法、铸币衡量、邮政建设、专利保护、法院设立、海盗惩治、军事战争等。此外，两院还分别享有各自的宪政特权。例如，众议院享有提出征税法案的特权，而参议院只拥有对征税法案的审议权。参议院享有对外条约制定和总统人事任免许可的特权，而众议院只能借助拨款权对总统的外交政策和人事任免施加间接影响。众议院有权对总统提出弹劾，参议院则拥有弹劾案的审理权，经 2/3 以上参加审理的参议院议员通过方可对总统定罪。弹劾是国会监督和制衡总统的一项重要权力，根据宪法规定，国会有权对犯叛国罪、贿赂罪及其他重罪或行为不端的总统、副总统和文职官员进行弹劾。在总统位置空缺时，担任参议院议长的副总统为第一继任人，众议院议长为第二继任人。

1.2.1.2 立法程序

美国的立法程序比较复杂，一项议案通常要经国会提交、委员会审议、议院决议、总统签署 4 个步骤才能成为法律（参见图 1-2）。

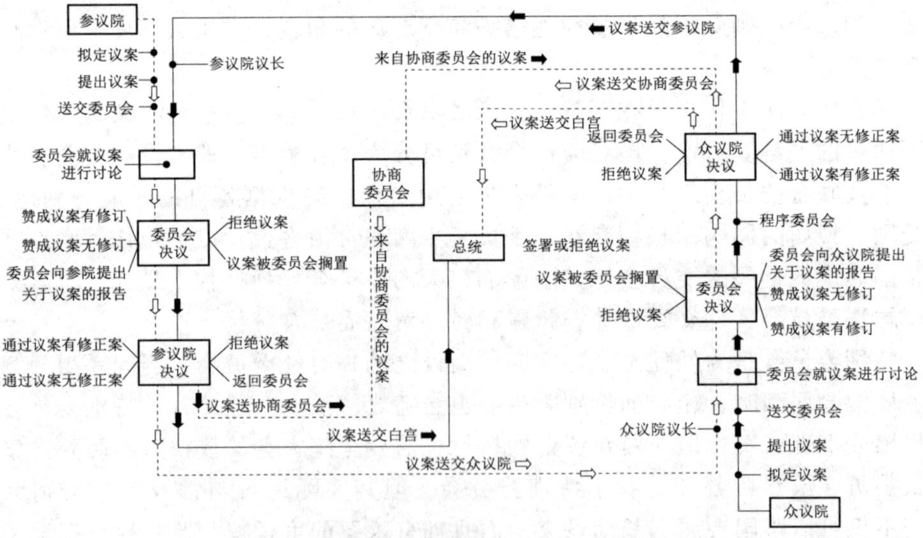

图 1-2　美国立法程序

资料来源：董秀丽．美国政治基础［M］．北京：北京大学出版社，2010：110.

根据宪法规定，只有国会议员有权提出议案。这些议案反映其所在政党和地区选民、总统和行政部门以及为其提供支持和赞助的利益集团的立法构想。其中，有关征税和拨款的议案必须由众议院提出，其他议案则可由任何一院首先提出或同时提出。众议员只需将议案文本递交众议院秘书或投入议案箱，而参议员经议会主持人许可即可提出议案。国会工作人员会根据议案的提交时间和性质对其进行登记编号。每届国会提交的议案必须在届满之前得到处理，若延期至下一届国会则自动失效。

目前，国会讨论的议案以涉及公共事务的公议案为主，若经国会通过和总统签署即成为公法。除正式议案以外，国会议员还可提交决议案。决议案所涉及的内容多为两院的内部事务或对总统和行政部门提出的一般性政策建议，通常不具有法律效力。涉及修改宪法的决议案须分别获得两院 2/3 以上多数通过，并经 3/4 以上州议会审批，才能成为正式的宪法修正案。

国会议员提出的议案由两院议长送交委员会进行审议，从而进入立法的关键阶段。委员会通常会对议案进行筛选，将具有立法意义的议案送交相关小组委员会审议，其余议案则被搁置。小组委员会在接到议案之后，会根据议案涉及的领域邀请相关的政府官员、利益集团代表、专家学者和普通民众出席听证会，就议案发表自己的观点并接受委员会成员的提问。待听证会结束后，小组委员会将对议案进行修改，并向全体委员会提交报告。若议案获得全体委员会的表决通过，则会被送交议会进行下一轮审议。委员会通常会在审议报告中详细阐述其赞同该议案的理由、对议案做出的修改以及讨论过程中的反对意见，供议院参考。

接到委员会的报告后，议院会根据相关程序对议案进行辩论和表决。在这一环节，众议院的规则委员会可决定议案的审议顺序和辩论规则。例如，众议院对征税和拨款议案、两院协商委员会报告、参议院对众议院法案的修正案、总统的否决咨文等议案享有优先审议权，可不按递交时间的先后顺序，随到随审。众议院还制定了封闭规则和开放规则等，对议员的辩论和发言时间加以不同程度的限制。此外，为加速征税和拨款议案的审议过程，众议院还设立了法定人数为 100 人的全院委员会，在众议院全院审议前对议案进行先行审议。相比之下，参议院的议事规则比较宽松，不设议事规则委员会和全院委员会，对于议员的辩论和发言时间也没有过多的限制。

待辩论结束后，两院即对议案进行表决。决议的法定人数为议员总数的一半以上，在此前提下，若议案获得半数以上赞成票即为通过。一份议案在参议院或众议院通过后，须送交另一院，以该院的议事程序进行审议，若两院通过的议案文本不完全一致，则须成立协商委员会就文本内容进行协商，并形成协商报告送回两院。两院对协商结果可以表示接受或拒绝，但不能进行修改。若其中一院拒绝接受协商结果或希望增加修正案，则须将议案交回协商委员会或成立新的协商委员会再次进行协商。若两院均对协商结果表示接受，则可直接将议案送交总统审批。

如果总统在接到议案后的10个工作日内予以签署，那么该议案则成为正式生效的法律。若总统在此期间没有对议案作出答复，而国会仍处于开会期间，则该议案自动生效成为法律。如果总统不赞同该议案，则可对其进行直接否决或搁置否决。所谓直接否决，即总统在接到议案后的10个工作日内，写明否决理由并连同议案一起退回提出该议案的议院进行复议。若两院再次以同样的程序和2/3以上多数票通过该议案，则意味着总统的否决被推翻，该议案自第二院通过之时起自动生效成为法律。所谓搁置否决，即总统在接到议案后的10个工作日内没有做出答复，而国会已进入休会期间，这就意味着该议案被搁置否决。这种否决方式既不需要给出理由，也不必退回议院，具有绝对否决的性质。

总之，美国的立法程序比较繁琐，各种政治力量在此过程中相互角力，每一份议案的通过都是斗争和妥协的结果。因此，虽然每届国会提出的议案数量众多，但最终获得国会通过并由总统签署成为正式法律的议案只有5%左右。

1.2.2 行政体制

1.2.2.1 美国总统

美国总统作为国家元首、政府首脑和军队统帅，通过间接选举产生，任期4年，可连任1次。2012年11月，奥巴马再次赢得总统选举，于2013年1月开启第二任期。

根据宪法规定，美国总统的权力涉及行政、外交、军事、立法4个方面，但在行使权力的过程中会受到国会的制约。

在行政方面，美国总统有权任命政府官员，但对高级官员的提名须经参议院出席议员半数以上通过才能生效，而对低级官员的任命则无须参议院批准。至于总统任命权是否包含免职权的问题，联邦最高法院在1926年《迈耶斯诉美国案》中判决，总统有权免除其所任命的行政官员的职务。1935年，联邦最高法院在《汉弗莱执行人诉美国案》中确立了总统不得任意免除其任命的独立机构官员职务的原则。只有在此类官员玩忽职守、违法乱纪、贪污受贿或效率低下等情况下，总统才可将其罢免。

美国宪法规定，总统享有法律的执行权，国会制定的法律都要由总统及其领导下的行政机构予以具体实施。一般而言，总统在法律的执行过程中享有一定的自由裁定权，可对某些法律条文加以补充，或通过发布行政命令的方式扩充自己的权力。

此外，当国家发生重大危机或紧急事件时，美国总统有权宣布国家进入紧急状态。在此期间，总统可不经过国会授权而招募军队、中止人身保护令、实行新闻检查、颁布戒严令、使用未经批准的费用等。19 世纪 60 年代，时任总统林肯在南部各州叛乱后首次行使了该项权力。此后，许多总统都曾援用过这一权力，特别是在冷战期间，总统发布紧急状况令的情况时有发生。为防止该项权力被滥用，美国国会于 1976 年通过了《紧急状态法》，要求总统必须在宣布紧急状态前通知国会，且只要参众两院中的任何一院投出半数以上反对票，紧急状态便会自动解除。即使国会未对总统宣布紧急状态予以反对，该状态的持续时间也不得超过 6 个月，如有必要继续宣布紧急状态，则须重新经过上述程序。

在外交方面，美国总统有权制定外交政策、派遣驻外使节和特使、代表国家对另一国进行访问、与外国签署协定或缔结条约等。但总统对外交代表的任命必须获得参议院出席议员半数以上的批准，其与外国签订的条约须经参议院 2/3 以上出席议员的同意才能生效。

在军事方面，美国总统有权制定军事战略，进行战争动员，指挥军队作战，决定谈判停火，控制核武器的制造和使用等。总统享有在和平时期的军事领导权，包括统率武装部队、委任军官、确定常备军队规模、对军法执行进行监督等，但宣战、招募军队、制定军事法律、决定战争拨款等权力则由国会掌握。

在立法方面，总统主要通过向国会提交咨文和对议案进行审批的方式参与和控制立法过程。如前所述，某些国会议员提出的议案实际反映了总统的立法构想，国会通过的议案只有经总统签署才能正式成为法律。但国会也享有推翻总统否决的权力，即对于总统直接否决的议案，若国会经过复议且获得 2/3 以上的赞成票，则意味着该议案将自动生效成为法律。

除宪法赋予的权力外，美国总统还可通过国会授权、援用前任总统先例和联邦最高法院判决获得一些额外的权力。所谓国会授权，即意味着国会通过立法将某些决策权交付总统。授权的范围包括立法、就贸易和武器供应问题同外国签订行政协议、在国家陷入危机时接管铁路等。此外，总统可以援用前任总统的先例，如总统的行政特权、扣押拨款权等，并据此创造新的先例，以扩大自身权力。由于联邦最高法院拥有对美国宪法的最终解释权，因此若其作出有利于总统的判决，则意味着总统被赋予了宪法以外的权力。总统对政府官员的免职权、同外国签署行政协定等权力都是通过这种途径获得的。

除了国家元首、政府首脑和军队统帅的身份，美国总统还是其所在政党的领袖。凭借这个身份，总统提出的政策通常会得到党内各种力量的支持，进而在全国实施。

美国是典型的两党制国家，民主党和共和党轮流执政，很少出现一党长期把持政权的现象。此外，由一党同时控制总统位置和国会两院多数席位的情况也较为罕见，两党之间通常呈现出一党拥有总统位置而另一党控制国会的交叉局面。美国现任总统奥巴马是民主党的领袖，而国会多数席位则由共和党人占据。

传统上，民主党一般持自由主义的立场，政治态度较为温和，倾向于对现行的政治体制进行必要的改革和调整，较多地代表广大平民和普通大众的利益；共和党人则多为保守主义者，政治态度较为强硬，倾向于维护传统的政治价值和理念，较多地代表有产阶级和大型企业的利益。因此，民主党通常会得到中下层选民，尤其是黑人、妇女、移民和知识分子的支持，而共和党则更多地受到有产阶级、南方农场主、虔诚的教徒和中老年选民的拥护。两党在政治观念和选民构成上的差别也导致其在政策主张上的分歧，具体涵盖经济、社会、军事、外交等多个领域（参见表 1-1）。

表 1-1　　美国民主党和共和党的主要政策主张

	民主党的政策主张	共和党的政策主张
宏观调控	政府应加强对经济活动的干预	政府应减少对经济活动的干预
能源政策	提倡节能减排，提高环保经费	提倡增加能源生产，对环境保护实行成本与效益监测
税收政策	支持税制改革，主张扩大税收基础、降低税率、消除非生产性及非公平免征额	反对增加税收，主张通过复兴经济、削减政府开支、奖励个人储蓄等办法减少财政赤字
社会福利	提倡由联邦政府承担州和地方政府的福利开支，增加对穷人的援助和保障，提高联邦教育经费，鼓励基础教育和基础研究	主张限制联邦政府的作用，恢复州和地方的权力，认为民主党的社会福利计划不能为确有需求的穷人提供帮助
军事政策	主张控制国防开支，逐步减少海外驻军，不轻易动用美国军队，冻结核武器、空间武器和新式战略弹道导弹武器实验	主张扩大军事开支在联邦预算中的比重，增强美国的战略威慑能力，在全球各军事要地进行部署

续表

	民主党的政策主张	共和党的政策主张
外交政策	避免采取过于强硬的外交政策，主张通过谈判实行政治解决	主张采取强硬的外交政策，坚决维护美国的全球战略利益
妇女权利	保护妇女与男子间的平等权利，对妇女堕胎持宽容态度	反对妇女堕胎
枪支管控	主张严格控制枪支的制造、运输和出售	反对枪支管控，捍卫宪法规定的公民可携带武器的权利
公职竞选	反对政治行动委员会对公职竞选提供资助，主张由政府向总统和国会议员候选人提供竞选补贴	反对政府资助公职竞选

资料来源：刘杰. 当代美国政治[M]. 修订版. 北京：社会科学文献出版社，2011：150-151.

1.2.2.2 政府机构

美国总统领导下的政府机构主要包括白宫直属机构、行政各部、独立机构与政府公司3类，总统有权任命部长、大使、最高法院法官等高级官员，但须经过参议院的批准（参见图1-3）。

白宫直属机构作为总统办事机构，主要由白宫办公厅、经济顾问委员会、国家安全委员会、管理与预算办公室、美国贸易代表办公室等组成。

白宫办公厅（The White House Office）被称为总统的“智囊团”，其成员包括总统顾问、助理及秘书等，主要为总统处理日常事务，负责总统与国会、政府各部、新闻界及公众的联络工作。

经济顾问委员会（Council of Economic Advisers）的主要职责是对国家经济的整体运行情况及各部门的发展状况进行分析，对联邦政府的经济项目与

白宫

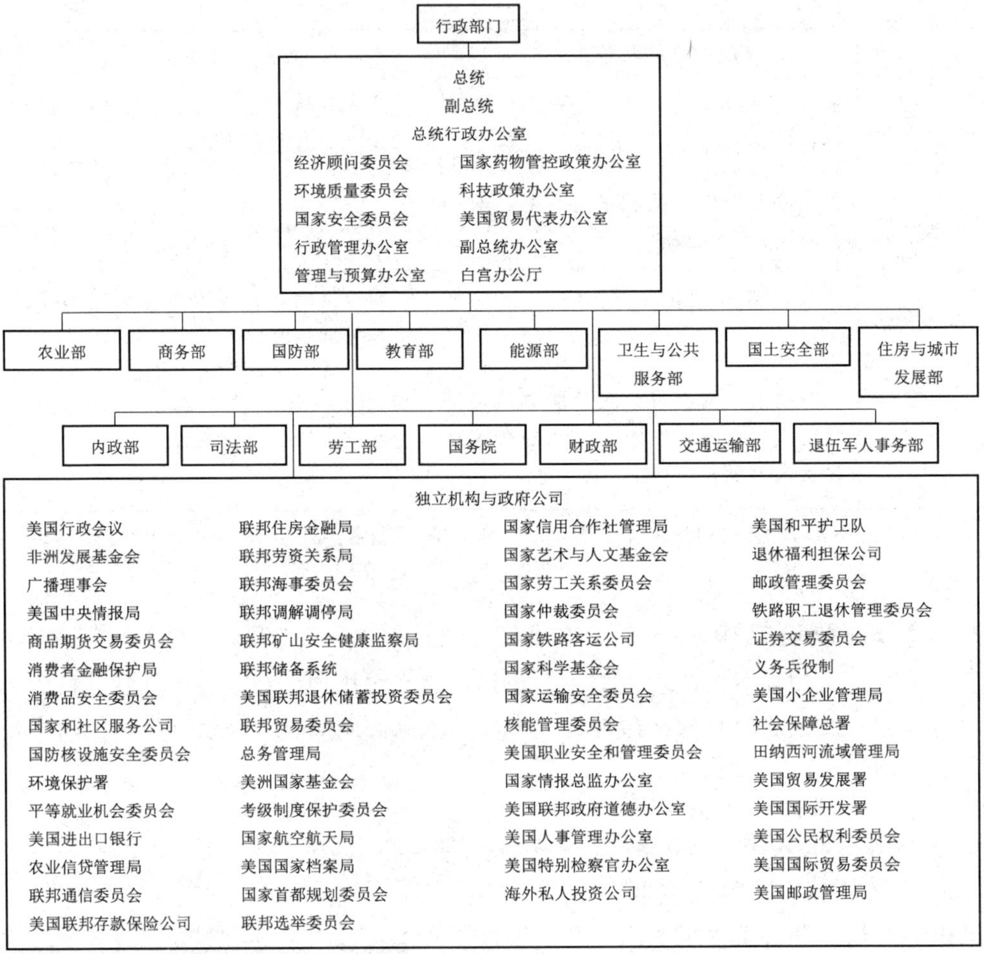

图 1-3 美国政府机构

资料来源：Office of the Federal Register, National Archives and Records Administration. The United States Government Manuel 2013 [M]. Washington: Claitor's Publishing Division, 2013: 22.

经济政策进行评估，就促进经济增长与保持经济稳定等问题向总统提出建议，并协助总统起草需要提交国会的年度经济报告。

国家安全委员会（National Security Council）主席由美国总统担任，其主要成员包括副总统、国务卿、国防部部长、财政部部长、紧急战备局局长、中央情报局局长、参谋长联席会议主席和总统国家安全事务助理。国家安全委员会的主要工作是对国防预算规模、陆海空三军实力等问题进行研究，从而协助总统制定有关国家安全的内政、外交和军事政策。

管理与预算办公室（Office of Management and Budget）的主要职责包括协助总统编制联邦年度预算，监督预算方案的执行；研究政府组织结构与管理程序，提出提高工作效率的建议，制定协调政府各项工作的措施，扩大机构间的合作；整合各部对立法议案的意见，并向总统提出建议；对政府工作进行评价，协助总统评估计划的执行情况；对拟议中的行政命令和公告进行审核，并在必要时起草相关文件。

美国贸易代表办公室（Office of United States Trade Representatives）主要负责制定贸易政策，指导贸易谈判，在各种重要的多边与双边贸易谈判中充当美国首席代表。此外，美国贸易代表还是进出口银行和海外私人投资公司董事会的当然会员，以及国际货币和金融政策全国顾问委员会的委员。

美国政府现设有国务院、财政部、国防部、司法部、内政部、农业部、商务部、劳工部、卫生与公众服务部、住房与城市发展部、交通运输部、能源部、教育部、退伍军人事务部、国土安全部共15个部门，其中以国务院、国防部、财政部和司法部最为重要。

国务院（Department of State）的主要职能包括制定国家外交政策，处理日常外交事务，协调对外经济政策，指导美国在国外的教育和文化活动，制定国际科技计划，制定对外经济与军事援助计划并监督计划的执行，指导并监管美国驻外机构人员的教育与培训，签发护照和入境签证，向美国公众宣传国家的外交政策等。

财政部（Department of Treasury）的主要职能包括拟定国内财政政策，处理国际金融事务，发行政府债券，管理政府开支，铸印货币与有价证券等。此外，财政部特工处还负责保卫总统、副总统等人的安全。

国防部（Department of Defense）总部位于美国五角大楼，由国防部长办公室和参谋长联席会议等机构组成。国防部长办公室负责编制军费预算，采购、研制和生产武器，参与制定对外军事战略并配合外交行动。参谋长联席会议由陆、海、空三军参谋长组成，联席会议主席由总统任命，充当总统的军事顾问，但无权指挥军队。

司法部（Department of Justice）负责管辖联邦检察系统、警察系统、监狱系统，处理移民与侨民事务，办理与政府相关的诉讼案件等。司法部长由联邦总检察长担任，在法律上代表国家，在联邦最高法院审理重大案件时代表政府出庭。

除白宫直属机构和15个行政部门外，美国政府还设有众多的独立机构和政府公司，如国家航空航天局、中央情报局等。

国家航空航天局（National Aeronautics and Space Administration，NASA）成立于 1958 年，前身为国家航空咨询委员会，主要负责制定和实施太空计划，从事航空科学研究，同其他国家开展合作项目。美国在太空科技领域位于世界前列，数十年来，国家航空航天局最重大的十大创新设备为阿波罗登月火箭、国际空间站、登月舱、“好奇”号火星漫游车、阿波罗导航计算机、航天飞机、F-1 火箭发动机、“海盗”号火星登陆器、阿波罗月球服、“旅行者”号探测器。①

约翰逊航天中心

中央情报局（Central Intelligence Agency，CIA）负责联邦政府各情报系统的协调工作，在世界各地开展情报搜集活动。中央情报局的正副局长由总统任命，参议院批准，但组织、人员、经费和活动严格保密，即使国会也不能过问。局长办公室下设情报处、科技处、后勤处与行动处。其中，情报处负责分析情报和提供资料，科技处负责研发技术情报与数据处理系统，后勤处负责人事、财务、通信、联络、训练和医疗等工作，行动处主要在国内外从事间谍和反间谍活动。

1.2.3 司法体制

美国宪法规定，司法权归联邦法院系统所有。美国共有 52 个相互独立的法院系统，包括联邦法院系统、首都哥伦比亚特区法院系统和 50 个州法院系统。虽然联邦最高法院的判决对美国各级、各类的法院均有约束力，但联邦法院系统与州法院系统之间并不存在管辖或隶属关系。

联邦法院系统包括联邦最高法院、联邦上诉法院、联邦地区法院和专门法院。

联邦最高法院（Supreme Court of the United States）作为美国的最高审判机构，由宪法专门设立且不能经国会立法废除。联邦最高法院共设法官 9 名，其中首席大法官 1 名，均由总统提名，经参议院批准生效。除非在任职期间遭到弹劾定罪，最高法院法官可终身任职。2005 年 9 月，约翰·罗伯茨（John Roberts）就任美国联邦最高法院第 17 任首席大法官，成为美国两个世纪以来最年轻的首

① http：//www.qstheory.cn/science/2014-07/08/c_1111501164.htm.

席大法官。

最高法院对涉及大使、公使、领事以及以一州为当事人的案件享有初审权，对下级法院所审理案件的上诉享有裁判权。如果最高法院认为案件涉及联邦政府权力，还有权向下级法院及州法院颁发移送令，对案件进行重新审理。无论对初审案还是复审案，最高法院的判决均为终审判决。

联邦最高法院拥有司法审查权，即法院在案件审理过程中，可对国会和行政机构颁布的法律法规和行政命令进行审查，若发现其与宪法精神或宪法条文相抵触，则联邦最高法院有权宣布其违宪。该权力于1803年联邦最高法院对马伯里诉麦迪逊一案的裁决中得到确立，时任首席大法官为约翰·马歇尔(John Marshall)。基于司法审查制度，联邦最高法院实际获得了对宪法的解释权。最高法院法官可通过对宪法的解释和引申，对美国的政治经济决策施加影响。

联邦上诉法院（United States Courts of Appeals）在习惯上被称为巡回法院，是最高法院的下一级司法机构。美国共有13个上诉法院，其管辖地区被称为巡回区。每个上诉法院根据巡回区的案件数量设上诉法官6~28名，其中首席法官1名，任期7年。联邦上诉法院法官由总统提名，经参议院批准后生效。除非在任职期间遭到弹劾定罪，上诉法院法官可终身任职。

联邦上诉法院负责受理对地区法院初审判决提出的上诉和申诉，审理联邦最高法院提出可考虑宽刑的案件，并有权对某些行政机构发布的命令进行审查或强制执行。一般而言，联邦上诉法院的案件通常由3名法官共同审理，对于某些特殊案件可以由全体法官集体审理。上诉法院的判决通常为终身判决，若案件极为复杂、重大或尚无先例可循，也可向最高法院提起上诉。

联邦地区法院（United States District Courts）是美国的基层法院，每州根据其人口数量划分1~4个司法区，每区设立1家地区法院，每家法院设法官1~24名。联邦地区法院法官由总统提名，经参议院批准后生效。除非在任职期间遭弹劾定罪，地区法院法官可终身任职。此外，每个地区法院还设有联邦检察官和联邦执行官。两人均由总统提名，参议院批准，其副手由司法部长任命。其中，联邦检察官受司法部长领导，在涉及联邦的案件中，代表国家出庭。联邦执行官则负责逮捕、看守和解送犯人，决定犯人在何地服刑，送交法院命令、令状和传票，看守和运送联邦法院文件，保证证人安全，维护联邦地区法院审判室尊严，应请求协助制止骚乱等。

地区法院负责审理的案件包括所有涉及联邦的刑事案件，涉及联邦宪法、法律或条约且诉讼金额超过10 000美元的民事诉讼案件，涉及美国国内不同州公民或美国公民与外国公民之间的争执且诉讼金额超过 10 000 美元的民事诉讼案件，涉及海事法或海商法的案件，涉及破产法的案件，涉及某些联邦行政机构裁定的案件，以及国会规定由地区法院审理的其他案件。

一般而言，地区法院对一般案件的审理只需 1 名法官负责，其判决结果可到上诉法院复审。而涉及联邦或州法律、法令或法规违宪的特殊案件，则须由 2 名地方法官和 1 名上诉法官组成审判庭进行审理。对于此类案件的上诉，可越过上诉法院直接向最高法院提起上诉。

除联邦最高法院、上诉法院和地区法院等普通法院以外，美国法院系统还设有专门法院。这类法院是为处理某些特殊性质的案件而专门设立的法院，主要包括美国国际贸易法院、联邦税收法院、联邦索赔法院、美国军事上诉法院、美国退伍军人法院等（参见表 1-2）。

表 1-2 美国的专门法院

专门法院	法院职能	判决性质
美国国际贸易法院	负责受理在美国管辖内的港口和其他地方发生的与进出口贸易相关的民事案件及其他有关反倾销和补偿责任的案件	初审判决
联邦税收法院	负责受理涉及所得税、遗产税、私人控股公司附加税等税收纠纷案件	初审判决
联邦索赔法院	负责受理公民因宪法权利受到联邦政府侵犯而提起的诉讼	终审判决
美国军事上诉法院	负责受理对各军兵种军事法院或军事法庭判决的上诉案件	终审判决
美国退伍军人上诉法院	负责对退伍军人上诉委员会做出的有关决定进行司法审查	终审判决

资料来源：董秀丽. 美国政治基础[M]. 北京：北京大学出版社，2010：220-221.

1.3 美国经济现状

1.3.1 经济体制

美国实行典型的资本主义市场经济，经济资源归私人所有，资源配置由市场供求关系和价值机制决定。这种经济体制以自由竞争为核心，市场进入壁垒较低，而政府对经济的干预通常是出于维护国家安全、促进公平竞争、保护自然环境和保障消费者权益的目的。

根据美国传统基金会和华尔街日报公布的2014年经济自由度指数（Index of Economic Freedom），美国的总得分为75.5，在186个国家和经济体中排名第12位。经济自由度的评价体系主要包括法律规范、政府管制、管理效率和开放市场共4个维度以及产权归属、腐败状况、财政自由、政府支出、商业自由、劳工自由、价格自由、贸易自由、投资自由和金融自由共10个指标，总分越高意味着政府对经济的干预水平越低（参见表1-3）。

表1-3　2014年美国经济自由度指数

排名：12		总分75.5	
法律规范		政府管制	
产权归属	80.0	财政自由	65.8
腐败状况	72.0	政府支出	48.1
管理效率		开放市场	
商业自由	89.2	贸易自由	86.8
劳工自由	97.2	投资自由	70.0
价格自由	75.4	金融自由	70.0

资料来源：美国传统基金会网站.

1.3.2 经济政策

2008年，美国爆发金融危机，国内经济陷入萧条。面对经济亟待复苏、政府债台高筑、失业率居高不下等多重挑战，美国总统奥巴马于2009年2月签署了高达7 870亿美元的经济刺激方案，计划将约5 000亿美元用于政府公共开支，其余部分则用于减税，以提振企业及消费者信心，拉动国内需求，创造就业机会。

在一系列经济刺激计划的推动下，美国经济于2009年第3季度走出衰退，恢复增长。然而，大规模的财政扩张政策导致美国政府债务持续高涨，奥巴马首届任期内的年度财政赤字均超过万亿美元。

2011年，国际评级机构标准普尔公司将美国主权信用评级从AAA下调至AA+级，评级展望为负面，导致美国在历史上首次失去最高主权信用评级。2012

年，美国政府经历“财政悬崖”危机（参见专栏1-1），如何平衡经济增长和财政减赤的关系成为奥巴马政府亟待解决的问题。

专栏1-1

美国“财政悬崖”危机

“财政悬崖”（Fiscal Cliff）一词由前美联储主席伯南克提出，指增加税收收入与减少政府支出两项政策叠加所导致的财政紧缩效应。

自2007年以来，美国政府债务不断突破上限。美国国会与总统奥巴马之间就增加税收、削减军费开支以及保留社会福利等问题存在着较大的分歧。2011年，奥巴马签署《预算控制法案》，该法案要求美国政府从2012财年开始对预算进行大幅削减，若国会与总统未能达成新的协议，则一系列的增税与预算削减措施将自2013年1月1日自动生效。此外，小布什政府时期推行的经济刺激计划和奥巴马政府推行的减税法案也将在该日到期。

根据上述法案的规定，美国政府2013年的预算削减额度将高达6 700亿美元，约占国内生产总值的4%。美国国会预算办公室报告称，“财政悬崖”将使美国经济陷入严重衰退，预计失业率将升至9.1%。

美国“财政悬崖”的形成

削减开支约1 370亿美元		增加税收约5 330亿美元	
随意性政府开支	870亿美元	奥巴马新医保法案规定	240亿美元
失业救济金	350亿美元	其他税收规定	870亿美元
医疗保险体系医生薪酬	150亿美元	工资税假期结束	1 270亿美元
		个税税率恢复到2001年水平	2 950亿美元

资料来源：http：//finance. qq. com/zt2012/tpbg/czxy. htm.

此外，预算支出的大幅削减将使部分行业的发展陷于低迷，特别是受政府支出影响较大的工业和医疗保健业。美联储可能会延长量化宽松货币政策的实施期限，向市场注入更多的流动性，从而增加赤字货币化的风险，并提高人们对通货膨胀的预期。若联邦政府债务上限再遭突破，则美国的主权信用等级有可能被再次调降，引发市场恐慌，对美国及全球资本市场造成冲击。

2012年12月31日晚，白宫与国会参议院共和党高层达成解决“财政悬崖”的妥协议案，该议案于2013年1月1日凌晨在参议院获得通过，翌日由奥巴马总统签署生效。根据该议案，美国政府自2013年开始增加对收入45万美元以上富裕家庭的征税，将该收入群体的个人所得税税率从35%上调至39.6%，工薪阶层的薪资税率由4.2%回调至6.2%。此外，该议案将原定于2013年初启动的约1 100亿美元政府开支削减计划延后两个月执行，并将失业救济金政策延长1年。

资料来源：

[1] http：//business. sohu. com/s2012/caizhengxuanya/.

[2] http：//finance. qq. com/zt2012/tpbg/czxy. htm.

[3] http：//news. xinhuanet. com/world/2013-01/01/c_114223221. htm.

2010年7月，奥巴马签署了《多德-弗兰克华尔街改革与消费者保护法案》。该法案被认为是美国自大萧条时期以来最为全面和严厉的金融监管改革法案，其目的在于全面加强对金融机构和金融市场的监管，保护消费者和投资者的利益，赋予政府在应对金融危机时所必需的政策工具，建立国际监管标准并加强国际监管合作。①

此外，奥巴马政府第二任期的施政重点还包括重振制造业，落实出口倍增计划，推动税收改革与医疗改革，发展清洁能源，加强基础设施建设等。

在货币政策方面，美联储自2008年以来实行了一系列量化宽松政策。所谓量化宽松（Quantitative Easing，QE）是中央银行的一种干预方式，即通过购买国债等中长期债券来增加基础货币供给，从而向市场持续注入大量的流动性资金。其目标在于将利率长期维持在超低水平，因此中央银行所购买的债券不仅金额巨大而且周期较长。迄今为止，美联储共实施了3轮量化宽松政策（参见表1-4）。

表1-4　　美联储量化宽松政策实施概况

	政策实施期间	资产购买规模	股票市场反映
第1轮量化宽松（QE1）	2008年11月至2010年4月	美联储共购买1.725万亿美元资产，其中包括1.25万亿美元抵押贷款支持证券、1 750亿美元机构债和3 000亿美元长期国债	2009年3月1日至2010年3月31日，标准普尔500指数涨幅为37.14%。美国经济于2009年中触底反弹，当年后3个季度的国内生产总值环比增速由负值增至5%

① http：//news. xinhuanet. com/fortune/2009-06/18/content_11560095. htm.

续表

	政策实施期间	资产购买规模	股票市场反映
第 2 轮量化宽松（QE2）	2010 年 11 月至 2011 年 4 月	美联储共购买 6 000 亿美元长期国债	美国股市出现新一轮上涨，标准普尔 500 指数最大涨幅达到 28.3%。美国经济在 2010 年第 3 季度末期及第 4 季度表现强劲，当年的国内生产总值增速突破 3%
第 3 轮量化宽松（QE3）	2012 年 9 月至今	美联储计划每月购买 400 亿美元抵押贷款担保债券，2012 年 12 月宣布扩大购买规模至每月 850 亿美元，直到就业市场状况改善	美联储推出第 3 轮量化宽松当天，美元遭到抛售，纽约股市三大股指涨幅均超过 1%，国际金价创下近 7 个月新高，国际油价增长 1.34%

资料来源：http：//forex.xinhua08.com/a/20120914/1022855.shtml.

量化宽松政策刺激了美国股市的全面复苏，同时也带动了欧洲股市的上涨，但美国国内通货膨胀的加剧也引发了国际黄金价格的高涨。自 2014 年起，美联储开始逐步缩减量化宽松规模。2014 年 7 月 30 日，美联储宣布自当年 8 月起将长期国债的月度购买规模从 200 亿美元缩减至 150 亿美元，将抵押贷款支持证券的月度购买规模从 150 亿美元缩减至 100 亿美元。

1.3.3 经济实力

1.3.3.1 经济指标

2013 年，以当年价格计算的美国国内生产总值（GDP）为 16.77 万亿美元，较 2012 年增长 3.74%。其中，消费、私人投资、贸易差额、政府采购金额分别为 11.48 万亿美元、2.65 万亿美元、-0.51 万亿美元、3.14 万亿美元，分别占国内生产总值的 68.49%、15.79%、-3.03%、18.75%（参见表 1-5）。

表 1-5　　2009—2013 年美国名义 GDP 及其构成　　单位：万亿美元

	2009	2010	2011	2012	2013
名义 GDP	14.42	14.96	15.52	16.16	16.77
名义 GDP 变化率	-2.04%	3.78%	3.70%	4.16%	3.74%

续表

	2009	2010	2011	2012	2013
消费	9.85	10.20	10.69	11.08	11.48
消费占比	68.29%	68.18%	68.88%	68.57%	68.49%
私人投资	1.88	2.10	2.24	2.48	2.65
私人投资占比	13.03%	14.04%	14.43%	15.34%	15.79%
贸易差额	−0.40	−0.51	−0.58	−0.57	−0.51
贸易差额占比	−2.74%	−3.43%	−3.74%	−3.52%	−3.03%
政府采购	3.09	3.17	3.17	3.17	3.14
政府采购占比	21.42%	21.21%	20.42%	19.61%	18.75%

资料来源：美国商务部经济分析局网站.

2008 年的金融危机导致美国经济陷入严重衰退。在一系列财政政策与货币政策的刺激下，美国经济自 2009 年下半年开始出现回暖迹象，2010 年的国内生产总值增长率达到 3.78%，并于近 3 年保持在 3%～4% 左右的增长水平（参见图 1-4）。

图 1-4　2009—2013 年美国名义 GDP 增长率

资料来源：美国商务部经济分析局网站.

消费是拉动美国经济增长的主要动力。2013 年，美国居民可支配收入为 12.51 万亿美元，消费支出高达 11.48 万亿美元，其中用于购买商品的支出金额约为 3.85 万亿美元，用于购买服务的支出金额约为 7.63 万亿美元（参见表 1-6）。

表 1-6　　2009—2013 年美国居民可支配收入与消费支出　单位：万亿美元

	2009	2010	2011	2012	2013
居民可支配收入	10.94	11.24	11.80	12.38	12.51
居民消费支出	9.85	10.20	10.69	11.08	11.48
商品消费支出	3.20	3.36	3.60	3.74	3.85
服务消费支出	6.65	6.84	7.09	7.34	7.63

资料来源：美国商务部经济分析局网站.

从人均水平来看，2013 年，美国的人均 GDP 为 52 985 美元，人均可支配收入 39 515 美元，人均消费支出 36 289 美元，其中商品消费支出 12 169 美元，服务消费支出 24 120 美元（参见表 1-7）。

表 1-7　　2009—2013 年美国人均 GDP、可支配收入及消费支出　单位：美元

	2009	2010	2011	2012	2013
人均 GDP	46 930	48 307	49 732	51 435	52 985
人均可支配收入	35 616	36 277	37 821	39 409	39 515
人均消费支出	32 050	32 934	34 257	35 269	36 289
人均商品消费支出	10 410	10 856	11 526	11 907	12 169
人均服务消费支出	21 640	22 078	22 731	23 362	24 120

资料来源：美国商务部经济分析局网站.

消费者物价指数（CPI）的变化率在一定程度上反映了一个国家的通货膨胀水平。以 1982—1984 年的平均物价水平为基准，美国 2013 年的消费者价格指数为 232.957，较 2012 年增长 1.5%。食品饮料、住房、服装、交通、医疗产品的 CPI 变化率分别为 1.4%、2.1%、0.9%、0、2.5%（参见表 1-8）。

表 1-8　　2009—2013 年美国消费者价格指数变化率及明细　单位：%

	2009	2010	2011	2012	2013
全部商品	-0.4	1.6	3.2	2.1	1.5
食品饮料	1.9	0.8	3.6	2.5	1.4

续表

	2009	2010	2011	2012	2013
住房	0.4	-0.4	1.3	1.6	2.1
服装	1.0	-0.5	2.2	3.4	0.9
交通	-8.3	7.9	9.8	2.3	0.0
医疗	3.2	3.4	3.0	3.7	2.5

资料来源：美国劳工部劳工统计局网站.

2013 年，美国国内投资总额为 32 443 亿美元，较 2012 年增长 4.70%。国内私人投资 26 480 亿美元，占国内投资总额的 81.62%，其中国内企业投资 20 786 亿美元，家庭与机构投资 5 694 亿美元。当年的政府投资金额为 5 963 亿美元，占国内投资总额的 18.38%，其中联邦政府投资 2 685 亿美元，州及地方政府投资 3 278 亿美元（参见表 1-9）。

表 1-9　　2009—2013 年美国国内投资及其构成　　单位：亿美元

	2009	2010	2011	2012	2013
国内投资	25 251	27 526	28 778	30 986	32 443
国内私人投资	18 781	21 008	22 399	24 792	26 480
国内企业投资	14 100	16 484	17 880	19 763	20 786
家庭与机构投资	4 681	4 524	4 519	5 029	5 694
政府投资	6 470	6 518	6 379	6 194	5 963
联邦政府投资	2 840	3 000	2 974	2 878	2 685
州及地方政府投资	3 630	3 519	3 405	3 316	3 278

资料来源：美国商务部经济分析局网站.

固定投资是美国国内私人投资的主要组成部分，按投资类型划分，2013 年的美国私人固定投资金额为 25 739 亿美元，其中非住宅投资 20 540 亿美元，住宅投资 5 199 亿美元。在非住宅投资中，对建筑、设备和知识产权的投资比例分别为 22.26%、46.24% 和 31.50%（参见表 1-10）。

表 1-10　　2009—2013 年美国国内私人投资及其构成　　单位：亿美元

	2009	2010	2011	2012	2013
国内私人投资	18 781	21 008	22 399	24 792	26 480
固定投资	20 256	20 393	21 981	24 143	25 739
非住宅投资	16 334	16 582	18 121	19 720	20 540
建筑	4 382	3 620	3 816	4 469	4 572
设备	6 443	7 318	8 382	9 041	9 497
知识产权	5 509	5 643	5 922	6 210	6 471
住宅投资	3 922	3 811	3 860	4 423	5 199
私人存货变化	−1 476	615	418	649	741

资料来源：美国商务部经济分析局网站.

2013 年，美国对外直接投资 3 283.43 亿美元，较 2012 年增长 5.46%。其投资的主要流向为欧洲、亚太地区和拉丁美洲，投资金额分别为 1 728.84 亿美元、667.88 亿美元和 567.52 亿美元，占比分别为 52.65%、20.34% 和 17.28%（参见表 1-11）。

表 1-11　　2009—2013 年美国对外直接投资规模及投资流向　　单位：亿美元

	2009	2010	2011	2012	2013
对外投资流量	2 879.03	2 777.78	3 965.68	3 113.48	3 283.43
加拿大	143.42	175.94	485.98	275.57	231.55
欧洲	1 650.64	1 759.95	2 354.09	1 534.21	1 728.84
拉丁美洲及其他西方国家和地区	634.20	421.57	708.86	679.02	567.52
非洲	104.17	74.42	53.40	35.27	29.32
中东地区	40.25	−3.05	7.71	79.04	58.32
亚太地区	306.35	348.95	355.64	510.37	667.88

资料来源：美国商务部经济分析局网站.

非银行控股公司是美国对外直接投资的主要流向，2013 年，此类投资占美国对外直接投资总额的 53.06%。制造业的对外投资规模次之，投资金额为 620.56 亿美元，所占比例为 18.90%（参见表 1-12）。

表 1-12　　**2009—2013 年美国对外直接投资规模及投资领域**　　单位：亿美元

	2009	2010	2011	2012	2013
对外投资流量	2 879.02	2 777.75	3 965.69	3 113.47	3 283.42
采矿业	127.40	118.84	301.54	213.65	207.11
制造业	438.32	333.20	585.22	610.87	620.56
批发贸易	161.39	154.87	221.33	207.74	111.71
信息产业	119.69	87.77	94.55	82.59	140.35
储蓄与银行业	-57.86	-48.11	-59.28	23.62	-30.40
金融与保险业	461.89	218.87	251.45	137.39	252.88
专业、科学与技术服务	85.00	27.74	93.25	100.30	91.53
非银行控股公司	1 301.64	1 697.43	2 112.68	1 420.87	1 742.07
其他产业	241.55	187.18	364.95	316.44	147.61

资料来源：美国商务部经济分析局网站.

2013 年，美国进出口贸易总额为 50 367.80 亿美元，较 2012 年增长 1.33%。其中，货物贸易总额为 38 872.37 亿美元，同比增长 0.56%；服务贸易总额为 11 495.44 亿美元，同比增长 4.01%。当年的出口总额为 22 801.94 亿美元，较 2012 年增长 2.87%。其中，货物出口总额为 15 927.84 亿美元，同比增长 1.99%；服务出口总额为 6 874.10 亿美元，同比增长 4.97%。当年的进口总额为 27 565.86 亿美元，较 2012 年增长 0.09%。其中，货物进口总额为 22 944.53 亿美元，同比下降 0.41%；服务进口总额为 4 621.34 亿美元，同比增长 2.61%。2013 年，美国贸易呈逆差状态，贸易差额为-4 763.92 亿美元，贸易赤字较 2012 年减少 11.39%。其中，货物贸易差额为-7 016.69 亿美元，贸易逆差同比减少 5.45%；服务贸易差额为 2 252.76 亿美元，同比增长 10.16%。

2008 年爆发的金融危机导致美国大量人口失业。2009 年，美国 16 岁以上平民失业率高达 9.3%。随着经济的逐渐复苏，美国失业率已呈现出下降趋势，但仍处于历史高位。美国劳工部劳工统计局的数据显示，美国 2013 年的失业率为 7.4%，其中男性失业率为 7.6%，女性失业率为 7.1%（参见表 1-13）。

表 1-13　　2009—2013 年美国 16 岁以上平民失业率　　单位:%

	2009	2010	2011	2012	2013
失业率	9.2	9.6	9.0	8.1	7.4
男性失业率	10.3	10.5	9.4	8.2	7.6
女性失业率	8.1	8.6	8.5	7.9	7.1

资料来源：美国劳工部劳工统计局网站.

1.3.3.2 产业结构

2013 年，美国私人产业增加值为 146 139 亿美元，较 2012 年增长 3.42%，约占当年 GDP 的 87%。其中，金融保险与房屋租赁业的增加值为 32 932 亿美元，制造业增加值为 20 795 亿美元，专业与商业服务业的增加值为 20 053 亿美元，分别占当年私人产业增加值的 22.53%、14.23% 和 13.72%（参见表 1-14）。

表 1-14　　2009—2013 年美国私人产业增加值及其构成　　单位：亿美元

	2008	2009	2010	2011	2012	2013
私人产业增加值	127 178	123 521	128 203	133 689	140 580	146 139
农林牧渔业	1 546	1 377	1 603	1 977	2 011	2 691
采矿业	4 018	2 910	3 329	4 093	4 297	4 494
能源业	2 401	2 537	2 728	2 800	2 751	2 871
建筑业	6 534	5 776	5 391	5 461	5 811	6 114
制造业	18 077	17 186	18 295	19 229	20 343	20 795
批发贸易	8 785	8 235	8 691	9 094	9 627	9 987
零售贸易	8 578	8 438	8 699	8 946	9 278	9 563
运输与仓储业	4 235	4 000	4 267	4 478	4 716	4 903
信息产业	7 271	7 015	7 242	7 413	7 767	8 024
金融保险与房产租赁业	28 060	28 752	29 475	30 117	31 725	32 932
专业与商业服务业	17 531	16 609	17 273	18 247	19 372	20 053
教育、医疗与社会救助	11 472	12 159	12 480	12 831	13 397	13 880
文娱、住宿与餐饮服务业	5 356	5 227	5 407	5 628	5 965	6 226
其他私人服务业	3 314	3 300	3 323	3 375	3 520	3 606

资料来源：美国商务部经济分析局网站.

2013 年，美国国内产业的全职与兼职从业人员共计 14 247 万人。国内私人产业从业人数为 11 814 万人，其中制造业、零售贸易、医疗与社会求助、住宿与餐饮服务业的从业人数分别为 1 203 万人、1 525 万人、1 785 万人、1 226 万人，占私人产业从业人数的比例分别为 10.18%、12.91%、15.11%、10.38%。政府部门从业人数为 2 433 万人，其中联邦政府从业人员共 514 万人，州及地方政府从业人员共 1 919 万人（参见表 1-15）。

表 1-15　　2009—2013 年美国国内产业从业人数　　单位：万人

	2009	2010	2011	2012	2013
国内产业从业人数	13 710	13 581	13 741	13 976	14 247
国内私人产业从业人数	11 214	11 085	11 282	11 538	11 814
农林牧渔业	124	127	130	133	135
采矿业	64	65	73	79	81
能源业	56	55	55	55	55
建筑业	625	570	567	580	605
制造业	1 186	1 152	1 174	1 194	1 203
批发贸易	562	550	558	569	578
零售贸易	1 480	1 463	1 483	1 504	1 525
运输与仓储业	427	419	432	443	451
信息产业	281	271	270	270	272
金融与保险业	579	571	578	585	590
房地产租赁业	206	197	197	200	206
专业与科技服务业	762	756	777	800	822
企业管理	186	186	192	201	209
行政与废料管理服务业	726	747	780	809	836
教育服务业	316	323	329	336	338
医疗与社会救助	1 626	1 653	1 673	1 708	1 785
文艺与娱乐业	196	195	195	201	208
住宿与餐饮服务业	1 123	1 119	1 146	1 186	1 226
其他私人服务业	689	666	673	685	689

续表

	2009	2010	2011	2012	2013
政府部门从业人数	2 496	2 496	2 459	2 438	2 433
联邦政府从业人数	525	542	530	521	514
州及地方政府从业人数	1 971	1 954	1 929	1 917	1 919

资料来源：美国商务部经济分析局网站.

2013 年，美国国内产业税后利润总额为 13 580.09 亿美元，较 2012 年增长 6.14%。其中，制造业、金融与保险业、企业管理、零售贸易、批发贸易产业的税后利润分别为 2 741.71 亿美元、2 539.77 亿美元、1 345.72 亿美元、1 197.69 亿美元、1 098.97 亿美元，所占比例分别为 20.19%、18.70%、9.91%、8.82%、8.09%（参见表 1-16）。

表 1-16　　2009—2013 年美国国内产业税后利润　　单位：亿美元

	2009	2010	2011	2012	2013
国内产业税后利润	8 459.19	10 749.36	10 058.08	12 795.01	13 580.09
农林牧渔业	38.22	72.15	65.05	112.14	128.34
采矿业	169.07	237.17	226.24	265.33	208.73
能源业	182.43	261.09	84.69	114.06	195.85
建筑业	250.91	247.83	278.70	418.29	490.50
制造业	816.23	2 100.27	2 242.77	2 843.78	2 741.71
批发贸易	735.02	935.59	914.74	1 136.02	1 098.97
零售贸易	825.42	956.30	939.91	1 220.84	1 197.69
运输与仓储业	187.88	385.23	246.09	408.20	521.10
信息产业	616.08	707.69	624.12	722.08	634.78
金融与保险业	1 258.65	888.05	804.37	1 666.81	2 539.77
房地产租赁业	66.00	106.31	-1.18	185.92	223.96
专业与科技服务业	621.58	736.36	683.06	673.60	643.80
企业管理	1 453.99	1 675.41	1 452.16	1 387.67	1 345.72
行政与废料管理服务业	205.38	248.83	245.71	268.53	273.58
教育服务业	78.69	93.02	78.83	72.15	64.61

续表

	2009	2010	2011	2012	2013
医疗与社会救助	683.19	736.16	744.03	813.33	786.97
文艺与娱乐业	65.53	72.21	93.07	104.58	105.59
住宿与餐饮服务业	114.68	146.57	192.05	227.11	237.48
其他私人服务业	90.24	143.12	143.67	154.57	140.94

资料来源：美国商务部经济分析局网站.

1.3.3.3 竞争力

世界经济论坛发布的《全球竞争力报告2014—2015》显示，美国的综合竞争力得分为5.5分（1~7分），在144个国家和经济体中排名第3位。根据该报告所采用的竞争力评价体系，一个国家或经济体的综合竞争力来源于基础要素、效率要素和创新要素。其中，基础要素包括体制、基础设施、宏观经济环境、健康与基础教育水平；效率要素包括高等教育与培训、商品市场效率、劳动力市场效率、金融市场发展水平、技术成熟度、市场规模；创新要素包括商业成熟度和创新能力（参见表1-17）。

表1-17 美国的全球竞争力

	排名	分值
综合竞争力	3	5.5
基础条件要素（20%）	33	5.1
体制	30	4.7
基础设施	12	5.8
宏观经济环境	113	4.0
健康与基础教育水平	49	6.1
效率提升要素（50%）	1	5.7
高等教育与培训	7	5.8
商品市场效率	16	5.1
劳动力市场效率	4	5.3
金融市场发展水平	9	5.3
技术成熟度	16	5.8
市场规模	1	6.9

续表

	排名	分值
创新驱动要素（30%）	5	5.5
商业成熟度	4	5.6
创新能力	5	5.5

资料来源：Global Competitiveness Report 2014—2015：378.

以上3类要素指标的得分等于各个分项得分的算术平均值分，而综合竞争力得分等于3类要素指标得分的加权平均值，加权比例依各个国家或经济体的发展阶段而定。对发展阶段的划分标准以人均GDP为主，划分结果包括要素驱动阶段、效率驱动阶段、创新驱动阶段及两个过渡阶段（参见表1-18）。

表1-18　全球竞争力评价体系对经济发展阶段的划分及要素指标权重

经济发展阶段	人均GDP	基础要素比重	效率要素比重	创新要素比重
要素驱动阶段	<$2 000	60%	35%	5%
过渡阶段	$2 000~$2 999	40%~60%	35%~50%	5%~10%
效率驱动阶段	$3 000~$8 999	40%	50%	10%
过渡阶段	$9 000~$17 000	20%~40%	50%	10%~30%
创新驱动阶段	>$17 000	20%	50%	30%

资料来源：Global Competitiveness Report 2014—2015：10.

根据上述标准，美国属于创新驱动型经济体。基础设施完善、市场发育成熟、教育水平高、创新能力强等是美国综合竞争力的主要依托，而税收制度、税率水平、政府效率和融资渠道则构成在当地开展商业活动的主要掣肘因素。

根据世界知识产权组织、美国康奈尔大学和欧洲工商管理学院发布的《2014全球创新指数》，美国的总得分为60.1分，在143个国家和经济体中排名第6位。根据该报告所采用的评价体系，一个国家或经济体的创新指数由创新投入和创新产出共同决定，创新的产出投入比即创新效率。对创新投入的评价主要包括体制、人力资本与研究、基础设施、市场成熟度和商业成熟度共5个维度，对创新产出的评价主要包括知识与技术产出以及创新产出两个维度。根据该报告的评分结果，美国在创新投入和产出方面均处于世界领先水平，创新效率为80%。具体而言，美国在研发方面的投资较多，市场成熟度高，信用体系完善，投资便利，竞争自由，知识创造力强，知识与技术产出水平较高（参见表1-19）。

表1-19 美国的创新指数

		分数	排名
创新指数		60.1	6
创新产出指数		52.3	7
创新投入指数		67.9	4
创新效率		0.8	57
创新投入要素	体制	86.2	17
	政治环境	81.4	21
	法规环境	93.2	13
	商业环境	84.0	15
	人力资本与研究	58.3	11
	教育	52.6	38
	高等教育	41.1	41
	研究与开发	81.3	2
	基础设施	57.5	14
	信息通信技术	83.0	5
	基础设施条件	50.7	16
	生态可持续性	38.9	58
	市场成熟度	83.8	1
	信用	78.4	4
	投资	87.3	1
	贸易与竞争	85.6	4
	商业成熟度	53.7	10
	知识工人	73.5	7
	创新协同	46.4	25
	知识吸纳	41.3	12

续表

		分数	排名
创新产出要素	知识与技术产出	58.1	4
	知识创造	68.5	3
	知识影响力	56.7	11
	知识传播	49.0	15
	创新产出	46.5	20
	无形资产	44.0	72
	创新产品与服务	34.4	30
	网络创新	63.3	15

资料来源：The Global Innovation Index 2014：275.

根据世界品牌实验室（World Brand Lab）发布的2014年《世界品牌500强》排行榜，美国共有227个品牌入选，远高于其他国家入选的品牌数量。此外，位于该榜单前10位的企业均为美国企业（参见表1-20）。

表1-20　　2014年《世界品牌500强》排行榜前10名

排名	品牌标志	英文名称	中文名称	品牌年龄	所属行业
1		Apple	苹果	38	计算机办公设备
2		Google	谷歌	37	互联网
3		Amazon	亚马逊	19	互联网
4		Coca-Cola	可口可乐	128	食品与饮料
5		GE	通用电气	122	工业设备

续表

排名	品牌标志	英文名称	中文名称	品牌年龄	所属行业
6	Microsoft	Microsoft	微软	39	软件
7	IBM	IBM	国际商业机器	103	计算机办公设备
8	facebook	Facebook	脸谱	10	互联网
9	ExxonMobil	ExxonMobil	埃克森美孚	132	能源
10	Walmart	Walmart	沃尔玛	52	零售

资料来源：http：//www. worldbrandlab. com/world/2014/.

1.3.4 中美经济关系

自1979年中美建交以来，两国双边经贸关系迅速发展，合作领域不断扩大。2013年，中美双边贸易总额为6 165.42亿美元，中国是美国的第二大贸易对象国（仅次于加拿大）、第三大出口市场（次于加拿大和墨西哥）和第一大进口来源地。美国是中国的第二大贸易伙伴（仅次于欧盟）、第二大出口市场和第六大进口来源地。截至2013年底，中国对美直接投资存量为80.73亿美元，美国对华直接投资存量为615.34亿美元。截至2013年底，中国持有约1.27万亿美国国债，是美国最大的债权国。

1.3.4.1 新型大国关系

2011年，时任中国国家主席胡锦涛对美国进行国事访问，双方发表联合声明，表示将建立相互尊重、互利共赢的合作伙伴关系，推进两国的共同利益，应对21世纪的机遇和挑战。2012年2月，时任中国国家副主席习近平在访问美国时提出，要推动中美合作伙伴关系不断取得新进展，努力把两国合作伙伴关系塑造成21世纪的新型大国关系。2013年，习近平主席在美国加利福尼亚州安纳伯格庄园同奥巴马总统举行中美元首会晤，双方就构建中美新型大国关系问题达成一致。

所谓“新型大国关系”，意味着对传统大国关系模式的摒弃，其内涵包括以下3个方面：第一，不冲突，不对抗。即客观理性看待彼此的战略意图，坚持做伙伴，不做对手，通过对话合作，而非对抗冲突的方式，妥善处理矛盾和分歧。第二，相互尊重。即尊重各自选择的社会制度和发展道路，尊重彼此核心利益和重大关切问题，求同存异，包容互鉴，共同进步。第三，合作共赢。即摒弃零和思维，在追求自身利益时兼顾对方利益，在寻求自身发展时促进共同发展，不断深化利益交融格局。

关于如何将新型大国关系的精神贯彻到中美关系的方方面面，习近平主席提出了4点建议：第一，提升对话互信新水平，把两国领导人在二十国集团、亚太经合组织等多边场合会晤的做法机制化，用好现有90多个政府间对话沟通机制。第二，开创务实合作新局面，美方应在放宽对华高技术产品出口限制等问题上采取积极步骤，推动两国贸易和投资结构朝着更加平衡的方向发展。第三，建立大国互动新模式，双方应在朝鲜半岛局势、阿富汗等国际和地区热点问题上保持密切协调和配合，加强在打击海盗、跨国犯罪、维和、减灾防灾、网络安全、气候变化、太空安全等领域的合作。第四，探索管控分歧新办法，积极构建与中美新型大国关系相适应的新型军事关系。

对此，奥巴马总统做出积极反应，表示美方高度重视美中关系，愿在互利互尊的基础上与中方构建国与国之间新的合作模式，并共同应对各种全球性挑战。①

1.3.4.2 中美战略与经济对话

2009年4月1日，时任国家主席胡锦涛与美国总统奥巴马在伦敦参加二十国集团金融峰会期间举行首次会晤，双方一致同意共同努力建设“21世纪积极合作全面的中美关系”。为双方扩大共识、减少分歧、加深互信、促进合作，推动两国关系朝着积极合作全面的方向不断发展，双方一致同意建立中美战略与经济对话机制。

此前，“战略对话”与“战略经济对话”是中美双边交流的两个重要机制。其中，中美战略对话于2005年启动，迄今已举行6次。利用这一战略对话机制，中美双方在事关两国关系的深层次、战略性重大问题方面进行了富有成效的沟通与交流，增进了彼此之间的了解和信任，促进了双方在各领

① http://news.xinhuanet.com/ziliao/2013-06/07/c_124827138.htm.

域的合作。[①] 随着中美关系的不断发展和国际形势的深刻变化，进一步加强两国之间的合作与沟通显得愈发重要。在此背景下，中美战略与经济对话机制应运而生。同此前的机制相比，中美战略与经济对话不仅层次更高，而且内容更加丰富。

自2009年以来，该对话已举行6轮。双方就共同感兴趣的双边和全球战略性经济问题进行了交流和探讨，并在贸易、投资、金融等多个领域达成了一系列共识（参见表1-21）。

表1-21　　中美战略与经济对话成果

对话	时间	成　　果
第6轮中美战略与经济对话	2014年	• 强化经济政策合作 • 促进开放的贸易和投资 • 提升全球合作和国际规则 • 支持金融稳定和改革
第5轮中美战略与经济对话	2013年	• 加强双边合作 • 应对地区和全球性挑战 • 地方合作 • 能源合作 • 环保合作 • 科技与农业合作 • 卫生合作 • 双边能源、环境、科技对话
第4轮中美战略与经济对话	2012年	• 促进高层交往 • 双边对话和磋商 • 应对地区和全球挑战 • 加强中美双边合作 • 加强宏观经济合作 • 促进开放的贸易和投资 • 推动金融市场稳定和改革

① http：//news. xinhuanet. com/ziliao/2008-01/17/content_7438685. htm.

续表

对话	时间	成　果
第3轮中美战略与经济对话	2011年	• 促进高层交往 • 双边对话和磋商 • 应对地区和全球挑战 • 加强中美双边合作 • 气候变化、能源和环境合作 • 签署和续签的文件 • 对口磋商和其他会见
第2轮中美战略与经济对话	2010年	• 经济：美方将承认中国市场经济地位 • 汇率：美方尊重中国汇率制度自主权 • 贸易：美方有望开禁高科技出口 • 企业：美方给予中国企业公正待遇 • 资产：美方将确保中国在美资产安全 • 能源：共同稳定国际能源市场 • 人文：人文交流高层磋商机制成立 • 人权：中美同意继续人权对话
首轮中美战略与经济对话	2009年	• 中美两国将各自采取措施促进国内经济平衡和可持续的增长，以确保从国际金融危机中有力地复苏；这些措施包括增加美国的储蓄和提高消费对中国GDP增长的贡献 • 双方将共同努力建设强有力的金融体系，并且完善金融监管 • 双方致力于更加开放的贸易和投资，反对保护主义，以推动经济增长，创造就业，促进创新 • 双方同意在改革和加强国际金融机构方面进行合作，增加包括中国在内的新兴市场和发展中经济体的发言权和代表性，确保充分发展融资并应对未来危机

资料来源：http：//special. cnfol. com/10760，00. shtml#LJ.

第 2 章 美国贸易环境

2.1 美国贸易概况

2.1.1 美国贸易数据

2013 年，美国进出口贸易总额为 50 367.81 亿美元，较 2012 年增长 1.33%。其中，货物贸易总额为 38 872.37 亿美元，同比增长 0.56%；服务贸易总额为 11 495.44 亿美元，同比增长 4.01%。当年的出口总额为 22 801.94 亿美元，较 2012 年增长 2.87%。其中，货物出口总额为 15 927.84 亿美元，同比增长 1.99%；服务出口总额为 6 874.10 亿美元，同比增长 4.97%。当年的进口总额为 27 565.87 亿美元，较 2012 年增长 0.09%。其中，货物进口总额为 22 944.53 亿美元，同比下降 0.41%；服务进口总额为 4 621.34 亿美元，同比增长 2.61%。2013 年，美国贸易呈逆差状态，贸易差额为-4 763.93 亿美元，赤字较 2012 年减少 11.39%。其中，货物贸易差额为-7 016.69 亿美元，逆差同比减少 5.45%；服务贸易差额为 2 252.76 亿美元，同比增长 10.16%（参见表 2-1）。

表 2-1　　2009—2013 年美国进出口贸易额及其构成　　单位：亿美元

	2009	2010	2011	2012	2013
进出口贸易总额	35 498.79	42 018.69	48 026.68	49 706.84	50 367.81
货物贸易总额	26 503.56	32 292.23	37 391.26	38 654.74	38 872.37
服务贸易总额	8 995.23	9 726.46	10 635.42	11 052.10	11 495.44

续表

	2009	2010	2011	2012	2013
出口总额	15 830. 53	18 536. 06	21 270. 21	22 165. 39	22 801. 94
货物出口总额	10 703. 31	12 902. 73	14 992. 40	15 616. 89	15 927. 84
服务出口总额	5 127. 22	5 633. 33	6 277. 81	6 548. 50	6 874. 10
进口总额	19 668. 26	23 482. 63	26 756. 47	27 541. 45	27 565. 87
货物进口总额	15 800. 25	19 389. 50	22 398. 86	23 037. 85	22 944. 53
服务进口总额	3 868. 01	4 093. 13	4 357. 61	4 503. 60	4 621. 34
贸易差额	−3 837. 74	−4 946. 58	−5 486. 26	−5 376. 05	−4 763. 93
货物贸易差额	−5 096. 94	−6 486. 78	−7 406. 46	−7 420. 95	−7 016. 69
服务贸易差额	1 259. 20	1 540. 20	1 920. 20	2 044. 90	2 252. 76

资料来源：美国商务部经济分析局网站.

服装卖场

纽约港口

2013 年，美国的货物出口总额为 15 927. 84 亿美元。其中，除汽车以外的资本性商品、工业用品与原材料、除食品和汽车以外的消费品出口比例较高，分别占当年货物出口总额的 33. 56%、30. 89%、11. 83%，出口额分别为 5 345. 52 亿美元、4 920. 50 亿美元、1 883. 59 亿美元。此外，汽车、发动机及零部件的出口额为 1 525. 56 亿美元，占比为 9. 58%；食品、饲料和饮料的出口额为 1 361. 84 亿美元，占比为 8. 55%。当年，美国的货物进口总额为 22 944. 53 亿美元。其中，工业用品与原材料、除汽车以外的资本性商品、除食品和汽车以外的消费品进口比例较高，分别占当年货物进口总额的 29. 92%、24. 31%、23. 27%，进口额分别为 6 865. 94 亿美元、5 578. 39 亿美元、5 339. 46 亿美元。此外，汽车、发动机及零部件的进口额为13.49亿美元，占比为13.49%；食品、饲料和饮料的进口额为1 160.24亿美元，占比为5.06%。美国2013年的货物贸易总额为38 872.37亿美元，净出口额为-7 016.69亿美元，货物贸易逆差巨大（参见表2-2）。

表2-2　2009—2013年美国货物进出口贸易额及其构成　单位：亿美元

	2009	2010	2011	2012	2013
货物出口总额	10 703.31	12 902.73	14 992.40	15 616.89	15 927.84
一般货物	10 554.33	12 719.66	14 639.90	15 238.35	15 574.45
食品、饲料和饮料	939.08	1 077.19	1 262.47	1 329.05	1 361.84
农产品	873.79	1 003.85	1 173.48	1 237.40	1 267.47
非农产品	65.29	73.33	88.99	91.64	94.36
工业用品与原材料	2 935.40	3 885.61	4 852.58	4 824.23	4 920.50
资本性商品（除汽车外）	3 914.98	4 478.39	4 942.02	5 275.24	5 345.52
汽车、发动机及零部件	817.15	1 120.08	1 330.36	1 461.50	1 525.56
消费品（除食品和汽车）	1 492.87	1 649.09	1 747.19	1 809.67	1 883.59
非耐用品	740.09	775.33	778.39	822.96	843.51
耐用品	752.78	873.76	968.79	986.71	1 040.09
其他一般货物	454.86	509.31	505.29	538.65	537.44
来料加工	7.97	4.11	5.11	5.66	6.16
非货币化黄金	141.01	178.96	347.39	372.89	347.24
货物进口总额	15 800.25	19 389.50	22 398.86	23 037.85	22 944.53
一般货物	15 696.30	19 244.46	22 219.11	22 845.70	22 767.12
食品、饲料和饮料	828.61	924.92	1 082.57	1 111.29	1 160.24
农产品	640.17	714.71	845.94	871.77	902.44
非农产品	188.43	210.22	236.63	239.51	257.80
工业用品与原材料	4 696.41	6 102.68	7 655.53	7 348.20	6 865.94
资本性商品（除汽车外）	3 740.54	4 504.06	5 134.30	5 517.81	5 578.39
汽车、发动机及零部件	1 591.88	2 256.41	2 552.26	2 985.04	3 095.71

续表

	2009	2010	2011	2012	2013
消费品（除食品和汽车）	4 298.53	4 851.21	5 158.68	5 188.29	5 339.46
非耐用品	2 048.14	2 259.59	2 439.66	2 421.90	2 447.39
耐用品	2 250.39	2 591.62	2 719.02	2 766.39	2 892.07
其他一般货物	540.34	605.19	635.78	695.08	727.38
非货币化黄金	103.95	145.04	179.75	192.14	177.41
货物贸易总额	26 503.56	32 292.23	37 391.26	38 654.74	38 872.37
货物净出口额	-5 096.94	-6 486.78	-7 406.46	-7 420.95	-7 016.69

资料来源：美国商务部经济分析局网站.

2013 年，美国的服务出口总额为 6 874.10 亿美元。其中，旅游服务、知识产权、交通运输、金融服务出口比例较高，分别占当年服务出口总额的 25.19%、18.79%、12.70%、12.23%，出口额分别为 1 731.31 亿美元、1 291.78 亿美元、872.67 亿美元、840.66 亿美元。当年，美国的服务进口总额为 4 621.34 亿美元。其中，旅游服务、交通运输、保险服务进口比例较高，分别占当年服务进口总额的 22.65%、19.64%、10.92%，进口额分别为 1 046.77 亿美元、907.54 亿美元、504.54 亿美元。当年，美国的服务贸易总额为 11 495.44 亿美元，净出口额为 2 252.76 亿美元，呈顺差状态（参见表 2-3）。

表 2-3　　2009—2013 年美国服务进出口贸易额及其构成　　单位：亿美元

	2009	2010	2011	2012	2013
服务出口总额	5 127.22	5 633.33	6 277.81	6 548.50	6 874.10
维护与维修服务	120.77	138.60	142.79	151.15	162.95
交通运输	621.89	716.56	798.30	835.92	872.67
旅游服务	1 199.02	1 370.10	1 508.67	1 612.49	1 731.31
保险服务	145.86	143.97	151.14	165.34	160.96
金融服务	644.37	723.48	782.71	766.05	840.66
知识产权	984.06	1 075.21	1 233.33	1 254.92	1 291.78
通信、电子及信息服务	238.16	250.38	291.71	321.03	334.09

续表

	2009	2010	2011	2012	2013
其他商业服务	959.84	1 010.29	1 125.68	1 198.92	1 234.47
研究与开发服务	186.36	224.46	257.61	280.80	300.52
专业与管理咨询服务	428.37	467.49	496.45	535.39	557.58
技术性服务、与贸易相关的服务及其他商业服务	345.11	318.34	371.62	382.73	376.37
政府商品与服务	213.24	204.74	243.48	242.67	245.22
服务进口总额	3 868.01	4 093.13	4 357.61	4 503.60	4 621.34
维护与维修服务	59.38	69.09	82.36	79.70	76.20
交通运输	641.33	746.28	813.77	850.29	907.54
旅游服务	814.21	866.23	897.00	1 003.17	1 046.77
保险服务	638.01	614.78	556.54	532.03	504.54
金融服务	144.15	155.02	173.68	169.75	186.83
知识产权	312.97	325.51	360.87	395.02	390.15
通信、电子及信息服务	257.84	290.15	327.56	321.56	328.77
其他商业服务	685.53	706.46	832.89	873.47	927.10
研究与开发服务	182.41	221.70	265.58	287.13	321.42
专业与管理咨询服务	266.55	276.90	322.70	332.69	344.80
技术性服务、与贸易相关的服务及其他商业服务	236.57	207.86	244.61	253.65	260.88
政府商品与服务	314.60	319.60	312.93	278.61	253.43
服务贸易总额	8 995.23	9 726.46	10 635.42	11 052.10	11 495.44
服务净出口额	1 259.20	1 540.20	1 920.20	2 044.90	2 252.76

资料来源：美国商务部经济分析局网站.

2013 年，美国的主要贸易对象包括加拿大、中国、墨西哥及欧盟国家等。美国与上述国家和地区的双边贸易额分别为 7 351.65 亿美元、6 165.42 亿美元、5 610.78 亿美元和 10 276.74 亿美元，占美国当年贸易总额的比例分别为 14.60%、12.24%、11.14%和 20.40%。美国对加拿大、墨西哥、中国和欧盟国家的出口额分别为 3 663.29 亿美元、2 566.15 亿美元、1 605.99 亿美元和 4 715.66 亿美元，占美国当年出口总额的比例分别为 16.07%、11.25%、7.04% 和 20.68%。美国自中国、加拿大、墨西哥和欧盟国家的进口额分别为 4 559.43 亿美元、3 688.36 亿美元、3 044.63 亿美元和 5 561.08 亿美元，占美国当年进口总额的比例分别为 16.54%、13.38%、11.04% 和 20.17%。美国 2013 年的贸易逆差额为 4 763.91 亿美元，其与中国、德国、墨西哥和欧盟国家的贸易逆差额分别为 2 953.44 亿美元、729.44 亿美元、478.48 亿美元和 845.42 亿美元，占比分别为 62.00%、15.31%、10.04% 和 17.75%（参见表 2-4）。

表 2-4　　2013 年美国主要贸易对象国　　单位：亿美元，%

	贸易总额	占比	出口总额	占比	进口总额	占比	净出口	占比
法国	1 134.09	2.25	515.77	2.26	618.32	2.24	-102.55	2.15
德国	2 234.47	4.44	752.51	3.30	1 481.96	5.38	-729.44	15.31
意大利	761.65	1.51	262.48	1.15	499.17	1.81	-236.69	4.97
英国	2 102.97	4.18	1 086.69	4.77	1 016.28	3.69	70.42	-1.48
加拿大	7 351.65	14.60	3 663.29	16.07	3 688.36	13.38	-25.07	0.53
巴西	1 052.80	2.09	707.12	3.10	345.68	1.25	361.45	-7.59
墨西哥	5 610.78	11.14	2 566.15	11.25	3 044.63	11.04	-478.48	10.04
中国	6 165.42	12.24	1 605.99	7.04	4 559.43	16.54	-2 953.44	62.00
印度	967.50	1.92	356.95	1.57	610.55	2.21	-253.60	5.32
日本	2 840.55	5.64	1 127.82	4.95	1 712.73	6.21	-584.91	12.28
韩国	1 381.39	2.74	644.08	2.82	737.31	2.67	-93.23	1.96
沙特阿拉伯	812.63	1.61	280.10	1.23	532.53	1.93	-252.43	5.30
其他国家	17 951.92	35.64	9 232.99	40.49	8 718.93	31.63	514.06	-10.79
以上总计	50 367.82	—	22 801.94	—	27 565.88	—	-4 763.91	—
欧盟	10 276.74	20.40	4 715.66	20.68	5 561.08	20.17	-845.42	17.75
欧佩克	2 777.57	5.51	1 141.69	5.01	1 635.88	5.93	-494.19	10.37

资料来源：美国商务部经济分析局网站.

2.1.2 中美贸易关系

自 1979 年中美建交以来，两国双边经贸关系迅速发展，合作领域不断扩大。

2011年初，时任国家主席胡锦涛访问美国，两国元首就共同建设相互尊重、互利共赢的中美合作伙伴关系达成共识，为新时期的中美经贸关系发展指明了方向。2013年6月，习近平主席在美国加利福尼亚州安纳伯格庄园同奥巴马总统举行中美元首会晤，双方同意本着相互尊重、合作共赢的原则，共同努力构建中美新型大国关系。2014年7月，中美成功举行第六轮战略与经济对话，在推进中美新型大国关系建设方面取得了积极进展。

美国商务部经济分析局公布的2013年贸易数据显示，中国是美国的第二大贸易对象国（仅次于加拿大）、第三大出口市场（次于加拿大和墨西哥）和第一大进口来源地。根据中方统计，美国是中国的第二大贸易伙伴（仅次于欧盟）、第二大出口市场和第六大进口来源地。①

2013年，中美双边贸易总额为6 165.42亿美元，较2012年增长5.38%。其中，双边货物贸易总额为5 644.54亿美元，同比增长4.80%；双边服务贸易总额为520.88亿美元，同比增长12.11%。当年美国对中国的出口总额为1 605.99亿美元，较2012年增长10.85%。其中，货物出口总额为1 228.38亿美元，同比增长9.88%；服务出口总额为377.61亿美元，同比增长14.12%。当年美国对中国的进口总额为4 559.43亿美元，较2012年增长3.58%。其中，货物进口总额为4 416.16亿美元，同比下降3.47%；服务进口总额为143.27亿美元，同比增长7.13%。2013年，美国对中国的贸易逆差为2 953.44亿美元，较2012年增长0.02%。其中，货物贸易逆差为3 187.78亿美元，同比增长1.20%；服务贸易呈顺差状态，净出口额为234.34亿美元，同比增长18.85%（参见表2-5）。

表2-5　2009—2013年中美双边贸易额及其构成　单位：亿美元

	2009	2010	2011	2012	2013
双边进出口贸易总额	3 951.30	4 922.94	5 462.93	5 850.51	6 165.42
货物贸易总额	3 685.08	4 591.85	5 060.77	5 385.88	5 644.54
服务贸易总额	266.21	331.09	402.16	464.63	520.88
美国从中国出口总额	876.97	1 155.59	1 338.80	1 448.79	1 605.99
货物出口总额	706.36	930.59	1 054.45	1 117.89	1 228.38
服务出口总额	170.61	225.00	284.35	330.90	377.61

① http://us.mofcom.gov.cn/article/zt_investguide/lanmutwo/201405/20140500574338.shtml#2.2.

续表

	2009	2010	2011	2012	2013
美国从中国进口总额	3 074.33	3 767.35	4 124.13	4 401.72	4 559.43
货物进口总额	2 978.72	3 661.26	4 006.32	4 267.99	4 416.16
服务进口总额	95.60	106.09	117.81	133.73	143.27
美国对中国贸易差额	-2 197.36	-2 611.76	-2 785.33	-2 952.93	-2 953.44
货物贸易差额	-2 272.36	-2 730.67	-2 951.87	-3 150.10	-3 187.78
服务贸易差额	75.00	118.91	166.54	197.17	234.34

资料来源：美国商务部经济分析局网站.

2013 年，美国对中国出口货物 1 228.38 亿美元，自中国进口货物 4 416.16 亿美元，货物贸易逆差为 3 187.78 亿美元。其中，美国向中国出口工业用品与原材料 425.15 亿美元，占比 34.61%；出口除汽车以外的资本性商品 412.84 亿美元，占比 33.61%；出口食品、饲料和饮料 208.54 亿美元，占比 16.98%。美国自中国进口除食品和汽车以外的消费品 2 153.43 亿美元，占比 48.76%；进口除汽车以外的资本性商品 1 587.04 亿美元，占比 35.94%；进口工业用品与原材料 405.41 亿美元，占比 9.18%（参见表 2-6）。

表 2-6　　2013 年美中双边货物贸易额及其构成　　单位：亿美元，%

	货物出口额	占比	货物进口额	占比	货物净出口额
总计	1 228.38	—	4 416.16	—	-3 187.78
一般货物	1 221.18	99.41	4 415.56	99.99	-3 194.38
食品、饲料和饮料	208.54	16.98	61.73	1.40	146.81
工业用品与原材料	425.15	34.61	405.41	9.18	19.74
资本性商品（除汽车外）	412.84	33.61	1 587.04	35.94	-1 174.20
汽车、发动机及零部件	108.79	8.86	162.66	3.68	-53.87
消费品（除食品和汽车）	57.78	4.70	2 153.43	48.76	-2 095.65
其他一般货物	8.07	0.66	45.30	1.03	-37.23
非货币化黄金	7.20	0.59	0.60	0.01	6.60

资料来源：美国商务部经济分析局网站.

2013 年，美国对中国的服务出口总额为 377.60 亿美元，服务进口总额为 143.26 亿美元，服务贸易顺差为 234.34 亿美元。其中，美国对中国的旅游服务出口额为 186.94 亿美元，占比 49.51%；知识产权收费金额为 57.80 亿美元，占比 15.31%；交通运输服务出口额为 48.13 亿美元，占比 12.75%。中国对美国的交通运输服务出口额为 40.99 亿美元，占比 28.61%；旅游服务出口额为 38.81 亿美元，占比 27.09%；包括研发、咨询等其他商业服务的出口额为 35.86 亿美元，占比 25.03%（参见表 2-7）。

表 2-7　　2013 年美中双边服务贸易额及其构成　　单位：亿美元，%

	服务出口额	占比	服务进口额	占比	服务净出口额
总计	377.60	—	143.26	—	234.34
维护与维修服务	7.89	2.09	1.41	0.98	6.48
交通运输	48.13	12.75	40.99	28.61	7.14
旅游服务	186.94	49.51	38.81	27.09	148.13
保险服务	1.25	0.33	0.48	0.34	0.77
金融服务	27.99	7.41	3.71	2.59	24.28
知识产权	57.80	15.31	3.68	2.57	54.12
通信、电子及信息服务	4.92	1.30	17.60	12.28	-12.68
其他商业服务	39.30	10.41	35.86	25.03	3.44
政府商品与服务	3.38	0.90	0.72	0.50	2.66

资料来源：美国商务部经济分析局网站.

2.2　美国贸易政策

2.2.1　出口促进政策

为提振美国经济，带动就业增长，进而实现经济的长期可持续发展，美国总统奥巴马于 2009 年提出国家出口倡议（National Export Initiative，NEI），亦称出口倍增计划，旨在促进美国私人部门出口，力争在 5 年内实现美国货物与服务贸易出口额翻倍。为此，奥巴马政府出台了相关的政策措施。

第一，强化出口促进机构及其职能，广泛开展出口促进活动。先后成立“出口促进内阁”和“商业倡导”跨部门协调小组，并加强贸易促进协调委员会的职能。

2010 年 3 月 11 日，美国总统奥巴马签署《国家出口倡议》，成立旨在扩大美国出口的“出口促进内阁”，正式实施出口振兴计划。“出口促进内阁”由美国财政部部长等十几位相关内阁领导组成，下设出口促进办公室，由国务卿负责日常工作运行。2010 年 9 月和 2011 年 6 月，出口促进内阁分别公布《〈国家出口倡议〉致总统报告》和《2011 年国家出口战略》，提出了旨在促进美国出口的 8 项措施，具体包括增派出口贸易代表团，加大出口宣传力度，增加联邦政府对出口的协助，平衡宏观经济环境，增加出口信贷，重点扶持中小企业出口，减少贸易壁垒和促进服务出口。

2012 年 12 月 6 日，美国总统奥巴马签署 13630 号行政命令，成立“商业倡导”跨部门协调小组，由商务部长担任组长。由该小组管理的商业倡导项目受联邦政府支持，其目的在于扶持美国企业获得“外资项目或采购机会”。

贸易促进协调委员会于 1993 年设立，由 21 个机构组成，其核心部门包括美国商务部、进出口银行、海外私人投资公司、贸易发展署、小企业管理局、国务院和农业部等。贸易促进协调委员会负责制定每年的国家出口战略，并对出口促进活动进行协调，其组建的外销推展中心负责提供贸易资讯和加强国际联系。2013 年，贸易促进协调委员会作为一个跨部门工作小组，进一步加强了政府各部门间的协调工作，以促进出口融资与信贷活动的顺利开展。

第二，提高对出口融资项目的支持力度，提高出口企业融资的便利性。

联邦政府提供的出口融资项目主要包括 4 种类型。第一，出口发展和营运资本融资项目，允许美国企业获得贷款以承接新业务，在国际市场上提高产品销量和竞争力，从而促进企业的商品或服务出口。第二，设施发展融资项目，允许美国企业针对在美国使用的设施或设备采取收购、新建、改建、改善、扩大、使其现代化等方式，以生产或提供在国际贸易中进行买卖的商品或服务。第三，国际买方融资项目，允许美国企业在 1~2 年经济环境中没有可行利率的情况下或因其他原因不能筹集资金时，协助其国际采购商为购买美国商品和服务而融资。此类融资多用于资助购买美国本土的商品和服务，但也可用于翻新设备和软件，或支付银行、法律服务费以及某些当地费用等。第四，投资融资项目，允许美国企业获得大量资金，用于如基础设施、电信、电力、供水、住房、机场、酒店、高科技、金融服务和自然资源开采等行业的大型项目。

为全面配合和支持“国家出口倡议”的实施，美国的政府部门和独立机构也采取了不同措施对各种融资项目给予支持。

美国农业部的海外农业服务出口信贷担保项目，以美国的私人银行和批准的外资银行承保，用以美元计价的不可撤销的信用证支付出售给国外买家的食品和农产品的货款。

海外私人投资公司的中小型企业融资项目，可为企业提供中期至长期的直接贷款和贷款担保，用于在发展中国家和新兴市场进行的符合特定条件的投资项目。

美国小企业管理局提供的项目主要包括以下 3 种：第一，出口运营资金融资项目，为美国小企业出口商提供不超过 500 万美元的短期特定交易流动资金贷款，用于劳动力的雇佣和原材料的购买、缓解特定交易带来的应收账款压力、支付海外销售装运费用等。第二，出口快捷服务项目，为有出口潜力的中小企业提供不超过 50 万美元的资金贷款，用于市场开发和产品采购等。第三，国际贸易贷款项目，为准备从事或已经从事国际贸易的美国企业提供不超过 500 万美元的融资，以提升其设备和设施的竞争力，避免其遭受进口所导致的不利影响。①

美国进出口银行持续加大对普通中小企业、基础设施项目建设资金及可再生能源融资项目的支持力度。一方面，美国进出口银行提供了涉及小企业出口信用保险、多买家出口信用保险和单一采购商出口短期信用保险的多项政策。其中，小企业出口信用保险政策专门为新出口或偶尔出口的小企业设计，可提升小企业的信贷条件，降低信贷风险，帮助小企业拓展国际销售市场。多买家出口信用保险政策可降低出口商的应收账款风险，增强其信贷能力，从而扩大销售。单一采购商出口短期信用保险政策主要是针对外国买方因政治或商业原因不能偿付短期应收账款的情况而设计的，可降低美出口商的风险和可能遭遇的损失。另一方面，美国进出口银行加大了融资支持力度，2013 年批准了总额为 273 亿美元的融资申请，以扶持价值高达 374 亿美元的产品出口，并帮助 3 842 家企业获得融资，创历史新高。②

在奥巴马总统的第一任期内，美国货物与服务贸易出口额自 2009 年的 1.58 亿美元提升至 2012 年的 2.22 亿美元，增长幅度约为 40%。与此同时，出口增长也带动了美国就业人数的增加。2012 年，出口增长为美国创造了约 980 万个就业岗位，较 2009 年增长约 15%（参见表 2-8，图 2-1）。

---

① http：//www.sba.gov/category/navigation-structure/loans-grants/small-business-loans/sba-loan-programs/7a-loan-program/sb.

② 周晓燕．国别贸易投资环境报告 2014［R］．上海：上海人民出版社，2014：72.

表 2-8　　2009—2012 年美国出口总额及带动就业增长情况

	2009	2010	2011	2012
出口总额（万亿美元）	1.58	1.85	2.13	2.22
创造就业岗位（万个）	850	910	970	980

资料来源：http：//www.ita.doc.gov/nei/.

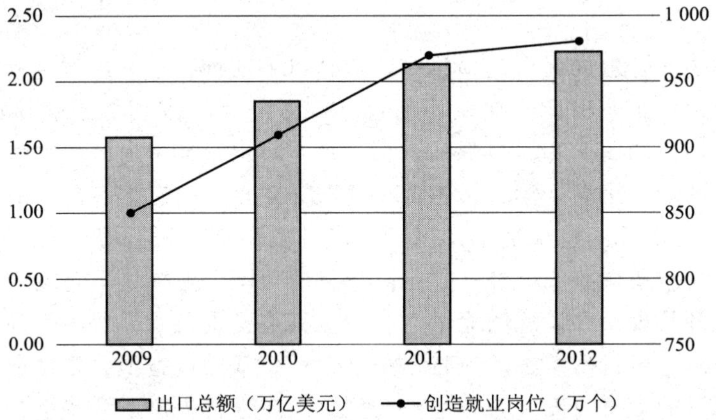

图 2-1　美国出口倍增计划实施效果

资料来源：http：//www.ita.doc.gov/nei/.

2.2.2　自由贸易协定

如今，设立现代化的新型自由贸易区已成为各国促进自由贸易、发展地区经济、开展战略合作的重要手段。所谓自由贸易区（Free Trade Zone），是指一国在关境以外划出的对全部或大部分进出口商品实行免关税政策，并允许从事商品储存、展览、加工、制造等业务活动的区域，多设在港区或邻近港口的地区。

截至 2014 年 1 月 1 日，美国已签署了 14 个自由贸易协定，协定涉及澳大利亚、巴林、智利、哥伦比亚、以色列、约旦、韩国、摩洛哥、阿曼、巴拿马、秘鲁、新加坡、加拿大、墨西哥、哥斯达黎加、多米尼加共和国、危地马拉、萨尔瓦多、洪都拉斯、尼加拉瓜共 20 个国家。美国与加拿大和墨西哥共同建立了北美自由贸易区，与哥斯达黎加、多米尼加共和国、危地马拉、萨尔瓦多、洪都拉斯和尼加拉瓜 6 国建立了中美洲自由贸易区。① 此外，美国还在积极推动《跨太

① http：//trade.gov/fta/.

平洋伙伴关系协定》的签署。

北美自由贸易区由美国、加拿大和墨西哥三国组成，是世界上第一个由发达国家和发展中国家组成的经济集团。1992 年 12 月 17 日，三国领导人签署了《北美自由贸易协定》（North American Free Trade Agreement，NAFTA）。该协定于 1994 年 1 月 1 日正式生效，北美自由贸易区由此成立。北美自由贸易区容纳了约 45 000 万人口，其创造的商品与服务价值超过 17 万亿美元，是世界上最大的自由贸易区。根据《北美自由贸易协定》相关条款的约定，自 2008 年 1 月 1 日起，三国已完全取消彼此之间的贸易关税和配额限制，从而进一步促进了三国的贸易往来和经济发展。①

2013 年，美国对北美自由贸易区成员国的贸易总额为 12 962.43 亿美元，较 2012 年增长 2.91%。其中，货物贸易总额为 11 548.89 亿美元，同比增长 2.79%；服务贸易总额为 1 413.54 亿美元，同比增长 3.93%。当年美国对北美自由贸易区成员国的出口总额为 6 229.44 亿美元，较 2012 年增长 3.78%。其中，货物出口总额为 5 298.08 亿美元，同比增长 3.78%；服务出口总额为 931.36 亿美元，同比增长 3.79%。当年美国对北美自由贸易区成员国的进口总额为 6 732.99 亿美元，较 2012 年增长 2.12%。其中，货物进口总额为 6 250.81 亿美元，同比增长 1.96%；服务进口总额为 482.18 亿美元，同比增长 4.21%。2013 年，美国对北美自由贸易区成员国的贸易逆差为 503.56 亿美元，较 2012 年降低 14.74%。其中，货物贸易逆差为 952.73 亿美元，同比减少 7.08%；服务贸易呈顺差状态，贸易差额为 449.18 亿美元，同比增加 3.33%（参见表 2-9）。

表 2-9　　2009—2013 年美国对北美自由贸易区成员国的贸易额及其构成

单位：亿美元

	2009	2010	2011	2012	2013
贸易总额	8 463.82	10 476.88	11 997.62	12 595.73	12 962.43
货物贸易总额	7 422.68	9 286.32	10 698.27	11 235.65	11 548.89
服务贸易总额	1 041.15	1 190.57	1 299.36	1 360.06	1 413.54
出口总额	4 010.73	4 917.46	5 660.55	6 002.54	6 229.44
货物出口总额	3 346.71	4 140.06	4 813.00	5 105.16	5 298.08

① http://www.ustr.gov/trade-agreements/free-trade-agreements/north-american-free-trade-agreement-nafta.

续表

	2009	2010	2011	2012	2013
服务出口总额	664.03	777.40	847.55	897.38	931.36
进口总额	4 453.09	5 559.42	6 337.07	6 593.19	6 732.99
货物进口总额	4 075.97	5 146.26	5 885.27	6 130.49	6 250.81
服务进口总额	377.12	413.17	451.81	462.68	482.18
贸易差额	-442.36	-641.96	-676.51	-590.64	-503.56
货物贸易差额	-729.26	-1 006.20	-1 072.25	-1 025.33	-952.73
服务贸易差额	286.90	364.24	395.74	434.69	449.18

资料来源：美国商务部经济分析局网站.

2013 年，美国对北美自由贸易区成员国出口货物 5 298.08 亿美元，自北美自由贸易区成员国进口货物 6 250.81 亿美元，货物贸易逆差为 952.73 亿美元。其中，美国向北美自由贸易区成员国出口工业用品与原材料 1 719.42 亿美元，占比 32.45%；出口除汽车以外的资本性商品 1 544.42 亿美元，占比 29.15%；出口汽车、发动机及零部件 918.61 亿美元，占比 17.34%。美国自北美自由贸易区成员国进口工业用品与原材料 2 389.90 亿美元，占比 38.23%；进口汽车、发动机及零部件 1 485.80 亿美元，占比 23.77%；进口除汽车以外的资本性商品 1 097.75 亿美元，占比 17.56%（参见表 2-10）。

表 2-10　　2013 年美国对北美自由贸易区成员国的货物贸易额及其构成　　单位：亿美元，%

	货物出口额	占比	货物进口额	占比	货物净出口额
总计	5 298.08	—	6 250.81	—	-952.73
一般货物	5 269.08	99.45	6 167.32	98.66	-898.24
食品、饲料和饮料	408.42	7.71	427.91	6.85	-19.49
工业用品与原材料	1 719.42	32.45	2 389.90	38.23	-670.48
资本性商品（除汽车外）	1 544.42	29.15	1 097.75	17.56	446.67
汽车、发动机及零部件	918.61	17.34	1 485.80	23.77	-567.19
消费品（除食品和汽车）	516.76	9.75	572.97	9.17	-56.21

续表

	货物出口额	占比	货物进口额	占比	货物净出口额
其他一般货物	161.44	3.05	192.98	3.09	-31.54
非货币化黄金	29.01	0.55	83.49	1.34	-54.48

资料来源：美国商务部经济分析局网站.

2013 年，美国对北美自由贸易区成员国的服务出口总额为 931.37 亿美元，服务进口总额为 482.18 亿美元，服务贸易顺差为 449.19 亿美元。其中，美国对北美自由贸易区成员国的旅游服务出口额为 377.35 亿美元，占比 40.52%；知识产权收费金额为 131.82 亿美元，占比 14.15%；包括研发、咨询等其他商业服务的出口额为 126.11 亿美元，占比 13.54%。北美自由贸易区成员国对美国的旅游服务出口额为 186.76 亿美元，占比 38.73%；包括研发、咨询等其他商业服务的出口额为 103.39 亿美元，占比 21.44%；交通运输服务出口额为 75.49 亿美元，占比 15.66%（参见表 2-11）。

表 2-11　　2013 年美国对北美自由贸易区成员国的服务贸易额及其构成　　单位：亿美元，%

	服务出口额	占比	服务进口额	占比	服务净出口额
总计	931.37	—	482.18	—	449.19
维护与维修服务	22.22	2.39	15.01	3.11	7.21
交通运输	125.08	13.43	75.49	15.66	49.59
旅游服务	377.35	40.52	186.76	38.73	190.59
保险服务	33.52	3.60	8.27	1.72	25.25
金融服务	71.39	7.67	19.16	3.97	52.23
知识产权	131.82	14.15	14.04	2.91	117.78
通信、电子及信息服务	35.68	3.83	56.36	11.69	-20.68
其他商业服务	126.11	13.54	103.39	21.44	22.72
政府商品与服务	8.20	0.88	3.69	0.77	4.51

资料来源：美国商务部经济分析局网站.

中美洲自由贸易区由美国同哥斯达黎加、萨尔瓦多、危地马拉、洪都拉斯、尼加拉瓜 5 个中美洲国家以及位于加勒比地区的多米尼加共和国共同建立，旨在消除关税、开放市场、减少贸易壁垒、促进贸易透明化，从而为各国创造新的经济发展机遇，促进彼此间的贸易投资，推动该区域的一体化进程。根据《多米尼加共和国—中美洲—美国自由贸易协定》的相关条款，各成员国将于2015年对消费品与工业产品出口实行零关税措施，于2020年对农产品出口实行零关税措施，免税产品须符合相关的原产地规定。①

2013年，中美洲自由贸易区是美国的第14大货物贸易伙伴、第14大货物出口市场和第16大货物进口来源地（若将欧盟国家和北美自由贸易区成员国各自视作一个整体，则中美洲自由贸易区是美国的第10大货物贸易伙伴、第10大出口市场和第11大进口来源地）。2013年，美国对中美洲自由贸易区成员国的货物贸易总额为596亿美元，其中出口总额为295亿美元，进口总额为301亿美元，贸易逆差为6.62亿美元，逆差额较2012年降低32.4%。

2013年，美国对中美洲自由贸易区成员国出口货物295亿美元，较2012年降低1.5%。其中，美国对哥斯达黎加、多米尼加共和国、危地马拉、洪都拉斯、萨瓦尔多、尼加拉瓜的货物出口额分别为72亿美元、72亿美元、55亿美元、53亿美元、32亿美元、11亿美元。美国出口货物的主要类别包括矿物燃料、电子设备、机械设备等，出口额分别为67亿美元、33亿美元、23亿美元。

2013年，中美洲自由贸易区是美国第6大农产品出口市场。美国当年对其成员国的农产品出口额为38亿美元，主要出口产品包括大豆及大豆制品、小麦、玉米，出口额分别为5.66亿美元、5.29亿美元、3.09亿美元。

2013年，美国自中美洲自由贸易区成员国进口货物301亿美元，较2012年降低2.5%。其中，美国对哥斯达黎加、洪都拉斯、多米尼加共和国、危地马拉、尼加拉瓜、萨瓦尔多的货物进口额分别为119亿美元、45亿美元、43亿美元、42亿美元、28亿美元、24亿美元。美国进口货物的主要类别包括电子设备、针织服饰、可食用水果与坚果，进口额分别为97亿美元、61亿美元、22亿美元。

2013年，中美洲自由贸易区是美国第3大农产品进口来源地，美国从其成员国进口农产品49亿美元，主要进口产品包括香蕉、未烘焙咖啡、新鲜水果（不包括香蕉），进口额分别为13亿美元、10亿美元、7.63亿美元。②

---

① http：//export.gov/FTA/cafta-dr/index.asp.

② http：//www.ustr.gov/trade-agreements/free-trade-agreements/cafta-dr-dominican-republic-central-america-fta.

2.3 美国贸易管理体制

2.3.1 贸易管理部门

根据美国宪法，国会拥有管理对外贸易和征收关税的权力，并可通过以下途径影响美国贸易政策和法律的制定：第一，国会有权提出贸易法案，并对行政部门的立法建议予以表态。第二，国会可被授权参与国际贸易谈判，批准对外贸易条约。第三，国会可通过预算与拨款法案对贸易政策施加影响。第四，国会有权批准总统对高级贸易决策者的任命。第五，国会有权要求美国贸易代表和国际贸易委员会定期向国会提交有关贸易问题的报告，对现行的贸易政策进行评估。

美国行政部门负责对外贸易法规的执行，主要的管理机关包括美国贸易代表办公室、商务部、国际贸易委员会等。此外，美国国务院、财政部、海关总署、农业部、劳工部、能源部等也在其各自的职权范围内承担着一定的外贸管理职能。

美国贸易代表办公室的主要职能包括帮助美国企业打开国外市场、与外国政府开展贸易协定谈判、解决贸易争端、参与国际组织的贸易政策制定活动等。

美国商务部的主要职能包括贸易法律法规的实施，对外贸易的拓展，对多双边贸易协定实施状况的监督，为美国企业出口提供咨询与培训，参与国际贸易政策的制定，为维护国家安全和外交利益实行出口管制等。美国商务部的主要机构包括国际贸易管理局、出口管理局、经济发展署、技术发展局、产业安全局、国家标准与技术研究所、国家电信与信息管理局、专利与商标局、国家海洋与大气发展局等，其中处于领导地位的两大部门是国际贸易管理局（International Trade Administration，ITA）和产业安全局（Bureau of Industry and Security，BIS）。国际贸易管理局主要负责促进美国出口贸易、统计贸易数据、收集关税信息、监督市场准入状况和国际贸易协议履行情况、消除国外市场准入壁垒、实施反倾销与反补贴调查等。产业安全局主要负责制定、实施和解释有关美国两用产品、软件与技术的出口控制政策，并颁发相应的出口许可证。

美国国际贸易委员会（International Trade Commission，ITC）是一个独立的非党派性质的准司法联邦机构，其前身为1916年创建的美国关税委员会。美国对反倾销和反补贴的调查工作由国际贸易委员会与商务部共同负责。其中，商务部负责判定被控的倾销或补贴是否存在以及程度如何，国际贸易委员会则负责判定美国国内产业是否因外国的倾销或补贴行为受到损害。此外，国际贸易委员会还负责对美国的协调关税制度进行经常性审议，并做出其认为必要或合理的修改建议。

美国各政府部门与国会之间针对国际贸易政策制定的协调工作主要通过贸易政策工作委员会、贸易政策审议小组以及国家经济委员会3个协调机构进行。美国还专门设有国际贸易法院和联邦巡回区上诉法院，分别受理有关国际贸易的一审和二审案件。

2012年3月7日，美国出口执法协调中心（Export Enforcement Coordination Center，E2C2）和信息处理部门（Information Triage Unit，ITU）正式开始运作。前者主要负责美国执法和情报官员之间的协调工作，就涉嫌违反美国出口管制法的有关情况交换信息。该机构的领导小组由国土安全部、联邦调查局和商务部的官员组成，日常管理由国土安全部负责。后者属于美国商务部下设部门，主要负责搜集并公开有关出口物项许可的决策过程，协调不同部门之间的独立审查工作，确保各部门享有完备的数据资料，同时以国家安全为主要考虑因素，对出口许可申请进行审批。

自2013年10月21日起，美国商务部进口管理局（Import Administration）更名为执行与管理局（Enforcement and Compliance）。该机构的主要职能在更名后基本没有变化，主要是根据相关的贸易法规针对不公平贸易行为实施反倾销与反补贴措施，保障美国产业的竞争优势，并确保美国参与的国际协定能够得到遵守。同时，该机构还对有关促使外国开放市场的国际贸易协定谈判提供支持，以产生和维持就业机会，促进美国经济的增长。对该机构的更名是实施美国2010年“贸易法执行倡议”的一个部分，该机构和2012年新成立的总统跨部门贸易执法中心会就广泛的贸易议题开展紧密合作，保障美国在国际贸易规则下的贸易权利以及国内贸易法律的执行。

2.3.2 进口管理制度

美国对进口产品种类和数量的管理主要依靠关税进行，对农产品等相对敏感的进口产品则采用关税配额加以调节。此外，出于环境保护、国家安全、国际收支平衡等因素的考虑，国会通过《1972年海洋哺乳动物保护法》（环境保护）、《1962年贸易拓展法》第232条款（国家安全）、《1974年贸易法》第122条（国际收支平衡）等诸多国内立法，授权商务部、农业部等行政部门通过配额、禁令、附加费等方式对进口加以限制。

美国关于关税制定与征收的主要法律包括《1930年关税法》和《1988年综合贸易和竞争法》等。美国国会根据《1988年综合贸易和竞争法》制定《协调关税表》，于1989年1月1日生效。美国国际贸易委员会作据美国国会的要求修改或维持《协调关税表》，美国国土安全部下属的海关和边境保护局负责解释和执行《协调关税表》和其他海关法律。

美国对除古巴以外的所有世界贸易组织（WTO）成员实施最惠国关税待遇。WTO的统计数据显示，美国2012年的简单平均最惠国适用关税税率为3.4%，总体处于较低水平。WTO定义的农产品简单平均最惠国适用关税税率为4.7%，非农产品为3.2%。① 此外，美国还通过双边或区域自由贸易安排对特定国家提供优惠关税待遇，但中国不在受惠国之列。

美国对大多数进口产品基于离岸价（Free On Board，FOB）征收从价税，对某些进口农产品征收从量税，另有产品需按复合税率缴纳关税。为控制进口数量，保护国内生产商利益，美国对包括牛奶及奶制品、糖及含糖产品、花生及其制品、羊肉、牛肉以及棉花等在内的200个税目的农产品实行关税配额，对配额外的产品征收高额关税。

2.3.3 出口管理制度

为限制生化武器及导弹技术扩散，确保某些短缺物资的国内供应，美国国务院、商务部和财政部等机构负责依据《武器出口控制法》、《1979年出口管理法》、《出口管制条例》和《1954年原子能法》等法律法规对部分产品实施出口管制。

自2010年起，美国基于单一出口管制清单、单一许可证签发机构、单一执法协调机构和单一信息技术系统4个原则，开始对出口管理体制进行全面改革。所谓“单一出口管制清单”即合并军需品清单和商业管制清单，澄清哪些产品需要出口许可证，把多份受禁止出口商及最终用户名单整合为一份经常更新的名单；“单一许可证签发机构”即设立处理国防产品、军民两用产品与技术出口许可事务的单一出口许可证签发机关，精简复核程序，并提高审批许可证的一致性；“单一执法协调机构”即改变多头执法的现象，设立执行出口管制的单一机关；“单一信息技术系统”即开发单一信息技术系统，以接收、处理并协助筛选新的许可证申请表及最终用户，提高效率并减少成本。

2013年4月16日和2013年7月8日，美国商务部产业安全局和国务院国防

---

① World Tariff Profiles 2013：170.

贸易管制局分别发布了《出口管制条例》和《武器国际贸易条例》的最终规则，将部分军品清单上的物项转入商业控制清单。上述规则分别于 2013 年 10 月 15 日和 2014 年 1 月 4 日生效，主要变动涉及以下 3 个方面：

第一，在商业控制清单中增加“600 系列”分类。在美国原有的出口管理体制下，军品清单中的国防产品和国防服务受《武器国际贸易条例》的严格管制，由国务院国防贸易管制局负责执行；商业控制清单中的商品、软件和技术则受《出口管制条例》管制，由商务部产业安全局负责执行。此次修改在商业控制清单中新增“600 系列”，将军品清单中部分“较不敏感”的物项划入此类，所涉及的产品主要有部分航空器、蒸汽涡轮发动机、水面舰、潜水艇等。同时，商务部产业安全局对原商业控制清单中的军品物项进行重新定义，并将其移入“600 系列”分类。例如，外国制造或位于外国的“军用商品”的概念被扩大至任何原产于美国的“600 系列”商品及使用与该类商品相关的技术所制造的直接产品。属于“600 系列”物项的出口通常需要获得商务部产业安全局的许可。针对中国军需品出口的最终用户制度，同样适用于列入“600 系列”分类的产品。

第二，统一两清单中“特别设计”一词的定义。由于商业控制清单和军品清单不可能列举所有的受管制产品，因此两清单均设有类似兜底条款的“捕获放行”条款，除非满足特定的条件，“特别设计”的物项通常会受到管制。此次修改后，两清单中的“特别设计”一词指某物项（包括部分、组件、配件和软件等）“特别用于取得或超过被管制的实施水平、特征或功能”或属于“与被管制的商品或军需品一起使用的部分、组件、配件和软件等”。满足“特别设计”定义的物项只有在其本身是螺丝等基础零部件等条件下才能被“放行”。

第三，明确“600 系列”的许可例外。2011 年 6 月，美国商务部通过了《战略贸易授权许可例外规定》，简化了对 36 个国家的出口管制许可，但中国并未列入其中。根据规定，如果被管制物项在目的地国家被用于许可证所禁止目的的风险较低，那么在满足提供出口管制分类编号要求、收货人声明等条件下，可以无需申请许可证而被出口。若“600 系列”物项出口或再出口的目的地属于这 36 个国家之一，则可在一定条件下获得许可例外。

2013 年 1 月 3 日，美国总统奥巴马签署了《2013 财年国防授权法》。根据该法案，《1999 财年国防授权法》第 1513（a）节中关于将商业控制清单中所有卫星及相关物项转移至军品清单的规定被废止，改由美国总统决定是否将上述物项划入商业控制清单，以及该做法是否符合美国的国家安全利益。然而，即使被转移到商业控制清单上，上述卫星及相关产品仍不能被出口或再出口到中国和朝鲜等国家，亦不能在这些国家发射，除非总统认为这符合美国的国家利益。这次政策改革将使中国的航天产业面临双重压力。一方面，中国在该方面产品和技术进口受限的局面没有改变；另一方面，美国卫星产业将提高其在全球市场的经营力度，从而加剧中国航天产业国际化所面临的竞争。

2.4 美国贸易管理规定

2.4.1 进口管理规定

2013 年 5 月 30 日，美国食品药品管理局公布了关于进口食品预先通知附加信息的最终规则，要求有关人员在递交进口食品（包括供动物食用食品）预先通知时，必须提供曾经拒绝有关食品进口的国家名称。如果美国食品药品管理局未获得完整的预先通知信息，则有关进口食品将被拒绝进入美国境内。

2013 年 7 月 8 日，美国海关和边境保护局、国土安全部及财政部发布公告，自 2013 年 8 月 7 日起开始实施对钻石原石进出口的禁令和限制条件。该公告除重申《钻石原石控制条例》的主要内容外，还规定任何美国钻石原石进口商或出口商必须随货物附上金伯利加工证书并保存至少 5 年以上，以便海关和边境保护局要求时查阅。

为符合世界贸易组织规则，美国农业部食品安全检验局经过多年的商讨，加之美国相关业界的多番要求，于 2013 年 8 月 30 日通知中国国家质量监督检验检疫总局，表示同意撤销对中国熟家禽产品的进口限制。其条件是用于生产这些产品的家禽必须在美国农业部食品安全检验局的监检下于美国屠宰，或在有资格向美国出口屠宰家禽的国家屠宰，这些国家包括澳大利亚（仅限于平胸类雀鸟）、加拿大、智利、法国、墨西哥（有若干限制）及新西兰（仅限于平胸类雀鸟）。2013 年 11 月 10 日，美国农业部食品安全检验局做出针对中国当前屠宰制度的评估和审核结果通报，认为中国家禽屠宰制度并不等同于美国的家禽屠宰制度，所以在中国屠宰的禽肉制品不能出口到美国。

2.4.2 通关环节规定

自“9·11”事件发生后，美国政府采取了一系列反恐措施，并先后颁布了《公众健康安全与生物恐怖主义预防应对法》和《进口食品的预先通报制度》等配套法规。

2009 年，美国对承运商和进口商提出了“10+2”要求，除要求提前发送仓单外，还要求其提供船舶、集装箱状态等信息。这些措施在客观上降低了通关速度，增加了承运商的成本和进出口商的负担。

为解决集装箱安全问题，《9·11委员会法2007年实施建议》要求，自2012年7月起，所有进入美国的集装箱在外国港口装船之前必须经过非侵入式扫描设备和放射线探测设备的检查。这一措施将大大增加外国港口的配置和设备维护费用，使集装箱的平均滞留时间由原来的5天增加至7天。因此，世界各国纷纷表示反对，美国国内也对此制度提出了质疑与反对。2012年6月6日，美国众议院通过《通过基于风险控制确保海运活动安全的港口安全法》，将该措施的执行时间推迟至2014年7月1日。

2.4.3 技术性贸易措施

2.4.3.1 涉及节能环保的规定

"能源之星"（Energy Star）是美国能源部和环保署共同推行的一项能源节约计划，主要针对电子电器类产品提出了相应的节能标准，具体涉及消费性电子产品、家用电器、照明和通风设备、商用及其他用途设备4个大类，涵盖洗衣机、显示器、电视机、空调器、计算机、数据存储设备、网络设备、游戏机、音视频产品、影像设备、机顶盒、电话、家用冰箱和冷柜、电动机、普通及LED照明灯等多种产品。

自2010年起，美国频繁修订"能源之星"认证标准，不仅增加了对美出口企业熟悉、研究和适应相关标准的难度，也迫使对美出口企业投入更多的测试设备，以及时更新或替换各种关键材料和零部件，从而使产品的附加成本大幅增加。修订后的认证标准更加严格，对企业的节能技术也提出了更高的要求，在客观上提高了对美出口产品的进入门槛。

2011年1月1日，"能源之星"认证由自愿性行为改为强制性第三方执行，认证测试只能由美国环境保护署认可的第三方实验室进行，且认证费用全部由制造商承担。2013年7月5日和7月12日，美国能源部初步将移动式空调、计算机、计算机服务器确定为《能源政策与节约法案》所涵盖的产品。2013年7月10日，美国能源部正式宣布住宅用锅炉和火炉联邦测试程序的最终规则，并于8月30日对第10条进行了技术修正。2013年8月14日，美国能源部宣布住宅用洗衣机测试程序的最终规则。

2013年7月5日，美国海关和边境保护局、国土安全部和财政部在联邦公报上发布公告，自2013年8月5日起，拒绝不符合节约能源和标签标准的消费品和工业设备产品进入美国市场。美国海关与边境保护局若接到美国能源部或美国联邦贸易委员会的书面通知，指出某些进口货物不符合《能源政策与节约法案》的有关规定，该局将拒绝该等货物入境。在接到能源部或联邦贸易委员会的书面或电子通知后，海关及边境保护局可在获得保证的情况下，将不符合规格的产品或设备有条件地发放给进口商，以便其重新调整、加上标签或采取其他行动，使有关产品或设备符合使用的节约能源及标签标准。

2.4.3.2 涉及儿童产品的规定

2013 年 2 月 8 日，此前通过的《关于产品认证的测试和标签》规则正式生效。该规则确立了第三方测试的规则框架，强制要求制造商定期以及在产品有重要变化的情况下（如设计或零部件的来源发生变化），向第三方合格评定机构提交有代表性的儿童产品样本进行检测，以支撑认证。该法规还要求制造商保留 5 年的工作文件，为符合性认证、产品追溯、建立测试文件等提供支持。

2013 年 7 月 10 日，消费品安全委员会在联邦公报上发布了关于儿童产品豁免铅限量的程序和要求的最终规则，该规则于 2013 年 7 月 10 日生效。《消费品安全改进法》第 101（a）节规定，设计供 12 岁及以下儿童使用的产品含铅总量不得超过 100ppm。消费品安全委员会将考虑以下情况对此进行功能性豁免：产品、材料或部件含铅是因为其制造技术或工艺不可能移除多余的铅或使其不可能被触及；考虑到正常或可预见的使用情况下，产品、材料或部件不太可能会被儿童放置于嘴中或吞咽；考虑到正常或可预见的使用情况下，产品、材料或部件不可能产生对公众健康或安全产生可测量的不利影响。

2013 年 6 月 24 日，消费品安全委员会发布了关于婴儿学步车和婴儿秋千安全标准的最终规则，该规则于 2013 年 10 月 7 日生效。2013 年 12 月 6 日，消费品安全委员会发布了关于手提式婴儿篮的最终规则，该规则于 2014 年 6 月 6 日生效。

根据美国消费品安全委员会发布的抽检报告，其 2012 年财年（2011 年 10 月 1 日至 2012 年 9 月 30 日）共抽检了 18 000 批不同的产品，数量较前一财年增长约 1 倍。其中被拒绝入境的儿童用品数量为 2 761 803 套，主要原因包括含铅量和邻苯二甲酸盐超标、小部件不合格、可追溯标签不合要求等。

2.4.3.3 涉及医疗器械的规定

2013 年 9 月 24 日，美国食品药品管理局正式出台建立唯一器械识别（Unique Device Identification，UDI）系统的最终法规。根据要求，医疗器械出口商必须在产品标签和包装上标注唯一器械识别码。该识别码由全球协调组进行全球唯一赋码，通过自动识别与数据获取技术可对制造商、器械类别、生产日期、有效期、批号等信息进行读取。此外，出口商还须将相关信息提交至美国食品药品管理局所管理的全球唯一器械识别码数据库，该数据库可供公开查询除病人信息以外的其他数据。

2.4.4 卫生与植物卫生措施

2.4.4.1 涉及食品管理的规定

2013 年 2 月 5 日，美国食品药品管理局公布了关于行政扣查供人类或动物食用食品的最终规则。根据规定，美国食品药品管理局人员或合资格雇员在进行检查、检验或调查的过程中，如发现可信证据显示有任何食品可能对人类或动物健康构成严重影响或死亡威胁的，便可对该食品进行扣查。

根据美国对原产国标签的相关规定，零售商必须向客户提供包括水果、蔬菜、鱼类、贝类和肉类等各类食品的原产地信息。2013 年 5 月 24 日，美国农业部发布了一份最终规则，修改了原产国标签法规（Country Of Origin Labeling, COOL）中关于分割肉类商品标签的规定，要求肉类产品出口商根据产品生产的 3 个环节，即出生、催肥、屠宰，制作不同的原产地标签。该规则于 2013 年 5 月 23 日生效。

2.4.4.2 涉及药品管理的规定

2012 年 7 月 9 日，美国《仿制药企业付费法案》正式生效。2014 财年，美国食品药品管理局对该法案中涉及的各项收费均出现较大幅度的上涨。其中，仿制药新药申请费用增至 63 860 美元，涨幅为 24.0%；药品主文件申请费用增至 31 460 美元，涨幅为 47.4%；成品剂型国外生产设施检查费用增至 235 152 美元，涨幅为 23.5%；原料药国外生产设施检查费用增至 49 515 美元，涨幅为 19.4%。目前，美国食品药品管理局对仿制药的平均审批时间为 33~34 个月，这意味着仿制药企业在申请获批之前需要等待 3 个财年的收费周期（参见表 2-12）。

表 2-12　2014 财年美国食品药品管理局对仿制药企业的收费情况

单位：美元，%

	收费频率	收费金额	涨幅
仿制药新药申请（ANDA）	一次性	63 860	24.0
预批准变更申请（PAS）	一次性	31 930	24.0
药物主文件申请（DMF）	一次性	31 460	47.4

续表

	收费频率	收费金额	涨幅
成品剂型生产设施检查（国内）	每年一次	220 152	25.5
成品剂型生产设施检查（国外）	每年一次	235 152	23.5
原料药生产设施检查（国内）	每年一次	34 515	30.5
原料药生产设施检查（国外）	每年一次	49 515	19.4

资料来源：周晓燕．国别贸易投资环境报告 2014［R］．上海：上海人民出版社，2014：93.

2.4.4.3 涉及有毒物质的规定

2013 年 8 月 28 日，美国加利福尼亚州（以下简称“加州”）批准了有毒物质管控部修订的《消费品安全法规》，该法规于 2013 年 10 月 1 日生效。

就内容而言，该法规确立了对消费品毒性进行优先评估的程序，优先级依消费品所含有害物质的毒性大小而定。此外，该法规列出了优先产品清单，并确立了对规制化学品和潜在替代品的评估程序以及相应的监管措施。总之，该法规是一部关于对含有毒有害物质的消费品进行规管和替代的框架性法律法规。

就整体框架设计而言，该法规指出，制造商作为实体，负有遵守法规规定的义务。因此，一旦某项产品被列入优先评估产品清单，则其制造商须对产品进行评估，制订替代计划，以确保产品的安全性。

2.4.5 与知识产权相关的规定

2.4.5.1 《美国发明法案》

长期以来，美国致力于将创新战略作为保持国家竞争力、促进经济增长和就业的主要手段。2011 年 9 月 16 日，美国总统签署《美国发明法案》，对美国专利制度进行了全面的改革，其中最重要的即先发明制被先申请制所替代，这一变革也使美国实体专利法的相关内容发生了变化，主要涉及先有技术、宽限期、优先权、商业方法专利等内容。与之相关的条款大多自新法案签署颁布之日起 18 个月后，即 2013 年 3 月 16 日开始实施。

先发明制与先申请制的区别主要在于对发明专利授予人的认定，前者将专利授予先发明人，而后者将专利授予先申请人。目前，世界大多数国家和地区采用的是先申请制。新法案规定，要求保护的发明“有效申请日”为申请的实际提交日。此外，现行的“抵触程序”（Interference）即确认谁为先发明人的程序被取消，取而代之的是“溯源程序”（Derivation），以确认先申请人的发明是否源自后提交申请的发明人。

可获得专利的实体条件主要包括“新颖性”和“非显而易见性”。若拟申请专利的技术属于先有技术（Prior Art），则意味着其不具有新颖性。所谓“先有技术”，是指某一时间点前在特定技术领域内已有的技术与知识总和。原美国专利法规定，在世界范围以专利、公开出版物形式公开以及在美国境内公开使用、销售而公开的技术构成先有技术。新法案则扩大了该范围，取消了地域的区分，即在世界范围以专利、公开出版物、公开使用、销售或其他方式为人所知的技术均构成先有技术。

宽限期（Grace Period）是专利申请日之前的某段时间，在此期间内，申请人拟申请专利技术的公开行为不构成先有技术。原美国专利法的宽限期是12个月，可以享受宽限的行为不限于与发明人自己有关的行为。新法案没有修改12个月的期限，但将“不构成先有技术的公开行为”修改为“限于发明人或共同发明人自己进行的公开行为，或者直接、间接源自发明人的公开行为”。

优先权原则（Priority）源于《保护工业产权巴黎公约》。对于在任一巴黎公约成员国首次提出正式专利申请，在之后的一定期限内又在其他巴黎公约成员国就同一内容的发明再次提出专利申请的情况，可将其首次申请日作为其后续申请的申请日。美国原专利法因采取与巴黎公约不同的先发明制，因此对在国外完成的发明创造有所限制。新法案则删除了这一规定，这意味着优先权适用于美国及其他巴黎公约成员国。

美国专利商标局在美国专利分类码第705号中对商业方法专利（Business Method）的定义是“用于商业运作、政府管理、企业管理或财务资料报表生成的装置及相应的方法，可使资料在经过处理后发生显著改变、用于完成运算操作或改变资料的处理方法与运算操作”。美国长期坚持对专利法第101条可授予专利一题做出最为宽泛的解释，认为除自然规律、自然现象和抽象概念外，一切皆可授予专利权。但实践中的问题使许多人对商业方法是否应被授予专利权提出质疑。对此，新法案要求美国专利商标局建立一个过渡期为10年的授权后重审程序，以特定的标准和程序重新审视商业方法专利的有效性。[①]

2.4.5.2 《2012年专利法条约实施法案》

2012年12月18日，美国通过了《2012年专利法条约实施法案》。该法案主要由两部分内容组成，第一部分是为实施《工业品外观设计国际注册海牙协定

① 王春蕊.《美国发明法案》改革专利制度［J］.中国海关，2011（12）.

（日内瓦文本）》（以下简称“《海牙协定》”）的国际条约义务而修订的内容，第二部分是为实施《专利法条约》的国际条约义务而修订的内容。

根据《海牙协定》所创设的国际设计申请（以下简称“IDA”），美国申请者可享受以下便利：第一，申请人可以直接向世界知识产权组织国际局（以下简称“国际局”）或者间接通过美国专利和商标办公室使用一种语言，提交一份申请，并交付一次费用，该申请即可在申请人所指定的任何司法管辖区域内生效，而无需任何“多重申请”。此外，专利权的维持费也只需向国际局进行单次支付。第二，提交申请之后，国际局将尽快予以公布，公布期可依申请人意愿延长至多30个月。此后，国际局将进行形式审查，并将其送往申请者指定的国家或地区进行国际审查，该国家或地区必须为海牙联盟成员。一旦公布，该IDA即被视作其申请日的先前技术，申请人将享受类似于发明专利申请的临时损害赔偿权。此外，IDA允许申请者对发生于美国境外的6个月以内的在先申请主张优先权。该法案还将所有美国外观设计专利（无论是IDA或是常规国内申请）的最长有效期从14年延长至15年（各国对该期限的规定有所不同，通常为15~25年）。IDA单次有效期为5年，交费后可续展一次或多次。

《2012年专利法条约实施法案》第二部分对美国的专利法进行了一些显著的修改，以同其他国家的法律相协调。第一，发明专利申请即使在提交时未提出请求项也将被授予申请日期。第二，美国专利和商标办公室将设定恢复优先权的程序，即在非故意迟延的情况下，优先权人在12个月的期限以外可享有两个月的宽限期，以对国内外的在先申请主张优先权。美国专利和商标办公室行政长官有权针对国际申请中的优先请求权设置类似的宽限期。第三，美国专利和商标办公室行政长官将设置相应的程序，以重新审查被非故意弃置的专利申请，或受理被非故意延迟的费用，或受理被专利所有者在复审程序中非故意延迟的答复。第四，美国专利和商标办公室将受理登记“专利和申请中的相关利益”。根据《专利法条约》，此类利益包括许可协议和担保物权。

为执行《2012年专利法条约实施法案》，2013年10月21日，美国专利和商标办公室通过了专利申请实务规则的最终决定，其主要修改内容如下：第一，除外观设计申请之外，非临时性专利申请将以美国专利和商标办公室收到说明书之日为申请日，且说明书可暂时不写明请求项，还可以引用美国或外国在先申请的内容来代替其说明书和图示。但以上两种方式均需额外缴纳滞纳金，提交候补请求项、所引用的在先申请图文副本及其他附件。第二，在上述两种情况下，申请人若自申请日起8个月内未能补交材料以供审查，则被视作延迟，其核准后可取得的专利权期限调整天数也将受到影响。做出这一改动的目的是防止申请人滥用

《专利法条约》和法案所赋予的额外推迟审查的机会。此外，申请人即使符合上述条件也不意味着其必然能够获得优先权保护资格，因此美国专利和商标办公室特别提醒，上述做法不应成为常态。第三，对于被弃置的申请以及逾期未缴纳维持费等情况，可以非故意延迟事由提请恢复原状，而原先关于“无法避免”的延迟的规定已被废除。此外，对于未缴纳维持费需要在 24 个月内进行补救的规定也已被废除。第四，申请日超过优先权、收益权主张期限者（外观设计申请期限为 6 个月，其他专利申请期限为 12 个月），若依《巴黎公约》规定则丧失优先权、收益权主张资格，但修改后法案规定，只要申请日距优先权、收益权主张期限不超过两个月，且申请人主观上非故意延迟，则办公室可在申请人缴纳相关费用并提出申请后恢复其优先权、收益权主张的效力。

2.5 美国贸易救济措施

美国的贸易救济措施包括针对进口产品的反倾销、反补贴、贸易保障和 337 条款措施，以及针对进口产品的 301 系列条款措施等。

2.5.1 反倾销与反补贴调查

美国现行的反倾销与反补贴法主要为《1930 年关税法》，具体的行政法规主要列于《联邦法规汇编》第 19 编中。对倾销与补贴的调查和对其幅度的计算由美国商务部国际贸易署进口贸易管理局负责，对产业损害的调查由美国国际贸易委员会负责。

为支持美国总统的国家出口刺激计划，美国商务部于 2010 年发起“贸易执法倡议”，提出了 14 项增强反倾销和反补贴执法力度的建议并陆续加以实施。

第一，修改对非市场经济国家的反倾销调查中有关分别税率企业审核标准的规定。

2013 年 7 月 5 日，美国商务部发布公告，对非市场经济国家反倾销调查中的分别税率企业选择标准进行细化并严格适用。根据此前的规定，如果企业能够证明其出口活动并未受到政府事实上或法律上的控制，美国商务部将给予分别税率，为其单独计算反倾销税率。新规定加强了对政府“事实控制”的审查，细化了测试标准，要求分别税率申请企业围绕 5 条标准提交更多的支持性材料，包括出口商的所有权情况以及是否有任何个人所有者担任任何级别政府的职务，出口销售的议价与定价，企业管理层的组成、选任程序以及是否在政府任职，利润分配情况，应诉企业与母国、第三国或美国市场上被调查产品的生产或销售关联度。此外，调查机关在预算和人员充足的情况下还将进行更多的分别税率核查。

第二，修改反倾销与反补贴调查中有关事实信息证明函的最终规定。

2011 年 2 月 10 日，美国商务部公布了反倾销与反补贴调查中有关当事人或其代表向商务部提交事实资料时签署证明函的暂行规则，要求说明证明函所适用的个案、案件所处阶段、签署人身份、日期以及当事人和其代表若提供虚假信息所应承担的后果。该暂行规则于 2011 年 3 月 14 日生效。2011 年 9 月 2 日，美国商务部颁布补充暂定规则，允许外国政府在提交证明函时使用上述暂行规则生效前已使用的形式或采用暂行规则中要求的形式，但公司证明函须继续使用暂行规则中所规定的形式。2013 年 7 月 17 日，美国商务部宣布上述暂行规则自 2013 年 8 月 16 日起成为正式规则。

第三，修改反倾销与反补贴调查中有关事实信息定义和提交时限的规定。

2013 年 4 月 10 日，美国商务部发布公告，自 2013 年 5 月 10 日起适用反倾销与反补贴调查中有关事实信息定义和提交事实信息时限的新规定。修改后的"事实信息"主要涵盖以下 5 方面的内容：（1）为回答调查问卷所提交的证据；（2）为证实某项指控所提交的证据；（3）19CFR351. 408（c）项下的价格信息和 19CFR351. 511（a）（2）项下的报酬适当性评估信息；（4）美国商务部公开发布的证据；（5）上述 4 项以外的事实信息。美国商务部要求事实信息提交方注明信息类别，从而分别确定其提交时间，取代此前的概括性时限。

第四，修改对非市场经济国家的反倾销调查中，有关采用市场经济国家原料价格的规定。

2013 年 8 月 2 日，美国商务部发布公告，自 2013 年 9 月 3 日起适用对非市场经济国家反倾销调查中，采用市场经济国家原料价格的新规定。在涉及非市场经济国家的反倾销程序中，当此类国家的生产商向市场经济国家供应商购买某一生产要素并以该国货币付款时，美国商务部在符合若干条件的情况下可根据该采购价计算正常价值。新规定要求，有关原料需在一个或多个市场经济国家生产，而非仅通过该国的供应商出售，只有该原料需"几乎全部（即 85% 以上）"购自一个或多个市场经济国家供应商时，才能以该采购价计算原料价格。

第五，修改反倾销复审调查中的强制应诉企业选择方法。

2013 年 11 月 4 日，美国商务部发布公告，宣布改变过去单纯依据出口量大小选择强制应诉企业的方法，转而采用更为有效的统计抽样手段，包括随机抽样、分类抽样和概率比例抽样等。商务部在实施过程中将根据个案的具体情况向利害关系方发放抽样问卷。该规则于 2013 年 12 月 4 日生效。

2013年，美国对中国出口产品发起11起反倾销反补贴（“双反”）调查（参见表2-13），涉案金额共约4.43亿美元。此外，美国对5起涉及中国产品的“双反”调查做出裁决（参见表2-14），其中有关硬木胶合板和硅砖产品的调查以无措施结案。

表2-13 2013年美国对中国产品发起的“双反”调查

调查类型	立案生效日期	涉案产品	涉案产品海关编码
反倾销调查	2013.5.20	预应力混凝土轨枕钢丝	7217108045 7217107000 7217108025 7217108030 7217109000 7229901000 7229905016 7229905031 7229905051 7229909000
	2013.10.31	谷氨酸钠	2922421000 2922425000 2103907200 2103907400 2103907800 2103908000 2103909091
	2013.10.31	取向电工钢	7225110000 7226111000 7226119030 7226119060
	2013.11.18	无取向电工钢	7225508085 7225990090 7226925000 7226927050 7226928050 7226990180
	2013.12.9	1,1,1,2-四氟乙烷	2903392020
反补贴调查	2013.1.17	冷冻暖水虾	0306130003 0306130006 0306130009 0306130012 0306130015 0306130018 0306130021 0306130024 0306130027 0306130040 1605201010 1605201030
	2013.9.25	三氟异氰尿酸	2933696015 2933696021 2933696050 3808504000 3808945000 3808999500
	2013.10.31	谷氨酸钠	2922425000 2103907200 2103907400 2103907800 2103908000 2103909091
	2013.10.31	取向电工钢	7225110000 7226111000 7226119030 7226119060
	2013.11.14	无取向电工钢	7225508085 7225990090 7226925000 7226927050 7226928050 7226990180
	2013.12.9	1,1,1,2-四氟乙烷	2903392020

资料来源：周晓燕．国别贸易投资环境报告2014［R］．上海：上海人民出版社，2014：89.

表 2-14 **2013 年美国对中国产品的“双反”调查裁决情况**

涉案产品	裁决情况
应用级风电塔产品	2013 年 2 月 7 日，美国商务部终裁认定中国涉案企业的倾销幅度为 44.99% ~ 70.63%，补贴幅度为 21.86% ~ 34.81%。
不锈钢拉制水槽	2013 年 2 月 20 日，美国商务部终裁认定中国涉案企业的倾销幅度为 27.14% ~ 76.53%，补贴幅度为 4.80% ~ 12.26%。
黄原胶	2013 年 7 月 19 日，美国商务部发布公告修改 6 月 4 日做出的终裁结果，将中国涉案企业的倾销幅度由 15.09% ~ 154.07% 调整为 12.90% ~ 154.07%。
硬木胶合板	2013 年 11 月 5 日，美国国际贸易委员会作出无损害终裁，无措施结案。
硅砖	2013 年 12 月 12 日，美国国际贸易委员会做出无损害终裁，无措施结案。

资料来源：周晓燕．国别贸易投资环境报告 2014［R］．上海：上海人民出版社，2014：89-90.

2011 年 10 月，太阳能电池生产商 SolarWorld 向美国国际贸易委员会和美国商务部提出申诉，要求对 75 家中国相关企业展开“双反”调查。2012 年 3 月，美国商务部初裁对中国输美太阳能电池征收 2.9% ~ 4.73% 的反补贴税。2012 年 5 月，美国商务部初裁对从中国进口的光伏产品征收 31.14% ~ 249.96% 的高额反倾销税。2012 年 10 月，美国商务部终裁认定中国向美国出口的晶体硅光伏电池及组件存在倾销和补贴行为。2014 年 6 月，美国发起第二次针对中国光伏企业的“双反”调查，中美贸易摩擦不断升级（参见专栏 2-1）。

专栏 2-1

中国光伏产业遭遇美国“双反”调查

近年来，美国光伏市场持续高速增长，大幅提升了全球光伏产品的需求量。为抢占全球市场主导地位，美国通过提供资金和政策扶持，推动太阳能产业的核心技术研发。目前，美国太阳能科技研发的重点主要集中在提高生产效率和降低产品成本等方面，并力求尽快将技术成果投入商业化运作。美国能源部的国家可再生能源实验室、太阳能研发中心等都是太阳能产业基础研究和应用研发的重要机构。此外，美国许多知名高校和研究机构都投入到新能源技术的研发浪潮中。

美国各个州也都出台了光伏发电的激励政策，如可再生能源配额、税收优惠、现金补助计划等，是美国太阳能产业发展的主要驱动力。一系列的措施有力地推动了美国光伏产业的快速发展。2013年，美国太阳能光伏新安装量达到420万千瓦，比2012年增长15%，成为继亚太之后全球第二大光伏市场。

2013年美国光伏市场主要由大型电站项目主导，在新增项目中占比超过80%，其中地面电站达到300万千瓦，仅第4季度便超过100万千瓦。大型屋顶项目的需求量超过了50万千瓦，与前几年水平相当。包括住宅及小型非住宅在内的小型光伏电站2013年新增需求近70万千瓦，比2012年增长10%，其中超过75%的需求均来自住宅屋顶项目。

随着我国光伏产业的迅速发展，我国光伏组件以较低的价格大量出口欧美国家，对当地光伏厂商造成了巨大冲击，很多国外知名企业因此陷于生存困境。在此形势下，为维护其自身利益，2011年10月19日，SolarWorld等公司组成的美国太阳能制造联盟向美国国际贸易委员会和美国商务部提出申诉，要求对中国大陆出口美国的太阳能电池板进行“双反”调查。2012年3月22日，美国商务部初裁认定中国光伏产品存在不合理补贴，宣布向产自中国出口美国的晶硅电池和组件征收2.9%~4.73%的反补贴税。同年5月16日，美国商务部对原产于中国的晶硅光伏电池做出反倾销初裁决定，认定中国企业的反倾销税率为31.14%~249.96%。这样的高税额迫使中国企业将产品绕道至中国台湾等地，曲线进军美国市场。

2012年10月，美国商务部终裁认定中国晶体硅光伏电池及组件的生产商或出口商在美国销售此类产品时存在倾销行为，决定对中国太阳能光伏产品征收18.32%~249.96%的反倾销税。同时还裁定对中国输美的此类产品征收14.78%~15.97%不等的反补贴税。根据这一终裁结果，反倾销税率从初裁的最低31.14%下调到18.32%，最高幅度不变，反补贴税率幅度则大大高于初裁的2.9%~4.73%。同年11月，美国国际贸易委员会作出终裁，通过了在未来5年内对中国出口美国太阳能电池和组件征收关税的法案。

2014年6月，美国发起第二次针对中国光伏企业的“双反”调查，“双反”对象为所有在中国生产的组件，包括来自中国台湾和其他市场的（其电池在中国组装）。为此，英利、晶科等有实力的光伏企业通过优化制造产地分布、在境外开展投资生产合作、加强技术创新和工艺改进等方式，减少“双反”带来的负面影响。但对无力在海外设厂的中小太阳能企业来说，恐怕会因此失去美国市场。

资料来源：http://oldwww.ccpit.org/Contents/Channel_2632/2014/0801/406466/content_406466.htm.

2.5.2 337调查

337调查是美国国际贸易委员会根据美国《1930年关税法》第337节及相关修正案所开展的调查，调查对象包括进口产品侵犯美国知识产权的行为及其他不公平竞争行为。

2013年4月11日及5月21日，美国国际贸易委员会发布了修改337调查程序的最终规则。其中，2013年4月11日发布的规则包括3个方面的修订内容，于2013年5月20日生效。

第一，关于证词数量的规定。新规则规定，起诉方对每一个被告要求的事实证词数量不超过5份，或总数不超过20份，以多者为准。作为团体的被告所提供的证词数量也不能超过20份。作为当事方的国际贸易委员会律师最多可以获得10份证词，且可以参与其他所有当事方的调查取证。每一当事方被质询的问题不能超过175个。主审行政法官可以基于正当理由提高证词或被质询问题的限制数量。

第二，关于秘密信息的规定。新规则规定，除非有正当的延期理由，委员会或主审行政法法官必须在30天内公开任何机密文件的公开版本，某些文件的公开版本必须在提交文件期限期满后的一天内提供。此外，当事人必须按照委员会或行政法法官的要求在任何保密请求问题方面提供记录支持。

第三，关于申请书内容的规定。新规定增加了申请人应在申请书中明确的内容。如果申请基于违反美国337条款或《1930年关税法》注册商标、版权、集成电路布图设计和外观设计侵权等行为，则申请书应包括对受影响国内产业的存在或其建立过程的详细说明（如资金的重大投入和劳动力的大量雇用）、对假设存在或正在建立的国内产业的详细描述（如某些侵犯其知识产权的行为阻碍了相关产业的建立）以及相关知识产权被许可人的实施情况。如果申请基于违反337条款、在商业贸易领域采用不公平竞争方法或行为从而对美国某一产业造成损害性毁灭或威胁，则申请书应包括对受影响国内产业的存在或建立过程的详细说明、对该产业造成的具体影响以及相关知识产权被许可人的实施情况。另外，新规定要求当事人对争议产品用简洁明了的语言进行说明，并在申请书中明确其是否要求有限排除令、普遍排除令、和/或禁止令和停止令中的某项救济。

2013年5月21日发布的规则主要对证据开示中的电子取证增加了4款程序性规定。

第一，关于获取电子信息的规定。根据规则210.27（c），如果令一方提供电子信息的要求会使其蒙受过度的负担和费用支出，那么这种要求就是不合理的，被要求方无须协助该电子信息的调查取证。但申请取证的一方可提出动议强制电子取证。对此，拒绝协助取证的一方需要提供相关证据，证明提供该信息会使其蒙受过度的负担和费用支出，因而该要求是不合理的。若行政法法官认为提出动议的一方理由正当，即可责令电子取证。

第二，关于申请强制证据开示程序的规定。根据规则 210. 27（d），如果满足下述任何条件，行政法法官则对取证频率或范围加以限制：其一，申请的取证因重复或反复而具有不合理性，或者取证内容可通过更便捷、更简易或费用更低的其他方式取得；其二，申请取证的一方可通过其他方式取得现在需要通过调查取证程序所获得的信息；其三，取证所要驳斥的相关法律立场已由被申请人一方放弃，或所针对的事实性事项已由被申请人承认；其四，在兼顾调查需求、取证对国际贸易委员会解决该事项的重要性以及公众利益后，认为取证所产生的负担或费用会超出其可能带来的好处和意义。

第三，关于拒证特权和工作成果保护声明的规定。根据该规定，相关当事人在回应取证要求时需明确其特权主张，且特权记录须在提出特权主张后 10 日内编制完成。特权记录内容必须包括日期、作者、收件人、雇主和每名作者、演讲人或收件人的职务、一般主题事宜、主张的特权类型等。

第四，关于当事人协商最后期限的规定。根据修改后的规则，当事人可以订立有关书面协议，以解决特权纠纷的最后期限问题。当事人的书面协议无须行政法法官批准，除非法官已经下令确立了一个需要遵守的不同期限。

美国国际贸易委员会表示，此次修订旨在减少代理诉讼中不必要的证据开示程序，从而降低费用、提高效率、确保公平。新规则对 2013 年 6 月 20 日以后所立案件适用。

2013 年，美国共发起 337 调查 42 起，较 2012 年增加 2 起，增幅 5%。其中，涉及中国出口产品的 337 调查共计 19 起（参见表 2-15），占比高达 45%，中国成为美国 337 调查涉案国之首。

表 2-15　　2013 年美国对中国产品发起的 337 调查

序号	立案时间	涉案产品
1	2013. 1. 22	碎纸机，某些制造处理程序或者该产品的相关产品
2	2013. 1. 25	手机触屏软件
3	2013. 1. 25	便携式电子设备保护套
4	2013. 2. 11	3G/4G 无线设备及其组件
5	2013. 2. 11	机器人玩具

续表

序号	立案时间	涉案产品
6	2013. 2. 25	电子止吠项圈
7	2013. 3. 5	荧光反射灯
8	2013. 4. 15	微电子机械加工体系
9	2013. 4. 17	具有异地播放或显示复制功能的电子设备
10	2013. 5. 6	线性致动器
11	2013. 6. 20	具有显示和处理能力的消费电子产品
12	2013. 7. 11	履带起重机
13	2013. 7. 26	硅麦克风包封装产品
14	2013. 8. 23	睡眠呼吸障碍治疗系统产品
15	2013. 9. 20	轮胎
16	2013. 9. 20	户外烧烤炉
17	2013. 10. 21	光盘驱动器
18	2013. 11. 7	驾驶员辅助系统相机应用及其组件
19	2013. 11. 8	手持式电子助视器

资料来源：周晓燕．国别贸易投资环境报告 2014［R］. 上海：上海人民出版社，2014：90-91.

随着世界经济从工业经济向知识经济转变，知识产权日益成为企业、行业、区域乃至国家的核心竞争力。近年来，与知识产权相关的中美贸易摩擦频发，其中专利侵权是中国企业遭遇 337 调查的最大诉由。337 调查的立案标准低、应诉成本大，中国企业亟须了解相关的程序与规则，提高应对海外知识产权诉讼的能力（参见专栏 2-2）。

专栏 2-2

通领科技应对美国知识产权诉讼

通领科技集团有限公司（以下简称“通领科技”）是一家中国的民营企业，其生产的漏电保护器（GFCI）产品自进入美国后，迅速占领当地 10% 的市场份额。GFCI 产品是美国政府为保护公民人身安全而强制推行的安全装置，属于召回制产品。根据美国《国家电气规范》（National Electrical Code）的规定，每套住宅必须安装 8 只 GFCI 产品，且每两年必须更换 1 次，因此形成了巨大的需求市场。在通领科技进入美国之前，当地的漏电保护器市场几乎全部被莱伏顿（Leviton）、帕西西姆（Pass & Seymour）、库柏（Cooper）和哈卜（Hubbell）4家本土企业凭借其专利技术所垄断。其中，莱伏顿公司是财力雄厚的“500强”企业，拥有美国市场60%的市场份额。2004年，莱伏顿公司以侵犯知识产权专利为由，将通领科技告上了美国联邦法院。

事实上，在通领科技进入美国市场之前，已有38家生产漏电保护器的中国企业被莱伏顿公司以法律诉讼的手段逐出了美国市场。为避免类似事件再次发生，通领科技将其生产的GFCI产品送到两家美国律师事务所，专门针对莱伏顿公的专利做非侵权分析。结果表明，通领科技生产的漏电保护器不侵犯莱伏顿公司的所有专利。与莱伏顿所采取的机电一体化动阻原理不同，通领科技生产的漏电保护器采用的是全球独家发明的永磁式电磁动阻原理，完全符合美国的安全检测标准，甚至填补了该领域的技术空白。

面对竞争对手的指控，通领科技积极应诉。一方面是由于公司在技术上占有绝对的优势，并在进入美国市场前做了充分的论证；另一方面，通领科技的漏电保护器是专门针对美国标准生产的，一旦离开美国市场，公司就要被迫转产。

经过长达3年的诉讼，2007年7月10日，美国新墨西哥州联邦地区法院判决通领科技胜诉，这是中国企业在美国专利侵权诉讼中首次被判完全不侵权的案例。然而，通领科技为应对莱伏顿公司的诉讼花费了大量的时间和精力，仅诉讼费用就高达500万美金，相当于125万支产品的销售额。相比之下，莱伏顿公司不仅历史悠久、财力雄厚，而且其相继在4个州提起诉讼的做法，也有增加对手诉讼成本、恶意打击外来企业的嫌疑。

该案结束后仅36天，莱伏顿公司的战略伙伴、美国漏电保护器市场四大巨头之一帕西西姆公司又把通领科技告上了美国国际贸易委员会，申请针对通领科技的3项专利开展337调查。相对于莱伏顿公司采用的法律诉讼，帕西西姆公司申请的337调查属于行政诉讼的范畴，是美国针对进口贸易中的不公平竞争行为（主要是知识产权侵权）采取的一种措施。美国的337调查可以由厂商向国际贸易委员会提起，也可以由国际贸易委员会自行发动。遭遇337调查的企业一旦被裁决侵犯了申请人在美国有效的知识产权，将面临驱逐令和制止令。也就是说，这项指控一旦成立，通领科技的相关产品将被海关禁止进入美国市场。

337调查具有申请门槛低、法律程序复杂、制裁措施严厉、应诉费用高昂等特点。根据要求，被申诉人必须在20天之内作出答辩，对于复杂案件可延长10天。这就要求企业在短期内投入大量的财力、物力和人力，并熟悉美国的法律制度。2009 年 3 月，美国国际贸易委员会下达有限排除令，判定通领科技生产的 2003 和 2006 GFCI 产品侵犯帕西西姆公司 US 7283340 专利第 14 条和第 18 条，不侵犯另外两项专利，其他中国涉案企业也分别被判定侵犯相关专利。

对此，通领科技继续上诉。2009 年 9 月 17 日，通领科技向美国联邦巡回上诉法院起诉美国国际贸易委员会。经过将近 1 年的周旋，2010 年 8 月 27 日，法院判决通领科技集团不侵犯帕西西姆公司的 340、368 和 398 专利，并要求美国海关立刻解除对通领科技的有限禁止令。这是中国企业首次通过法律诉讼途径彻底推翻美国 337 调查错误裁决的案例。

然而，就在这一判决结果出台后的第 7 天，莱伏顿公司又向美国国际贸易委员会申请针对通领科技等 5 家中国企业进行 337 调查。对此，通领科技于 2010 年 10 月 28 日主动向美国新墨西哥州联邦地区法院提起诉讼，指出莱伏顿公司与通领科技曾签署过和解协议。2010 年 12 月，法院要求美国莱伏顿公司撤销其在美国国际贸易委员会对通领科技的 337 调查，通领科技再次取得了胜利。

事实上，通领科技曾经尝试利用中国的法律规范与美国企业展开较量。在与帕西西姆公司周旋的过程中，通领科技发现帕西西姆公司部分代工产品侵犯了自己在中国申请的专利。于是，2008 年 7 月，通领科技将帕西西姆公司告上深圳法院，并利用其专利在中国海关总署申请保护，在支付了 160 万元人民币担保金后，在深圳海关扣押了帕西西姆公司涉嫌侵权的产品。这是中国海关首次启用知识产权保护程序。然而，帕西西姆公司向国家知识产权局专利复审委提出了专利无效申请，并对深圳中级人民法院对此案的管辖权提出了异议，同时向中国海关支付了 160 万元的反担保金。这意味着，通领科技若想继续扣押对方的货物就必须再次缴纳 160 万元的担保金，而帕西西姆公司同样可以通过支付等额的反担保金把货物提走。这个过程可以一直重复下去，但通领科技作为一家中国民营企业，经济实力毕竟不及世界 500 强公司，最终只得放弃。

资料来源：

[1] 张君．“以夷制夷”中国知识产权海外维权完胜第一案——记浙江通领科技集团海外维权路 [J]. 中国经贸，2011 (5).

[2] 范炜．“走出去”企业海外维权问题——对浙江通领科技集团知识产权海外维权的深度调查 [J]. 浙江经济．2011 (5).

[3] 绍星．当正当维权沦为资本比拼 [J]. 商品与质量，2012 (6).

[4] 余刚，王志勇．美国 337 行政调查案例评析 [C]. 发展知识产权服务业，支撑创新型国家建设——2012 年中华全国专利代理人协会年会第三届知识产权论坛论文选编．北京：知识产权出版社，2012.

第3章 美国投资环境

3.1 美国引资概况

3.1.1 美国引资规模

2013年，美国吸引外国直接投资2 307.68亿美元。其中，来自欧洲、亚太地区、加拿大的投资金额分别为1 383.93亿美元、537.81亿美元、233.36亿美元，占美国当年引资规模的比例分别为59.97%、23.31%、10.11%（参见表3-1）。

表3-1 2009—2013年外国对美直接投资流量及外资来源地 单位：亿美元

	2009	2010	2011	2012	2013
外国对美直接投资流量	1 436.05	1 980.49	2 298.63	1 696.81	2 307.68
加拿大	303.66	73.57	187.90	153.39	233.36
欧洲	990.73	1 510.55	1 286.87	1 177.23	1 383.93
拉丁美洲及其他西方国家和地区	79.90	134.24	211.37	42.37	142.29
非洲	-6.72	10.85	19.88	2.80	0.70
中东地区	13.66	-17.47	84.29	1.80	9.59
亚太地区	54.82	268.75	508.32	319.22	537.81

资料来源：美国商务部经济分析局网站.

截至2013年，外国对美直接投资存量达到27 639.55亿美元。其中，来自欧洲、亚太地区、加拿大的投资金额分别为 19 335.89 亿美元、4 696.10 亿美元、2 379.21 亿美元，占外国对美直接投资存量的比例分别为 69.96%、16.99%、8.61%（参见表 3-2）。

表 3-2　　2009—2013 年外国对美直接投资存量及外资来源地　单位：亿美元

	2009	2010	2011	2012	2013
外国对美直接投资存量	20 694.37	22 800.45	24 338.50	26 057.54	27 639.55
加拿大	1 889.43	1 924.63	2 052.25	2 178.00	2 379.21
欧洲	15 047.27	16 597.74	17 323.16	18 572.70	19 335.89
拉丁美洲及其他西方国家/地区	329.61	621.30	783.10	843.52	997.01
非洲	12.25	22.65	32.95	38.10	19.68
中东地区	181.77	168.08	194.63	201.81	211.66
亚太地区	3 234.04	3 466.05	3 952.41	4 223.41	4 696.10

资料来源：美国商务部经济分析局网站.

自 2009 年以来，美国吸引外国直接投资金额除 2012 年出现大幅下降以外，其余年份均有不同程度的增长。2013 年，美国的引资总额为 2 307.68 亿美元，较 2012 年增长 36.00%，较 2009 年增长 60.70%（参见图 3-1）。

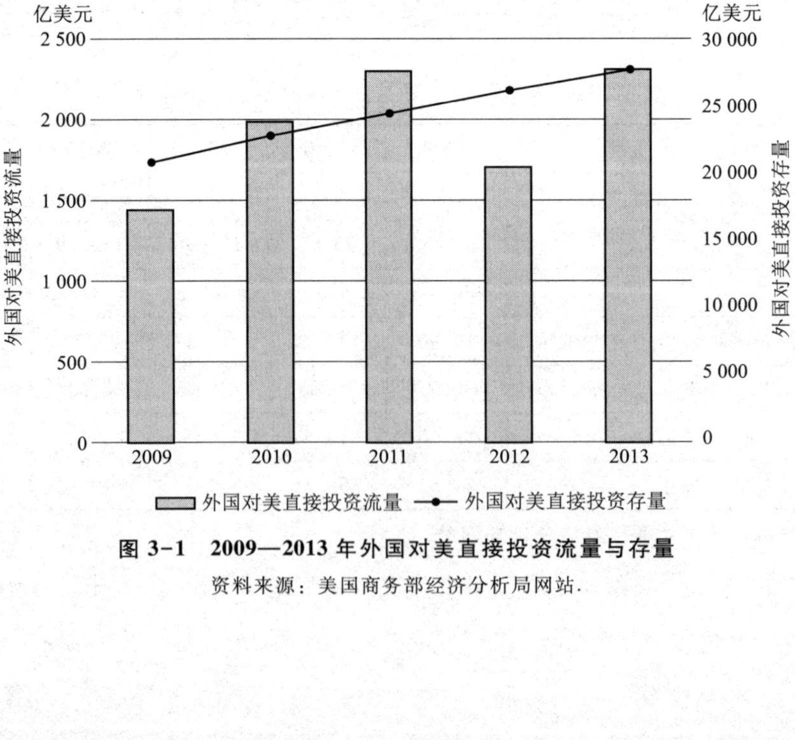

图 3-1　2009—2013 年外国对美直接投资流量与存量

资料来源：美国商务部经济分析局网站.

2013 年，对美直接投资流量最高的 10 个国家或地区依次为日本、英国、卢森堡、加拿大、瑞士、爱尔兰、荷兰、德国、挪威、英属加勒比群岛，投资金额分别为 448.61 亿美元、419.09 亿美元、261.01 亿美元、233.36 亿美元、169.94 亿美元、153.51 亿美元、128.21 亿美元、118.59 亿美元、92.56 亿美元、88.01 亿美元，投资流量占美国当年引资总额的比例分别为 19.44%、18.16%、11.31%、10.11%、7.36%、6.65%、5.56%、5.14%、4.01%、3.81%。中国当年对美直接投资 24.19 亿美元，占美国吸引外资总额的 1.05%，位列第 14 位（参见表 3-3，图 3-2）。

表 3-3　2013 年对美直接投资的主要国家或地区　单位：亿美元，%

排名	国家或地区	投资流量	投资占比
1	日本	448.61	19.44
2	英国	419.09	18.16
3	卢森堡	261.01	11.31
4	加拿大	233.36	10.11
5	瑞士	169.94	7.36
6	爱尔兰	153.51	6.65
7	荷兰	128.21	5.56
8	德国	118.59	5.14
9	挪威	92.56	4.01
10	英属加勒比群岛	88.01	3.81
14	中国	24.19	1.05

资料来源：美国商务部经济分析局网站.

截至 2013 年，对美直接投资存量最高的 10 个国家或地区依次为英国、日本、荷兰、加拿大、法国、瑞士、德国、卢森堡、英属加勒比群岛、比利时，投资金额分别为 5 186.43 亿美元、3 423.27 亿美元、2 738.84 亿美元、2 379.21 亿美元、2 261.31 亿美元、2 093.97 亿美元、2 088.41 亿美元、2 016.03 亿美元、801.06 亿美元、651.35 亿美元，投资金额占美国外资存量总额的比例分别为 18.76%、12.39%、9.91%、8.61%、8.18%、7.58%、7.56%、7.29%、2.90%、2.36%。中国对美国开展直接投资活动起步较晚，截至 2013 年，中国对美直接投资存量为 80.73 亿美元，占美国外资存量的 0.29%，位列第 23 位（参见表 3-4，图 3-3）。

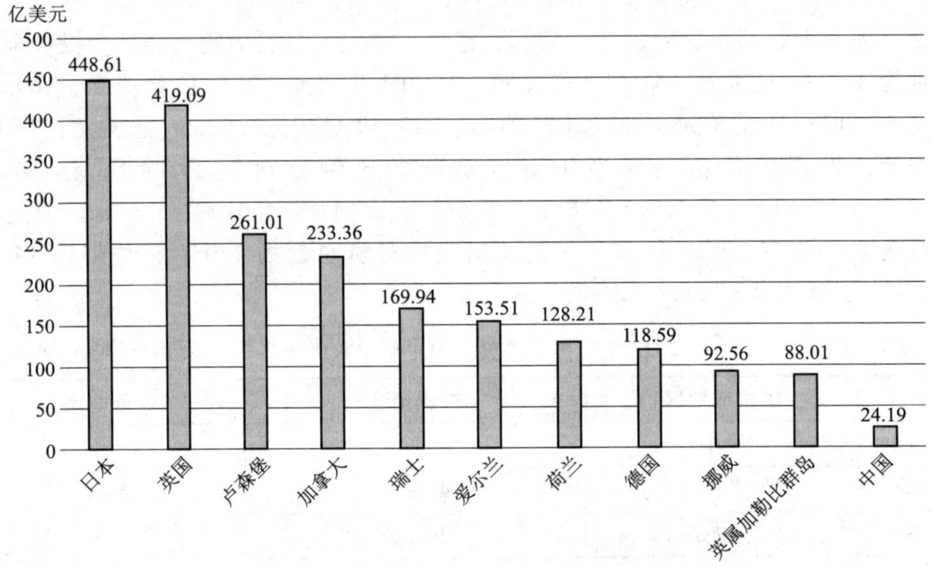

图 3-2　2013 年对美直接投资的主要国家或地区及其投资流量

资料来源：美国商务部经济分析局网站.

表 3-4　截至 2013 年对美直接投资的主要国家或地区及其投资存量与占比

单位：亿美元，%

排名	国家或地区	投资存量	投资占比
1	英国	5 186.43	18.76
2	日本	3 423.27	12.39
3	荷兰	2 738.84	9.91
4	加拿大	2 379.21	8.61
5	法国	2 261.31	8.18
6	瑞士	2 093.97	7.58
7	德国	2 088.41	7.56
8	卢森堡	2 016.03	7.29
9	英属加勒比群岛	801.06	2.90
10	比利时	651.35	2.36
23	中国	80.73	0.29

资料来源：美国商务部经济分析局网站.

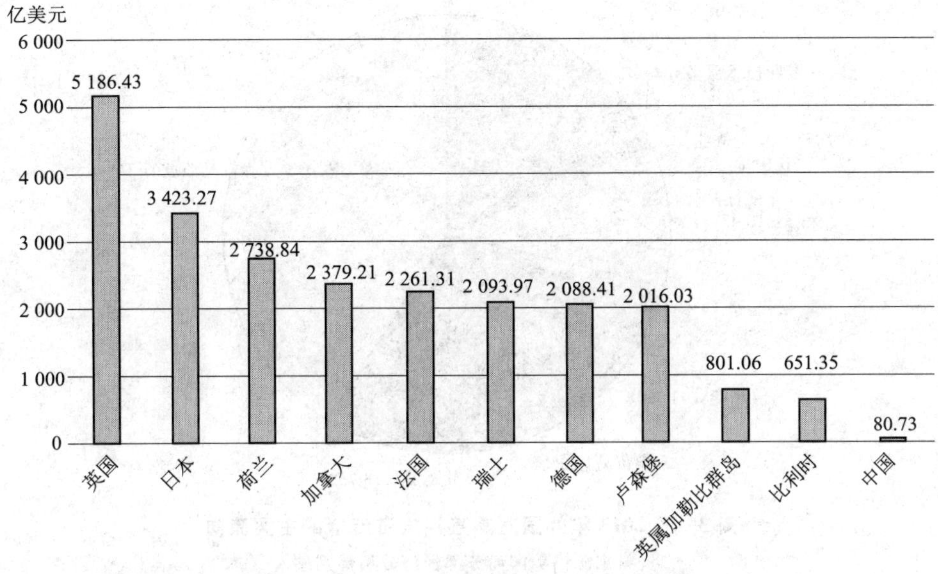

图 3-3　截至 2013 年对美直接投资的主要国家或地区及其投资存量

资料来源：美国商务部经济分析局网站.

2013 年，外资在美国的投资领域主要包括制造业、批发贸易、信息产业等，投资流量分别为 949.73 亿美元、317.33 亿美元、262.83 亿美元，占比分别为 41.16%、13.75%、11.39%（参见表 3-5，图 3-4）。

表 3-5　　2013 年外国对美直接投资流量的主要流向　　单位：亿美元，%

投资领域	投资金额	投资占比
制造业	949.73	41.16
批发贸易	317.33	13.75
零售贸易	69.73	3.02
信息产业	262.83	11.39
银行业	40.08	1.74
金融（非银行）与保险业	240.75	10.43
房地产与租赁业	2.45	0.10
专业技术服务业	54.46	2.36
其他产业	370.32	16.05

资料来源：美国商务部经济分析局网站.

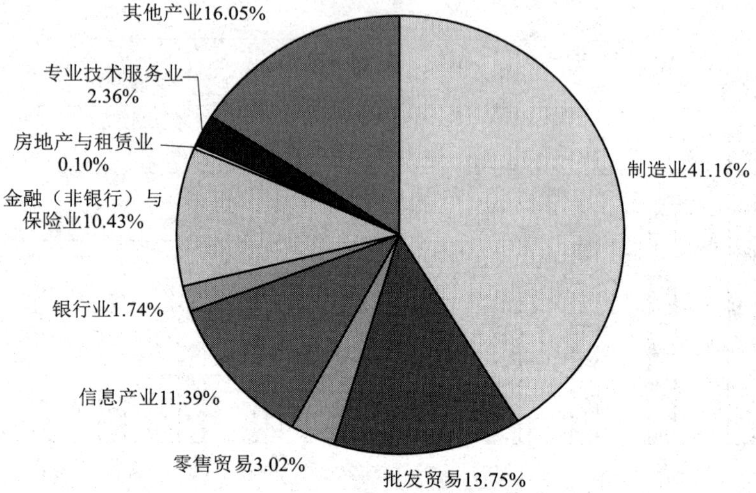

图 3-4　2013 年外国对美直接投资流量的主要流向

资料来源：美国商务部经济分析局网站.

截至 2013 年，外资在美国的投资领域主要包括制造业、金融（非银行）与保险业、批发贸易业等，投资存量分别为 9 357.28 亿美元、3 647.27 亿美元、3 285.46 亿美元，占比分别为 33.85%、13.20%、11.89%（参见表 3-6，图 3-5）。

表 3-6　　截至 2013 年外国对美直接投资存量的主要流向

单位：亿美元，%

投资领域	投资金额	投资占比
制造业	9 357.28	33.85
批发贸易	3 285.46	11.89
零售贸易	598.70	2.17
信息产业	1 485.51	5.37
银行业	1 813.91	6.56
金融（非银行）与保险业	3 647.27	13.20
房地产与租赁业	506.51	1.83
专业技术服务业	1 042.33	3.77
其他产业	5 902.60	21.36

资料来源：美国商务部经济分析局网站.

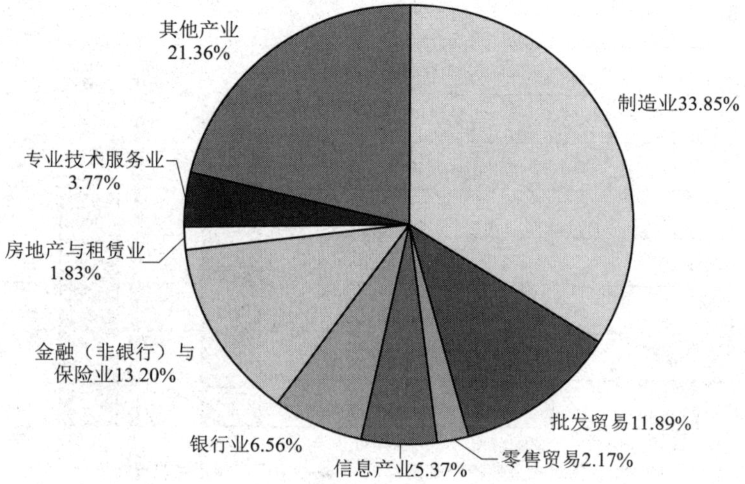

图 3-5　截至 2013 年外国对美直接投资存量的主要流向

资料来源：美国商务部经济分析局网站.

3.1.2　中美投资关系

根据美方统计，2009—2013 年，中国对美直接投资存量持续增加，截至 2013 年底达到 80.73 亿美元，较 2012 年增长 16.28%，较 2009 年增长 397.11%。就投资流量而言，自 2009 年以来，中国对美直接投资流量除 2013 年出现较大幅度下降以外，其余年份均有不同程度的增长。2013 年，中国对美直接投资流量为 24.19 亿美元，较 2012 年下降 30.71%，较 2009 年增长 383.80%（参见表 3-7，图 3-6）。

表 3-7　2009—2013 年中国对美直接投资流量与存量　单位：亿美元

	2009	2010	2011	2012	2013
中国对美直接投资流量	5.00	10.37	11.05	34.91	24.19
中国对美直接投资存量	16.24	33.00	35.98	69.43	80.73

资料来源：美国商务部经济分析局网站.

根据中国商务部的统计，中国对美国的直接投资涉及工业、科技、能源、服装、农业、餐饮、食品加工、旅游、金融、保险、承包工程、房地产等多个领域。2013 年，万向、中海油、双汇、绿地集团等先后赴美开展并购交易，其中双汇国际对全球最大猪肉制品生产商史密斯菲尔德公司的收购金额高达 71 亿美

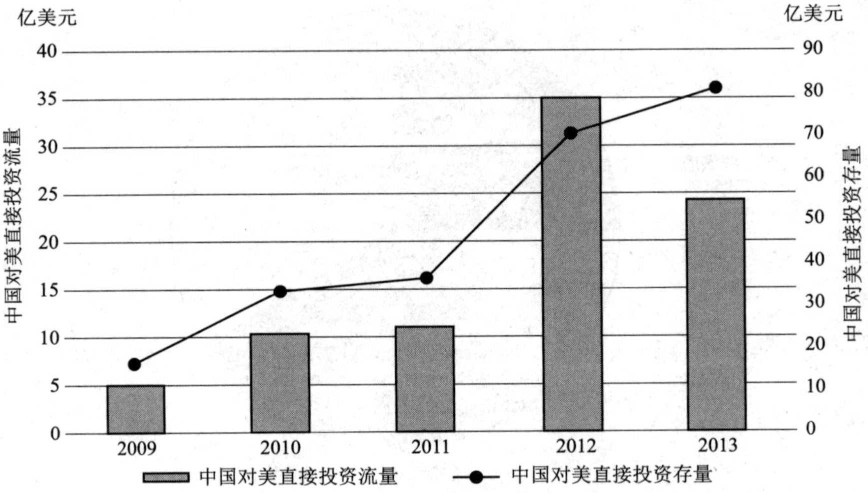

图 3-6 2009—2013 年中国对美直接投资流量与存量

资料来源：美国商务部经济分析局网站.

元，是中国企业迄今在美实施的最大收购案。①

截至 2013 年底，美国对华投资项目累计达到 63 430 个，累计实际投入 730.1 亿美元。其中 2013 年，美国对华投资项目 1 061 个，实际使用金额 28.2 亿美元。中国吸引美资合同金额 51.2 亿美元，同比下降 27.4%，实际使用美资 33.53 亿美元，同比增长 7.13%。②

美国荣鼎咨询公司（Rhodium Group）的报告显示，2013 年，中国对美投资项目金额较 2012 年增长了 1 倍左右，其中食品、能源和房地产行业的大规模收购项目是中国企业对美投资的主要增长点。中国私营企业在投资中处于领先地位，占据了 80% 以上的投资项目以及 70% 以上的交易价值。具体而言，2013 年中国企业对美直接投资呈现出以下 4 个特点：

第一，投资项目更多，投资金额更大。就项目数量而言，虽然中国企业对美直接投资项目在 2012 年出现了 36% 的下降，但 2013 年则呈现出回暖之势。在当年新增的 82 个投资项目中，有 44 个为并购项目，其他 38 个项目为绿地投资项目。就投资金额而言，当年新增项目的平均投资额有所增长，且总投资价值达到 140 亿美元，较上一年增长 1 倍左右，创造了自 2000 年以来的最高水平（参见

① http：//us.mofcom.gov.cn/article/zt_investguide/lanmutwo/201405/20140500574344.shtml#3.1.

② http：//us.mofcom.gov.cn/article/zt_investguide/lanmutwo/201405/20140500574338.shtml#2.3.

图 3-7）。投资金额最大的 6 个项目分别为双汇国际收购史密斯菲尔德（Smithfield）、中海油收购尼克森公司美国业务（Nexen US）、中石化收购切萨皮克能源（Mississippi Lime JV）、复星国际收购曼哈顿写字楼（Chase Manhattan Plaza）、SOHO 中国参与收购通用汽车大厦（General Motors Building）、中化集团收购先锋自然资源公司（Pioneer Natural Resources Co.）Wolfcamp Shale 页岩项目 40% 权益，合计占当年投资项目总价值的 80% 以上。

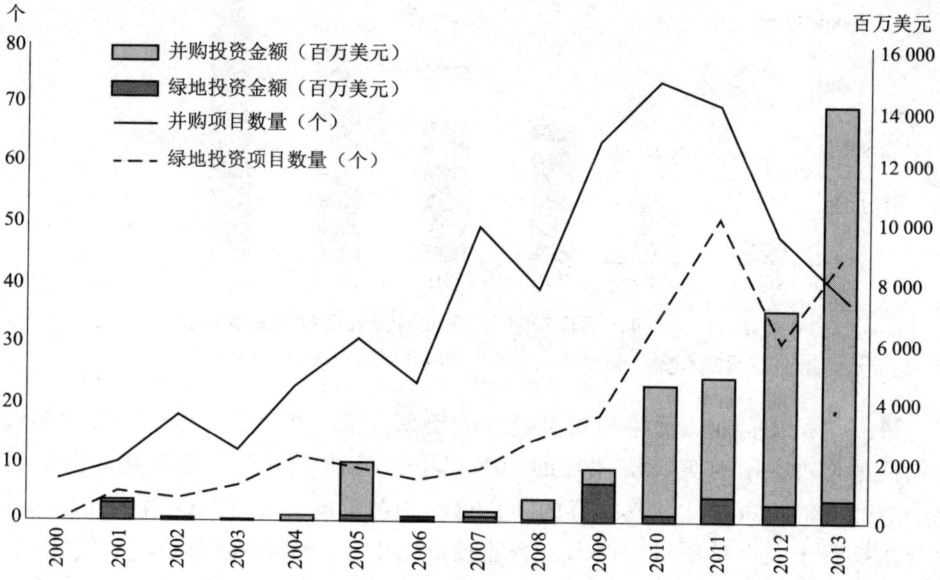

图 3-7　2000—2013 年中国企业对美直接投资项目数量与金额（按投资方式划分）

资料来源：http：//cnusa. org/readnews. aspx？ newsid = 14540.

第二，食品、能源和房地产行业是中国企业的主要投资领域（参见图 3-8）。由于双汇国际对史密斯菲尔德的收购金额高达 71 亿美元，食品行业首度成为中国企业对美投资的主要领域之一。此外，中国企业在非传统油气行业的投资成为当年中国对美直接投资的主要拉动力量，投资金额约 32 亿美元，包括中海油收购尼克森公司美国业务、中石化收购切萨皮克能源、中化集团收购 Wolfcamp Shale 页岩项目部分权益等。商业地产也成为中国企业当年的热点，涉及该领域的投资项目共计 18 个，投资金额约 18 亿美元，投资标的包括位于旧金山的 LUMINA、位于洛杉矶的洛杉矶机场喜来登港威酒店（Sheraton Gateway Los Angeles Hotel）、位于纽约的通用汽车大厦和曼哈顿写字楼、位于底特律的底特律自由新闻报大厦（Detroit Free Press Building）和大卫 · 斯托特大厦（David

Stott Building）等。

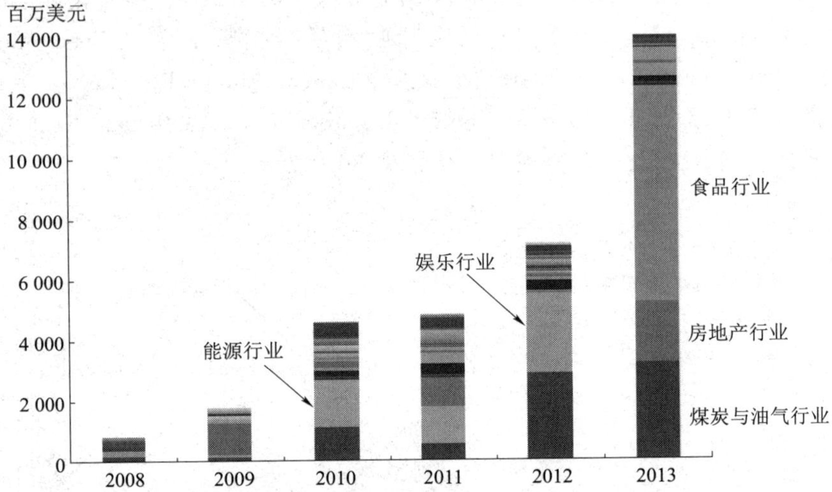

图 3-8　2008—2013 年中国企业对美直接投资主要行业

资料来源：http：//cnusa. org/readnews. aspx？ newsid = 14540.

第三，私营企业成为中国对美投资的领军力量。在过去 5 年中，中国私营企业投资平均占中国对美投资项目的 70% 以上，但和中国国有企业在能源等资本密集型行业的投资相比，其投资的项目价值相对较低。在过去的两年里，私营企业开始投资于大中型项目，而国有企业投资则出现一定程度的减少，并主要集中在能源行业以及个别制造与服务领域，如航空和电信。2012 年，中国私营企业投资首次超过国有企业，占当年中国对美投资项目总价值的 59% 左右。2013 年，中国私营企业与个人投资项目占比为 87%，交易价值占比为 76%（参见图 3-9）。

第四，中国企业对当地经济的拉动作用显著。2013 年，中国企业为美国提供了超过 7 万个就业岗位，是 2007 年的 8 倍左右，仅对史密斯菲尔德公司的收购就解决了当地 37 000 名劳工的就业问题。此外，联想、华为等众多中国企业在 2013 年也增加了当地员工数（参见图 3-10）。在社区关系与公益捐赠方面，中国投资者也表现出长足的进步。例如，大连万达集团当年向美国电影艺术与科学学院（Academy of Motion Picture Arts & Sciences）的捐赠额高达 2 000 万美元。

《2013 年度中国企业对外投资情况及意向问卷调查报告》显示，在接受调查的中国企业中，已经有 333 家企业在 77 个国家或地区开展了投资活动，其中在美国进行投资的企业数量最多，占海外投资企业总数的 16%（参见图 3-11）。

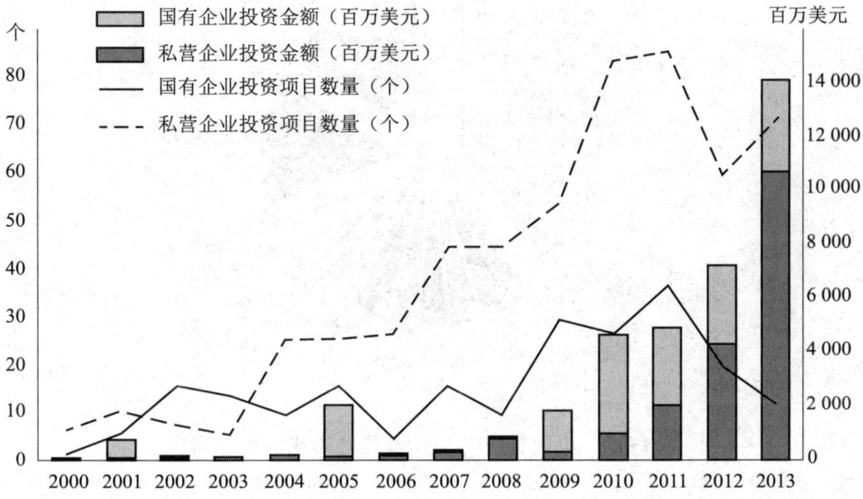

图 3-9　2000—2013 年中国企业对美直接投资项目数量与金额（按投资主体划分）

资料来源：http：//cnusa. org/readnews. aspx? newsid = 14540.

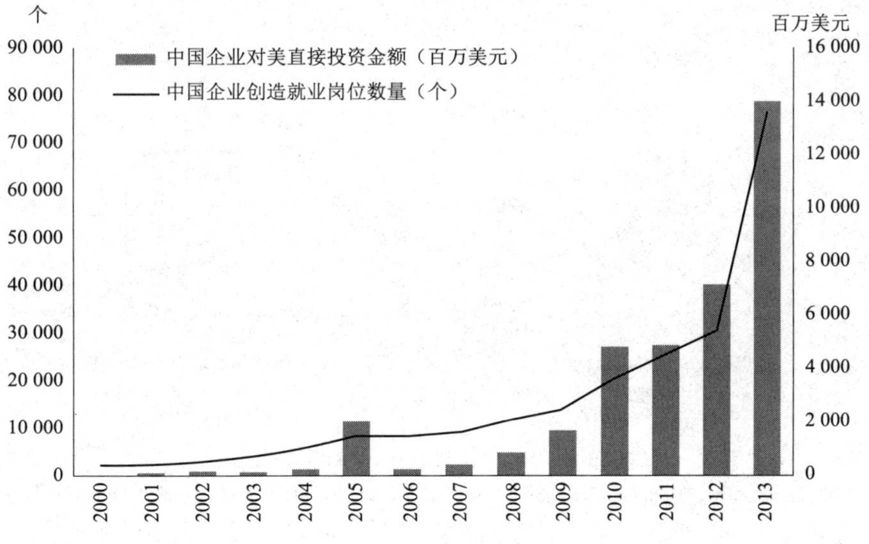

图 3-10　2000—2013 年中国企业对美直接投资项目金额与创造就业岗位数量

资料来源：http：//cnusa. org/readnews. aspx? newsid = 14540.

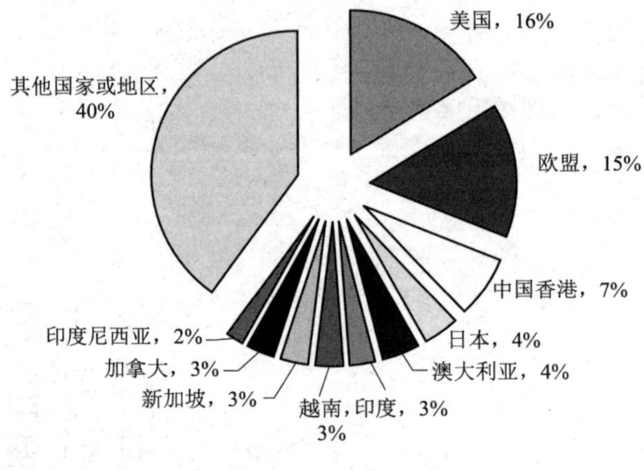

图 3-11 中国企业海外投资目的国或地区分布

资料来源：http：//aaa. ccpit. org/Category7/Asset/2014/Apr/22/onlineeditimages/file71398157184553. pdf.

调查结果显示，参与调查的 1 056 家中国企业普遍认为，在美国投资的最大风险源于安全审查或政治阻挠〔参见图 3-12（a）〕。若将宏观经济风险基数设为 1，则劳动力纠纷和安全审查或政治阻挠构成了在美投资的最大风险因素〔参见图 3-12（b）〕。

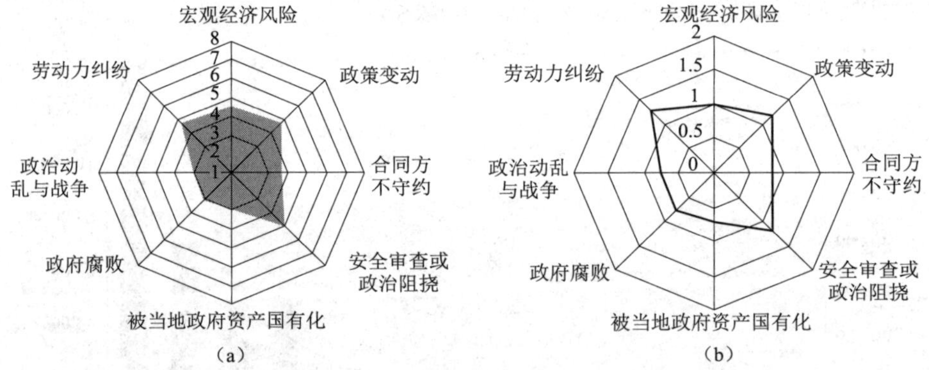

图 3-12 企业对美国风险的认知

资料来源：http：//aaa. ccpit. org/Category7/Asset/2014/Apr/22/onlineeditimages/file71398157184553. pdf.

在接受调查的中国企业中，有 21% 的企业计划在欧盟国家进行投资，16% 的企业表示未来将在美国开展投资，其他投资意向国还包括日本等中国周边国家或地区（参见图 3-13）。

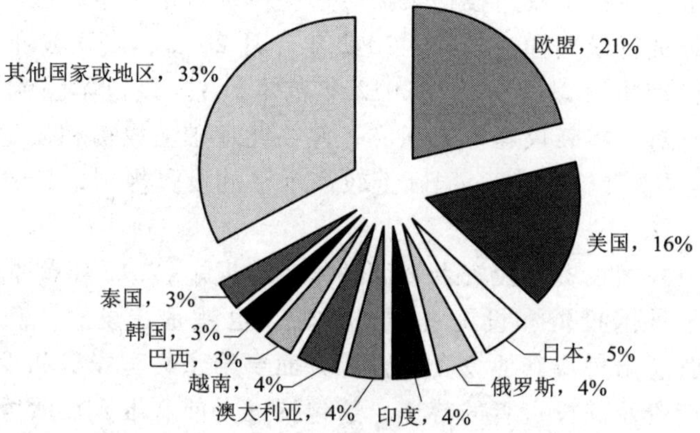

图 3-13　中国企业未来投资意向国或地区分布

资料来源：http：//aaa. ccpit. org/Category7/Asset/2014/Apr/22/onlineeditimages/file71398157184553. pdf.

目前，中美两国尚未签署双边投资协定。中美双边投资协定谈判自 2008 年启动，迄今共进行了 14 轮，已完成核心议题和双方各自关注问题的初步讨论和技术性磋商。在 2014 年 7 月举行的第 6 轮中美战略与经济对话上，双方同意在 2014 年底前就协定文本的核心问题和主要条款达成一致，并自 2015 年初起，以各自的负面清单出价为基础，启动负面清单谈判。所谓“负面清单”，是指一国政府所规定的不对外开放的经济领域，也就是说，对于清单所列禁区之外的行业、领域和经济活动，外资企业均可介入。此外，凡是与外资国民待遇或最惠国待遇不符的管理措施以及对业绩和高管的特定要求等，均要在清单中列明。

3.2　美国外资政策

3.2.1　联邦政府的外资政策

2011 年 6 月 15 日，美国总统奥巴马颁布行政命令，宣布发起“选择美国倡议”（Select USA Initiative），成立由美国商务部牵头、23 个部门参与的“联邦部际投资工作小组”，旨在通过鼓励和支持在美投资，实现创造就业，拉动经济增长。美国商务部下设“选择美国（Select USA）”办公室，负责提升联邦层面对外国投资的吸引力度。

美国目前与 40 多个国家签订了双边投资协定，同时与 10 多个国家在其自由贸易与投资协定中签订了双边投资条款。这些投资协定和条款以其双边投资保护协定范本为基础进行谈判和签订的。2012年4月20日，美国发布了新版《双边投资保护协定》范本（以下简称《2012年范本》）。该范本强调对投资的高水平保护，同时也对一些新议题作了回应，并在此基础上权衡和强化政府的管理权限。《2012年范本》包含了当今国际上较高水平的投资规则，其中比较突出的包括以下5个方面：

第一，给予外国投资和投资者全面的国民待遇。《2012年范本》要求在投资的全过程中给予外国投资和投资者国民待遇，也就是在设立、获取、扩大、管理、经营、运营、出售或其他投资处置等方面要给予外国投资和投资者不低于东道国给予本国投资及其投资者的待遇，这包括准入前和准入后阶段。

第二，用负面清单的形式进行例外规定。负面清单方式即指凡是针对外资的与国民待遇、最惠国待遇不符的管理措施，或业绩要求、高管要求等方面的管理措施均以清单方式列明。缔约方不能加严现有的不符措施或增加新的不符措施，负面清单列明的除外。这种模式增加了政府管理的透明度和投资的可预见性，有利于保障投资者的权益，但同时在一定程度上也缩减了缔约方根据社会经济活动调整政策的空间。

第三，强化了环境和劳工方面的标准。对于环境，重申了多边环境协议的重要性，但同时也在一定程度上给予了东道国政府在环境问题上的政策自主权。在劳工方面，《2012年范本》强调了缔约方政府作为国际劳工组织成员的义务，缔约方政府不应牺牲劳工保护来获取投资，该范本还特别强调劳动法中应包括自由结社权和集体谈判权等条款，加强了缔约方政府在保护劳工方面的责任。

第四，强化缔约方政府的透明度义务。《2012年范本》要求缔约方政府事先公布立法草案，给予公众评论的机会，及时提供影响协定实施的信息等。这些有关透明度的规定，大大强化了缔约方政府在有关立法和执法方面的责任，扩大了公众的参与度，从而也进一步确保了对投资者利益的保护，同时也对缔约方政府改进管理机制提出了更高的要求。

第五，强调公平竞争。强调竞争中立，确保国有企业与私人商业主体之间的平等竞争，缔约方政府应避免通过制定国内技术要求使外国投资人处于不利地位，并且应允许外国投资人参与当地国内标准与技术性法规的制定等。

3.2.2 州及地方政府的外资政策

由于美国各州拥有立法权，因此各地区在外资政策、外资企业设立程序、税收法规等方面存在着一定的差异。总体而言，州及地方政府的外资政策以激励为主，其主要措施包括实行税收减免、提供债券融资、完善基础设施等。例如，多数州及地方政府对新开办的外资企业实行5~15年的财产税减免政策，土地、厂房、机械设备等均属于免税范围。许多州及地方政府通过发行地方性债券筹集资金，用于购买或建立工厂及其他商业设施，供外国投资者租用，从而为投资者在投资初期节省了大量的资本开支。为吸引外资进入，许多州及地方政府积极完善机场、港口、铁路、公路、供电、供水等基础设施，并提供包括工厂设计与布局、企业工人培训、协助企业与当地大学或政府机构开展合作等方面的服务，为外国投资者创造了良好的投资环境。

3.3 美国投资管理体制

3.3.1 投资管理部门

美国商务部是外国直接投资的主管部门，其下设的经济分析局负责统计外资数据，并在其网站上公布每个季度和年度的外国直接投资金额、来源国别及投资领域。任何新建和持有10%及以上投票权益和等值物、收购价值在100万美元及以上的投资都要作为外国直接投资上报商务部经济分析局，由经济分析局负责对其进行汇总。

美国商务部国际贸易署下设的选择美国办公室旨在促进和支持外国企业在美投资，从而为美国创造更多的就业机会、推动创新并提高竞争水平。选择美国办公室是美国政府在投资促进方面的首要协调机构，其主要工作包括主动与外国政府和投资者进行联络、对州政府的引资工作给予支持、为外国投资者解决有关商业环境的问题等。

3.3.2 投资管理制度

根据《国际投资和服务贸易普查法》，美国联邦政府可以向外国投资者收集必要的信息，用以数据统计和分析。不同类型的外国投资应向相应的政府部门进行报告，具体规定如下：中长期间接投资应向美国财政部报告；外国个人如在美国进行农业土地交易，则必须在交易完成后90天内向农业部报告个人信息和交易信息；其余一般外国投资必须在直接投资交易发生后45天内到美国商务部经济分析局登记初步直接投资调查报告；如果投资者设立的公司总资产少于300万美元且所有的土地少于200英亩，则无须进行登记。

美国对外资收购的监管主要分为3类。第一，国家对所有收购活动的监管主要由联邦贸易委员会和司法部两个反垄断机构进行，目的是保护市场公平竞争。第二，国家对收购上市公司的监管主要由美国证券委员会进行，目的是维护证券市场的公开、公平、公正。第三，对外资收购美国公司的监管主要由美国外国投资委员会进行，审查范围仅限于并购项目是否会对美国国家安全造成影响或威胁。其中前两类监管针对所有公司进行，而第3类监管只针对外国公司进行。

《埃克森-佛罗里奥修正案》规定，出于国家安全考虑，美国总统有权对任何外资兼并、收购和接管美国商业公司的行为采取行动，具体的审查工作由美国外国投资委员会负责。一般情况下，企业会自愿接受该项审查，但外国投资委员会也可以对任何一起并购完成后3年内未进行通报的交易发起审查。如果外国投资委员会最终明确表示不支持该项收购，则美国政府可强制要求并购中的外国投资者退出。

3.3.3 投资准入制度

总体而言，美国对外国直接投资持开放态度，外资企业的设立等事宜均适用当地法律法规，不存在特殊的程序。但出于维护国家安全的需要，美国政府针对一些敏感行业设立了相应的准入制度和限制性措施，并对涉入其中的外国投资者进行更为严格的审查和监督。

例如，美国明确禁止外资进入航空领域，飞机注册仅限于：美国公司；合伙公司且不属于非法人团体；在美国成立的公司，且公司总裁必须为美国公民、董事会成员及高级职员中有2/3是美国公民，且至少75%的股本由美国公民所有或控制；获得美移民局“A” number status 的侨民；非美国公司所拥有的公司，且用于美国境内两地之间的飞行时间不少于60%。

对于广播和电信部门，除非联邦通信委员会给予特许，外资企业不得持有已获取广播或普通投递许可证的公司20%以上的股份。在通信方面，美国禁止外国经营或控制的公司从事通信传输业务，同时严格限制外国企业在电话、电报、电台、电视等领域进行投资。

美国法律规定，外国投资者可以买卖或租赁美国的不动产，但美国政府土地管理局所持有的土地不得向外国人出售。在农业土地投资方面，美国有一半以上的州，特别是有大规模农场的州，其法律都限制外国人拥有其农业土地，只是限制程度不同。根据《外商投资不动产税收法》的规定，若不动产的卖方是外国人，则购买者须预提部分不动产销售收入并将其转交给税务部门。此外，美国《公共土地法》和《采矿许可法》准许外国投资者在美国公共土地上铺设石油和煤气管道、修筑铁路、开采矿藏等，但以投资者母国政府对美国投资者提供对等权利为前提。

根据联邦政府的法律，只有某些合法形式的外国企业才可获准进入美国水力发电和某些区域的水产行业，例如，依美国法律建立的外国子公司可获得相应的许可，而外国分支机构则被禁止进入以上两个产业。在这些部门从事经营活动的外国企业均须遵循美国的法律规定，如船只航行要悬挂美国国旗等。此外，美国严格禁止外资公司拥有、使用或生产原子能设施。

3.4 美国税收管理制度

在税收方面，联邦政府并未对外资企业提供特别的优惠政策，但美国国内收入法中有许多旨在鼓励外资进入的条款，包括鼓励外资投向基础设施的刺激措施、对特定外国投资者实行资产收益税减免措施等。此外，联邦政府对面向落后地区的投资给予税收优惠，并通过向私人贷款机构赠与、提供直接贷款和信贷担保等方式吸引外资流入，以增加这些地区的收入与就业。在非税收鼓励措施方面，联邦政府向国内外投资者提供非歧视的援助方案。例如，外国投资者可以从联邦政府对地方交通、水资源利用和污水处理、医疗、教育和住房开发的资助中受益。另外，美国的州、市及地区政府机构、开发机构、工业园组织、地方商会和煤电气公用事业公司、工业经纪人以及银行、保险和资讯公司等可为投资者在厂区选址、法律解释、建立地方联络和融资等方面提供支持和帮助。

3.4.1 征税体制

美国的税收管辖权分属联邦政府、50个州、哥伦比亚特区及各县市。所有美国公民、在美国从事经营和投资业务的外国个人和企业都要受到美国税法的约束。一家公司的赋税情况由该公司的经营活动及其所在地决定。

美国的税收管理采取彻底的分税制度，联邦政府与州政府分别立法，地方税收依州法律而定，3级政府各自对税收进行征管。联邦政府主要征收联邦所得税、财产税及赠与税，其中个人所得税、社会保障税、公司所得税大约各占联邦征税总额的1/3、1/3、1/6；州政府及地方政府主要征收州所得税、特许规费、消费税、使用税及财产税等。

联邦征税法案通常由财政部提出，待国会通过和总统批准后即告生效。美国的税收征管机构包括国内收入局（Internal Revenue Service，IRS）与关税署。国内收入局主要负责国内税收的征收以及收入法案的执行，而关税署主要负责征收关税。在操作过程中，国内收入局总部只对征税工作给予必要的指示和指导，实际的征收工作由在全国分设的7个地区税务局负责。地区税务局有权对税收征管问题做出决策而无须获得总局批准。

3.4.2 主要税种

美国的主要税种包括个人所得税、公司所得税、社会保障税、销售税、财产税、遗产与赠与税等，其中以所得税为主体税种。美国的所得税制兼有“属地主义”和“属人主义”的特征。对于非居民的外国人而言，所得税的征收遵循“属地主义”，即对其在美国境内的所得加以课税。对于美国公民或居民而言，所得税的征收遵循“属人原则”，即对其在全球范围的所得加以课税。

3.4.2.1 个人所得税

美国个人所得税分为联邦个人所得税、州个人所得税和地方个人所得税，其中以联邦个人所得税为主。

个人所得税的纳税人包括美国公民、居民和非居民。其中，美国公民指出生在美国或已加入美国国籍的人，美国居民指根据《美国移民法》拥有法律认可的永久居住权（如获得绿卡）的非美国公民，其余不具备美国公民和居民身份的人即为非居民。

个人所得税的课税对象是美国公民和居民在全球范围的所得，以及非美国居民在美境内的所得。

2013年11月1日，美国国内收入局发布了根据通货膨胀调整后的2014年个人所得税征收办法（参见表3-8）。若18岁以下儿童获得非主动收入（如投资所得）超过一定限额，则其父母须以最高税率缴纳儿童税（Kiddie Tax）。2014年，儿童税的限额标准为1 000美元。

表3-8　2014年美国个人所得税税率和应税收入　单位：美元

税率（%）	应税收入				
	单身人士	户主*	已婚人士合并申报	已婚人士分别申报	不动产和信托收入
10	不超过9 075	不超过12 950	不超过18 150	不超过9 075	—
15	9 076~36 900	12 951~49 400	18 151~73 800	9 076~36 900	不超过2 500
25	36 901~89 350	49 401~127 550	73 801~148 850	36 901~74 425	2 501~5 800

续表

税率(%)	应税收入				
	单身人士	户主*	已婚人士合并申报	已婚人士分别申报	不动产和信托收入
28	89 351~186 350	127 551~206 600	148 851~226 850	74 426~113 425	5 801~8 900
33	186 351~405 100	206 601~405 100	226 851~405 100	113 426~202 550	8 901~12 150
35	405 101~406 750	405 101~432 200	405 101~457 600	202 551~228 800	—
39.6	超过 406 750	超过 432 200	超过 457 600	超过 228 800	超过 12 150

注：以户主（Head of Household）身份报税者须符合以下条件：第一，纳税人未婚或视同未婚；第二，该纳税人在纳税年度一半以上的时间里为本人及依赖户主的成员或其他符合条件的个人承担了一半以上的家庭支出。

资料来源：http：//www.chinatax.gov.cn/n31886/n37074/n37075/c699374/content.html.

3.4.2.2 公司所得税

公司所得税是针对美国公司在国内外的所得以及外国公司在美国的境内所得征收的税款。美国税法规定，凡依据各州法律成立并向各州政府注册的公司，不论其是否设在美国境内，也不论其股权归属，均被视为美国公司；凡依据外国法律成立并向外国政府注册的公司，不论其是否设在美国境内，也不论其股权归属，均被视为外国公司。

美国的公司所得税分联邦政府和州及地方政府两级征收。也就是说，一家在美国经营的公司除了要向联邦政府申报所得税，还要在企业注册地和经营地所在州申报所得税。

联邦公司所得税采取超额累进税率，其税率在近年来并未发生变化（参见表 3-9）。

表 3-9　2014 年联邦公司所得税税率　单位：%，美元

税率	应税收入
15	不超过 50 000
25	50 000~75 000
34	75 000~100 000
39	100 000~335 000

续表

税率（%）	应税收入（美元）
34	335 000~10 000 000
35	10 000 000~15 000 000
38	15 000 000~18 333 333
35	超过 18 333 333

资料来源：http：//www. knv. com/cms-assets/documents/147995－121642. uscorporatetaxrate-table. pdf.

美国各州及地方政府均设有各自的税制体系，包括独立的税法规定和税收征缴与税务司法机构。一家从事跨州业务的美国公司是否需要在不同州申报纳税，取决于该公司是否与一州建立了“关联”（Nexus），如公司是否有来源于该州的营业收入、是否在该州拥有资产、公司在职人员是否在该州实际从事了经营活动等。该州一旦认定公司与其建立了足够的“关联”，就有权对公司所得征税。若一家公司与多个州均建立了足够的“关联”，则需根据各州规定，将应税收入总额在多州之间进行分摊后分别计算。

3.4.2.3 销售税

销售税（Sales Tax）是美国各州及地方政府针对商品和劳务所征收的税款，征税金额通常以销售价格的百分比计算。美国目前尚不存在联邦政府一级的销售税，而大多数州及地方政府均设立了各自的征税标准，销售税是其财政收入的主要来源。

美国的销售税主要包括普通销售税和零售销售税。普通销售税以从事工商经营的个人、企业为纳税人，以出售商品的销售收入或劳务收入为课税对象，采用比例税率。普通销售税以商品或劳务流转的全过程为征税环节，从生产到消费每流转一次就征收一次税。而零售销售税是在商品零售环节对零售额所征收的税款。美国税法规定，零售业者可在商品售价之外标明应纳税额，作为商品的卖价。也就是说，虽然税法规定的纳税人是零售业者，但实际税负还是要由消费者来承担。

美国各州对消费税的规定不尽相同，为促进当地消费，部分州实施了“销售税假日”（Sales Tax Holiday）制度，即在每年规定的特定时期对某些商品实行免征销售税的政策。此外，许多州对部分食品和药品都采取了免税措施，或仅对其征收较低的销售税。

3.5 对美投资方式

外国企业在美国进行投资的方式主要包括绿地投资和跨国并购。绿地投资（Greenfield Investment）指跨国公司等投资主体在东道国境内依照该国法律以独资或合资的方式设立新企业，企业的全部或部分资产所有权归外国投资者所有。跨国并购（Merger and Acquisition，M&A）指外国投资者为达到特定的经营目标，通过一定渠道和支付手段对另一国企业的全部或部分资产或股份进行购买，从而对被收购企业的经营活动进行管理。

相比而言，绿地投资的流程相对简单，企业可根据自身的需求在东道国设立代表处甚至工厂。由于设立企业会为当地带来新的生产力、税收及就业岗位，所以这种投资方式往往会受到东道国的欢迎。但包括制造业在内的大规模绿地投资通常需要长期而大量的筹建工作，对投资者的资金实力、跨国经营及市场开拓能力等提出了较高的要求。

跨国并购可使投资者在较短的时间内获取目标企业的技术、客户、品牌、销售网络等关键资源，但这种投资方式通常会受到国家安全审查和反垄断审查。在并购完成后，交易双方还将面临资源整合、文化差异、人员调整等诸多挑战。

3.5.1 绿地投资

3.5.1.1 绿地投资流程

以中国企业赴美国新设制造类项目为例，其基本流程包括5个步骤。

第一，制定对外投资战略。企业应根据自身的发展规划和战略目标，对海外投资进行系统的部署与规划，对不同国家进行筛选和比较，了解企业在美国投资的独特优势，从而将其确定为投资目标国。

第二，实地调研与项目选址。企业应根据项目的规模与复杂程度，组织本公司的调研团队或聘请专业的咨询机构，对项目进行全面的调研分析，收集目标市场容量、综合成本、地域优势、配套设施、优惠政策、劳工关系、同业竞争、投资风险等相关信息，并据此遴选出若干备选厂址。在确定厂址前，公司应派遣团队赴美进行实地考察。对于合资项目，公司可视情况邀请美方赴本公司考察，以增进彼此的了解。

第三，履行国内审批手续。根据中国商务部《境外投资管理办法》、国家发展改革委《境外投资项目核准暂行管理办法》等相关规定，中国企业应在国内完成有关境外投资的核准手续。

第四，企业注册与前期工作。企业应成立赴美投资项目筹建组，在项目调研报告的基础上，组织设计单位、国际工程咨询评估机构、国外环境评价咨询公司、法律及财务咨询公司等开展项目前期工作。具体细节包括：

• 公司设立。聘请项目所在地专业律师，依照所在州和县的法律规定起草公司成立文件，向州务卿办公室提交设立申请，在获得州务卿签署的公司成立证书后，项目公司即正式成立。

• 购买土地。对备选厂址进行考察，通过地产中介公司与土地所有人签订土地购买意向协议，并按协议条款支付定金或保证金，以锁定目标地块。随后即可启动边界测定、地质初勘、环评申请等相关工作。

• 申请环评许可。美国各州环评许可的申请材料和流程存在一定的差异，如在加州新设制造类项目须符合《加州环境质量法》并提供环境影响报告，在得克萨斯州则须向得州环境质量委员会递交申请，经过为期 18 个月的评审后方可获取空气排放许可。

• 争取优惠政策。对于满足特定条件的企业和投资者，应于投资考察阶段与项目所在州、县、市的政府部门积极接洽，争取在税收、扶持基金、本地员工培训等方面获得相应的优惠政策。

• 配套公共设施洽谈。投资者应与当地供电输电企业、供排水单位及其他生产要素供应商（如天然气、工业气体等）、物流交通运营商（如铁路、公路、航空、港口等）就选址周边配套设施和接入方案等进行协商与落实。

第五，根据中国商务部《境外投资管理办法》的规定，中国企业在美国完成投资流程后，应及时向中国驻外使领馆经商机构报到和备案。

3.5.1.2 注册企业类型

美国常见的公司形式主要有 C 类股份有限公司（C-Corporation）、有限责任公司（Limited Liability Company）、合伙公司（General Partnership）、有限合伙公司（Limited Partnership）、有限责任合伙公司（Limited Liability Partnership）、个人独资公司（Sole Proprietorship）等。外国投资者最常注册的企业类型是 C 类股份有限公司和有限责任公司。

C 类股份有限公司是股东共同所有的独立法人，股东持有公司股票。股东的投资风险以公司资产为限，股东个人通常不对公司债务承担责任。C 类股份有限公司具有双重纳税的特点，除公司需缴纳公司所得税以外，股东个人还需要缴纳个人所得税。C 类股份有限公司董事会有权对公司事务进行决策，经理人员负责公司的日常运营，而股东通常不参与公司的日常管理。此外，符合条件的 C 类公司可通过上市公开发行股票进行融资。

有限责任公司可由一个或若干个自然人或法人共同所有，其所有者被称为“成员”。公司成员根据各自的投资比例持有法定权益，对公司债务承担不超过个人出资额的有限责任。有限责任公司以公司或成员个人名义报税，避免了双重纳税，但此类公司不可公开上市。

外国投资者在美国设立的公司通常包括子公司和分公司两类。其中，子公司具有独立法人资格，须独立承担经营过程中发生的债权债务和民事责任。而分公司不具有独立法人资格，其经营中的债权债务和民事责任由母公司承担。

一般情况下，公司在注册时无须验资，也不存在资金限制。若公司在某一州注册之后需要跨州经营业务，则必须获得其他州政府的许可。因此，在选择公司注册地时，应充分考虑当地公司法律和税收规定以及对公司活动的限制程度等因素。

3.5.1.3 公司注册流程

美国各州政府对于外国投资者在本地新设企业的法律法规各不相同，大多涉及环境、劳工、税收等多个领域，一旦公司违反规定，则可能面临罚款、禁止设立等处罚措施。因此，缺乏相关经验的外国投资者可通过聘请会计师、公司事务律师等途径寻求专业咨询和帮助。

美国的公司注册程序透明，但各州对公司注册流程的规定也存在一定的差异。一般而言，在美国注册公司通常要经过公司章程的准备、签署、认证、提交及缴费等环节，在此过程中，投资者需要同州务卿办公室、州税收与财政署、州劳动署等政府部门打交道。

3.5.2 跨国并购

3.5.2.1 跨国并购流程

一般而言，中国企业赴美开展跨国并购项目的基本流程包括7个步骤。

第一，综合考虑自身战略与发展规划、财务状况、融资渠道等因素，制订跨国并购计划。通过企业自有信息渠道、外部推荐介绍、聘请专业咨询公司等方式，寻找并初步确定拟并购的目标公司。

第二，与目标公司进行初步接触，通过实地考察和谈判，确定目标公司或其所有人的出让意向，掌握大致的交易结构和要价范围。与目标公司签订包括独家谈判期限等条款在内的保密协议。

第三，组建并购项目团队，包括本公司内部人员和外聘咨询公司人员，如投资银行、会计师事务所、律师事务所、行业技术顾问等，就财务、法律、市场、技术、人事等方面进行尽职调查，整体分析并购项目的可行性。此外，该团队还需判断收购项目是否会受到美国国家安全审查和反垄断审查，并提前制定相应对策。

第四，本公司在内部制定财务模型，对报价、交易结构和其他条件进行分析与评审，然后就收购价格和其他条件等对外进行谈判。并购双方起草、谈判、修改、签署收购协议，部分并购项目还需要在尽职调查前签署意向书。

第五，根据中国商务部《境外投资管理办法》、国家发展改革委《境外投资项目核准暂行管理办法》等规定，完成相应的境外投资核准手续。

第六，在美国联邦政府层面，根据并购项目性质和金额不同，部分项目需要获得美国外国投资委员会、反垄断或美国联邦能源管理委员会等部门批准。除此之外，并购项目通常无须报州政府审批，但部分州要求投资者向州政府主管企业登记注册的部门备案，如特拉华州要求兼并成立的新企业向州务卿办公室（Office of the Secretary of State）提交兼并协议。需要注意的是，如果被并购的美国企业此前的运营受到联邦或州法律法规的监管，那么相关的监管法规对并购后的企业同样适用，银行或能源行业企业即是如此。

第七，并购交易双方公司的董事会、股东以及此前已与目标公司签约的第三方需完成内部批准程序。若并购双方中有一方或双方均为公开上市公司，则并购方还需向挂牌交易的证券交易所申请获批。至此，并购交易完成交割。

根据中国商务部《境外投资管理办法》规定，中国企业应及时向中国驻外使领馆经商机构报到。

3.5.2.2 国家安全审查

美国对外国投资的国家安全审查由美国外国投资委员会（Committee on Foreign Investment in the United States，CFIUS）负责实施。CFIUS 的主要职能是监督和评估外国投资者对美国企业的并购交易，根据交易对美国国家安全的影响开展初步审查或正式调查，提出建议并视情况交由总统决定是否批准交易。

美国外国投资委员会是一个跨部门行政机构，由财政部长担任主席，其成员包括财政部、司法部、国土安全部、商务部、国防部、国务院、能源部、贸易代表办公室、科技政策办公室、国家情报局、劳工部 11 个部门的负责人。其中，国家情报局主管和劳工部长不具备投票权。此外，管理和预算办公室、经济顾问委员会、国家安全委员会、国家经济委员会、国土安全委员会 5 个部门可根据需要参与外国投资委员会的工作。

CFIUS 以“受管辖交易”为审查对象。2007 年，美国颁布了《外国投资法和国家安全法案》，首先引入了“受管辖交易”的概念。2008年，财政部颁布了该法的实施细则，即《关于外国人收购、兼并和接管条例》（以下简称“《条例》”），扩大了CFIUS的审查范围。根据《条例》规定，“受管辖交易”指能使得外国人控制美国企业的任何交易，且此笔交易在1988年8月23号之后被提出或待定。该定义的重点在于对“外国人”、“美国企业”、“控制”和“交易”的界定。

第一，对“外国人”的界定。

《条例》将“外国人”定义为任何外国国民、外国政府或外国实体，或者由外国国民、外国政府或外国实体控制的任何实体。该定义对“外国国民”的界定采用的是国际标准，对“外国实体”的界定采用的是控制标准，即“外国利益控制或能够控制的任何实体”，包括“任何分支机构、合伙、联合集团、联合、地产、信托、公司及其部门，或任何其他的组织（无论是否根据任何州的法律而设立）以及任何政府，包括政府资助的机构”。此外，若并购方为外国政府或受外国政府控制，则CFIUS必须对其进行审查。

第二，对“美国企业”的界定。

《条例》将“美国企业”定义为在美国进行跨州商业活动的实体，而不考虑并购方的国籍。这意味着CFIUS的审查对象并不包括外国人对美国企业在其他国家资产的并购。

第三，对“控制”的界定。

根据《条例》，外国人是否对美国企业形成“控制”依其对该企业某些事项的影响力而定。例如，外国人占有董事会席位、可行使与所有权成比例的投票权等虽构成对美国企业的影响力，并不意味着其实现了对美国企业的“控制”。对此，《条例》列示了10类“重要事项”，并购方如果有权就此类事项作出决定，则被认为具有对被并购方的控制权。这10类“重要事项”包括：（1）销售、租赁、抵押或转移实体的主要资产（有形的和无形的），无论这个行为是否为运营中的正常行为；（2）重新组织、合并、解散实体；（3）关闭、重新配置或者对实体的生产、运营、研发设备的重大改变；（4）主要花费、投资、发行股票或债券、实体的红利发放，或者批准实体的运营预算；（5）选择实体将从事的新的生产线和经营项目；（6）实体签订、终止或不能实现重要的合同；（7）处理实体非公开的技术性、金融性或其他相关信息机构的政策或步骤；（8）委任或者解雇高级职员或资深经理人；（9）委任或者解雇可以接触到敏感技术、美国政府秘密信息的职员；（10）就上述9类事项修订实体的公司条例、构成协议或其他机构文件。

第四，对“交易”的界定。

《条例》对“交易”的定义包括并购、收购和接管、某种形式的合资企业和一部分长期租赁，但不包括创业投资和绿地投资。就时间范围而言，CFIUS所审查的交易包括在1988年8月23号之后被提出或待定的交易。这意味CFIUS对交易的审查具有追诉权，已完成的交易亦有可能被列为审查对象。

根据上述规定，受管辖交易包括但不限于以下4种情况：（1）任何导致或可能导致外国人控制美国企业的并购交易；（2）某外国人将其对一家美国公司的控制权转让给另一个外国人的并购交易；（3）已经或可能导致美国企业实体或资产被外国人控制的并购交易；（4）对于在合同或类似安排基础上设立的合资企业或协议建立的新实体，某合资方以一个美国企业作为资产投入该合资企业，而外国人通过这个合资企业控制该美国企业的情况。

此外，《条例》明确将以下5种情况排除在非受管辖交易的范围之外：（1）不改变企业控制权的股票拆分或按比例股票分红；（2）交易使得外国人控制一家美国企业不大于10%的投票权，并限于此交易仅为消极投资的情况下；（3）并购某实体或资产的任何部分，这部分不能构成一个美国企业；（4）在企业日常商业运营过程或证券承销过程中，证券承销商收购公司股票；（5）在企业日常商业运营过程中，承保人与其订立合同，根据保险合同中诚信、担保、损坏合约条件而发生的并购。

CFIUS以并购交易对美国国家安全的影响为主要审查标准，审查以外国收购方的企业背景、被收购美国企业的资产与客户性质等内容为侧重。但由于美国相关法律并未对“国家安全”进行明确地界定，所以CFIUS在实际的审查过程中享有较大的自由裁量权。

根据CFIUS在2012年发布的年度报告，CFIUS的审查重点在于外国是否对以下类型的美国企业形成控制：（1）为美国政府、州，或肩负国家安全职责的地方机构提供产品/服务的企业；（2）所提供的产品/服务可能造成国家安全隐患的美国企业，包括可能导致美国容易遭受破坏活动或间谍活动的潜在网络安全隐患，受管辖交易针对处于供应链中特殊位置，有可能对美国国家安全造成隐患的美国企业；（3）美国企业的业务或其生产/提供的产品/服务的安全性可能对美国国家安全有影响，例如从事基础设施（可能构成关键性基础设施）的企业，与能源生产相关的企业（包括能源的采掘、生产、运输、分配等方面），能够影响国家运输体系的企业，能显著并直接影响美国金融体系的企业等；（4）可以接触到机密信息或敏感政府合同信息（包括雇员信息）的美国企业；（5）国防、安全、国家安全相关法律执行部门的企业；（6）从事与武器、军用品生产、航空、卫星、雷达系统相关活动的企业；（7）生产某种类型先进技术（其技术有利于保护，或有可能被用来损害美国国家安全）的企业，这类企业可能包括：设计与生产半导体或其他可用于商业和军事用途的设备或部件的生产企业，设计、生产和提供与网络和数据安全相关产品服务的企业等；（8）受到美国出口管制的技术、物品、软件、服务的研发、生产或销售企业；（9）能够接近美国政府设施的其他类型企业。此外，以下类型的外国人将会受到 CFIUS 的审查：（1）受外国政府控制者；（2）来自在防止核武器扩散和其他国家安全相关等事项方面有记录的国家；（3）以往有记录或有意向损害美国国家安全者。①

美国国家安全审查包括外资企业自愿申请备案以及外国投资委员会主动对其进行审查两种形式。根据《外商投资与国家安全法案》，企业在接受正式审查前，可以通过非正规申请向 CFIUS 进行咨询。通过主动与 CFIUS 委员会成员接洽，企业可更多地了解其关心的问题并及时释疑。一般而言，并购交易宜自愿申报 CFIUS 审查，以避免对正在谈判或业已交割的项目产生负面影响。CFIUS 通常会在收到申报后的 30 天内对有关交易开展初步审查，在此期间，CFIUS 与并购方可能会就涉及美国国家安全的相关事宜达成协议或采取减缓措施。若 CFIUS 认为并购项目确有可能对美国国家安全产生威胁，则将进一步开展为期 45 天的正式调查。交易参与方可以在 CFIUS 进行审查或调查的任何时间撤回申报，但该请求必须经 CFIUS 批准，并同时满足及时向 CFIUS 通告并购交易状况、在未来的某个时间重新向 CFIUS 提交申报等其他方面的要求。在并购方重新提交申请之前，CFIUS 也会采取一些过渡性保护措施，如跟踪撤销后的交易等。根据《外商投资与国家安全法案》，待 45 天调查期结束后，CFIUS 若认定某项交易会威胁到美国的国家安全且此威胁在审查前或审查中未得到减缓，投资者由外国政府控制或并购交易会导致外国人控制美国基础性设施，则可交由美国总统决定是否对该项交易予以批准。一般而言，总统会在接到 CFIUS 报告后的 15 天内，对可能威胁美国国家安全的并购交易提出暂缓或禁止的要求（参见图 3-14）。

近年来，外国投资者对美国电信行业企业的并购交易数量呈现出上升趋势。此类交易除必须接受美国联邦通信委员会（Federal Communications Commission, FCC）、美国联邦贸易委员会和美国司法部（尤其是反垄断局）的审查，还要接受 CFIUS 的国家安全审查。

根据美国相关法律和政策，外国电信服务提供商若要在美国完成并购交易，

---

① http://www.iwep.org.cn/news/723680.htm.

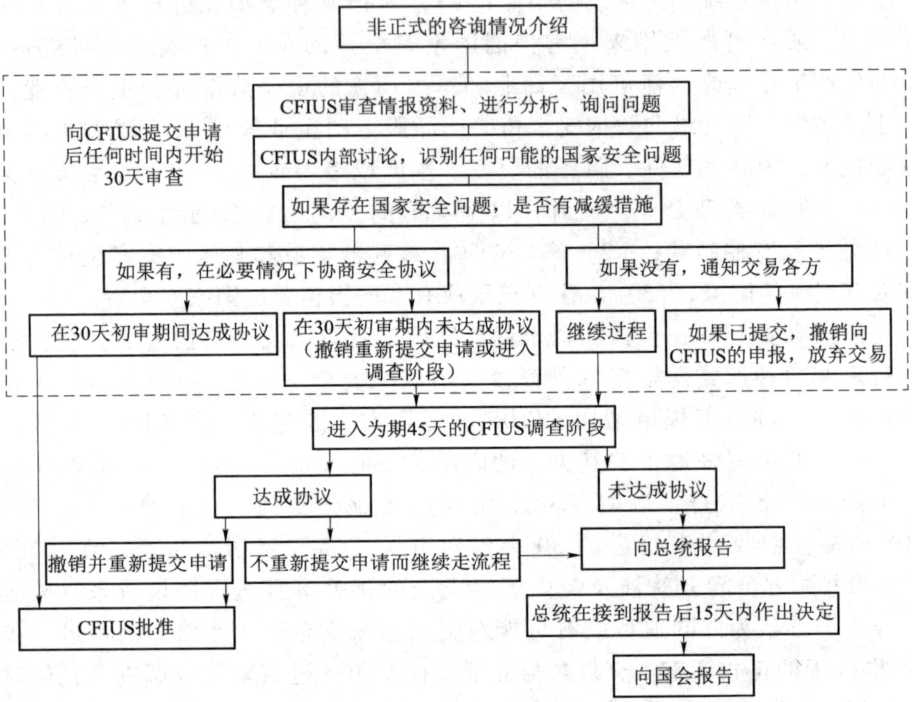

图 3-14 美国外国投资委员会国家安全审查程序

资料来源：潘圆圆，唐建．美国外国投资委员会国家安全审查的特点与最新趋势［J］．国际经济评论，2013（5）．

首先需要向 FCC 提交申请，只有获得 FCC 的批准才可进入美国市场，而 FCC 对并购交易的批准与否在很大程度上取决于 CFIUS 对该交易的国家安全审查结果（参见专栏 3-1）。

专栏 3-1

华为、中兴在美国市场屡次受阻

华为技术有限公司（以下简称“华为”）成立于 1988 年，是中国一家由员工持股、生产和销售电信设备的民营科技公司。如今，华为已成为全球最大的电信网络解决方案提供商以及全球第 2 大电信基站设备供应商。中兴通讯股份有限公司（以下简称“中兴”）成立于 1985 年，是中国一家全球领先的综合通信解决方案提供商、全球第 4 大手机生产制造商以及全球第 5 大电信设备商。经过多年的发展，华为和中兴已先后进入亚太、非洲和欧洲市场。目前，海外收入占华为总收入的比例为70%左右，其中美国市场销售额的占比约为4%。中兴也有50%以上的收入来自海外市场，其中美国市场的销售额约占其总收入的0.2%。

受全球经济低迷和欧债危机的影响，欧洲运营商普遍大幅削减投资，与此同时，随着中国和印度3G网络建设的基本完成，新兴国家市场也趋于饱和。根据高德纳（Gartner）咨询公司的统计，全球电信设备市场2010—2012年的增长速度分别为31%、12.2%和5.5%，呈现出明显的下滑趋势。而美国电信设备市场占据着全球50%以上的份额，是全球规模最大、利润水平最高的电信设备市场。加之美国运营商正在启动规模化的4G网络建设，投资水平处于高位，美国市场成为各国电信设备商的主要投资目的地。

自2007年以来，华为和中兴在美国的投资活动屡次受阻，而"涉嫌威胁国家安全"则成为美方阻止中国电信设备商进入其市场的主要理由。

2006年，华为和贝恩资本计划以22亿美元的价格收购美国网络设备和网络安全系统厂商3COM，若交易达成，则华为将获得3COM公司16.5%的股份，并有权在未来增持5%的股份，与3COM建立商业和战略合作伙伴关系。该收购协议得到了3COM董事会的批准。为促成交易达成，华为和贝恩资本主动向CFIUS提交了国家安全审查申请。2007年1月，CFIUS正式开启对该收购项目的调查。由于3COM公司2004年收购的网络安全公司Tipping Point曾向美国国防部等众多政府部门提供业务，因此CFIUS认为，该收购项目可能会威胁美国国家安全。尽管华为和贝恩资本向CFIUS说明了其收购3COM公司属于纯商业行为，且华为不会获得3COM公司的管理运营权，也不会获得任何美国的敏感技术或政府订单，但仍未消除CFIUS的顾虑。2008年2月，华为和贝恩资本在无奈之下撤销了关于该项收购的申请。

2010年，摩托罗拉欲出售其无线网络设备业务，华为参与竞购。为打消美国政府与监管部门的顾虑，华为聘请了多名美国顾问进行游说，并雇用了电信和并购领域的著名律师事务所，但最终仍被怀疑具有政府背景而在竞购中落败。同年，美国第3大移动运营商Sprint Nextel公开招标采购网络设备，订单金额高达数十亿美元。华为和中兴均参与了此项竞购，虽然其报价低于其他外国厂商，但"国家安全问题"仍成为这两家中国企业被排除在外的主要原因。据外国媒体报道，美国时任商务部长骆家辉（Gary Locke）承认自己曾向Sprint Nextel首席执行官丹·何塞（Dan Hesse）致电，表达了其对华为参与竞购的忧虑。

2010年5月，华为在美国的子公司Futurewei斥资200万美元收购了美国3Leaf公司的部分资产。3Leaf在当时已经停止运作，且没有其他公司欲收购其知识产权。同年9月，华为向美国商务部递交申请并获得批准。11月，华为自愿向CFIUS递交申请，但遭到5位美国众议员联名致信政府，称华为收购3Leaf会损害美国的国家安全。2011年2月，CFIUS在结束调查后要求华为自愿放弃该项收购，美国政府对其建议予以支持。在此情况下，华为只得撤销其对3Leaf部分资产的收购申请。华为副董事长胡厚崑公开表示，希望美国对华为公司进行调查，以澄清长期存在的有关华为可能威胁美国国家安全的谣言。

此后，美国众议院情报委员会委员开始对华为开展调查，以确定其产品和服务是否对美国国家通信安全构成威胁。2011年底，调查进一步扩大到中兴。2012年1月和4月，美国众议院情报委员会相关官员到访华为和中兴位于深圳的总部，和两家企业的多位高管进行了交流。同年5月，该委员会在中国香港再次同两家企业高管会面，其中包括华为的创始人任正非。2012年的9月13日，美国众议院就此事举行听证会，华为高级总裁丁少华和中兴北美及欧洲高级副总裁朱进云参与听证，就两家企业涉嫌威胁美国国家安全的问题接受质询。这是中国企业首次在美国国会参加此类听证会。在长达3个小时的激烈辩论中，尽管华为和中兴都明确否认其受到中国政府控制、得到特殊待遇或从事间谍行为，但美方仍然反复询问并提出质疑。

2012年10月8日，美国国会发布报告，称华为和中兴为中国情报部门提供了干预美国通信网络的机会，并建议美国相关企业尽量避免同华为和中兴开展合作，以避免在知识产权方面遭到侵犯。

针对这一最终调查结果，华为和中兴均作出了回应。华为发布公告称，美方的指控缺乏确凿的证据和事实，美国众议院情报委员会所主导的历时11个月完成的报告，仍未能提供明确的信息或证据证明其担忧是合理的。中兴则表示，公司已经用事实向美国众议院情报委员会证明其是中国独立、透明、致力于全球贸易的上市公司。在中兴提供给所有美国运营商的可信赖交付模型里，中兴设备是由一个独立的受美国政府监督的美国安全评估实验室进行评估的。此次调查只针对中国电信设备制造厂商，而将西方大型厂商排除在外，有失公允。

资料来源：http：//tech. ifeng. com/telecom/special/zhonghua/.

近年来，CFIUS对外国投资者并购美国企业的审查愈发频繁，涉华并购交易所占比重不断上升。CFIUS发布的2012年度报告显示，其当年发起的关于国家安全的调查共计39起，其中涉华交易23起，中国成为CFIUS审查涉案国之首（参见图3-15）。

在应对美国国家安全审查时，中国企业应注意以下几点：

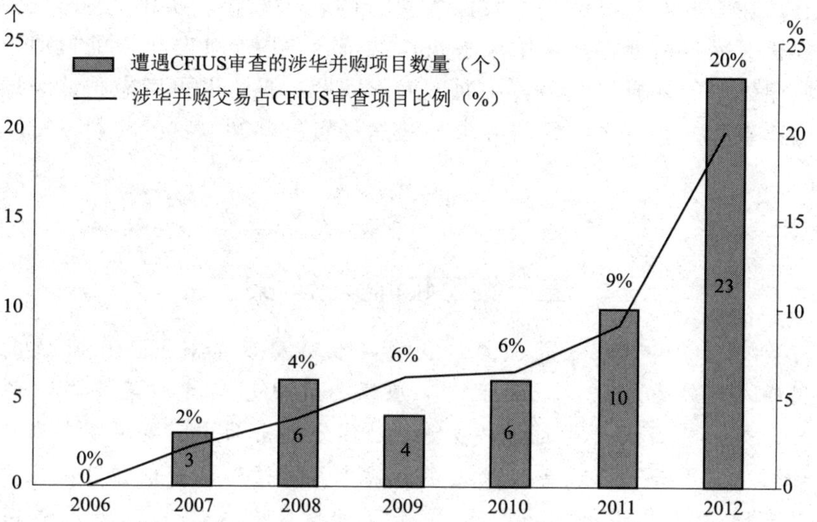

图 3-15　2006—2012 年遭遇美国外国投资委员会审查的涉华并购项目数量与比例

资料来源：http：//cnusa. org/readnews. aspx？ newsid = 14540.

第一，审慎选择投资领域。有意在美开展并购项目的中国企业应事先进行可行性研究和交易风险评估，尤其对涉及信息安全、国防、电信、能源、航天、交通（港口、机场、航运）等国家安全敏感度较高的领域，应予以更多的关注。

第二，加强与 CFIUS 的沟通。在项目前期，中国企业应主动与 CFIUS 进行沟通，主动向其介绍并购目的并征询对方的意见，以达到增信释疑的目的，为项目后期的顺利进行奠定基础。一般而言，若 CFIUS 在并购交易过程中或交割完成后主动介入调查，则意味着美国监管部门对交易各方的实际意图存有疑虑，并购项目被阻止的可能性往往更大。

第三，重视专业咨询公司的作用。鉴于 CFIUS 的审查程序较为复杂，若企业内部缺少通晓美国法律的专业人才，则可考虑聘请当地律师事务所、公关公司、咨询公司等专业机构。企业应注重考查对方的从业经验及所擅长的领域，根据自身财力和项目性质选择适合的机构，并可优先考虑在中美两国均设有办事机构的企业。

第四，重信守诺，务实推进。中国企业在准备 CFIUS 审查以及整个项目的并购过程中，应及时提交所需材料，客观全面地反映交易情况。此外，中国企业应处理好与美国政府、公会、当地社区等利益相关方之间的关系，在收购完成后及时整合并购双方资源，实现多方的互利共赢。

第五，在必要时通过法律手段保护自身的合法权益。美国为判例法系国家，法律法规相对完备，通过法律手段解决争端符合美国企业与个人的习惯。鉴于中美两国法律体系的差异以及语言沟通方面的问题，投资者可考虑聘请当地律师处理企业法律事务，在发生纠纷时寻求司法途径解决问题（参见专栏 3-2）。

专栏 3-2

三一集团起诉奥巴马案

2012 年 3 月，中国三一集团在美国的关联公司罗尔斯（Ralls）收购了位于俄勒冈州的 4 座风力发电厂。由于这 4 座风力发电厂与美国某海军训练基地毗邻，为此，美国外国投资委员会以涉嫌威胁国家安全为由，要求罗尔斯公司立即停工并移除所有设备，在设备移除完毕前禁止其进行转让。根据外国投资委员会的建议，美国总统奥巴马于当年 9 月颁布行政命令，要求三一集团撤资。自 1990 年以来，这是美国总统首次以威胁国家安全为由阻止一项商业交易。

三一集团认为，由于罗尔斯公司的控制人是中国公民，所以奥巴马和美国外国投资委员会实际对罗尔斯公司风电场项目进行了选择性执法，侵犯了罗尔斯公司所享有的平等保护权利，属违宪行为。为此，罗尔斯公司于 2012 年 10 月 1 日向美国哥伦比亚特区联邦地方分区法院递交诉状，将美国总统奥巴马和美国外国投资委员会共同列为被告。同年 11 月 28 日，美国首都华盛顿地方法院就该案举行首场听证会，双方就案件涉及的法律问题进行了辩论。

2013 年 10 月 9 日，美国哥伦比亚特区联邦地方分区法院法官杰克逊就该案做出一审判决，批准了美国政府的撤案动议，并驳回了三一集团对奥巴马的所有指控。对此，罗尔斯公司作出上诉，于 10 月 16 日向美国哥伦比亚特区上诉法庭递交上诉申请。

罗尔斯公司负责人、三一集团副总裁吴佳梁表示，项目停工对公司的直接经济损失高达 2 000 多万美元，其上诉的目的一是澄清罗尔斯公司投资该风电项目只是普通的商业行为，没有威胁也不会威胁到美国的国家安全，二是寻求合理的经济补偿。

2014 年 7 月 15 日，美国哥伦比亚特区联邦巡回上诉法院裁定中国三一集团与美关联公司罗尔斯在风电项目中具有受宪法保护的财产权，美国总统奥巴马所下达的相关禁止令有违程序正义，而美国政府需要提供程序正义，这意味着三一集团在起诉奥巴马一案中获得阶段性胜利。

三一重工总裁向文波认为，三一集团起诉美国外国投资委员会和奥巴马一案为中国企业在美国的维权道路上开了一个先例。《华尔街日报》称，这一裁决可能迫使美国政府提高国家安全审查方面的透明度。

资料来源：

[1] http：//business. sohu. com/20131017/n388402227. shtml.

[2] http：//news. ifeng. com/a/20140716/41180178_0. shtml.

[3] http：//news. xinhuanet. com/world/2014-07/17/c_126762707. htm.

[4] http：//news. sina. com. cn/o/2012-11-29/132025691399. shtml.

3.5.2.3 反垄断审查

美国1976年《哈特-斯科特-罗迪诺反垄断改进法》（Hart-Scott-Rodino Antitrust Improvements Act）（以下简称“HSR法”）规定，对于达到特定门槛的资产和股票并购，应在并购完成前向主管机关进行申报，并在等待期（通常为30天，现金并购的等待期为15天）结束后才能实施并购。HSR法授权美国联邦贸易委员会（Federal Trade Committee，FTC）和司法部反垄断局在并购完成前对其可能涉及的反垄断问题进行评估，如认为并购可能具有反竞争性，则二者有权在交易完成前提出反对意见。为强制并购当事人在调查期间提供必要的信息和证据，除HSR法规定的调查手段以外，联邦贸易委员会和司法部可分别依据《联邦贸易委员会法》第6条和第9条以及《反垄断民事程序法》签发强制民事调查令。

根据HSR法案的要求，若并购交易金额超过2.537亿美元，则必须进行HSR审批；若交易金额介于6 340万美元和2.537亿美元之间，且交易某一方的年净销售额或总资产超过1 270万美元，另一方的年净销售额或总资产超过1.269亿美元，则同样需要进行HSR审批；并购金额低于6 340万美元的交易则不在HSR法的审批范围之内。

2013年7月10日，美国联邦贸易委员会对HSR法关于企业合并事前申报规则进行了修订。新规则增加了关于申报撤回的规定，申报者可以书面通知联邦贸易委员会和反托拉斯局表示撤回申请。此外，一旦申报者向美国证券交易委员会公开表示股权收购过期、终止或撤回，则申报者在联邦贸易委员会的申报也将自动撤回。申报者必须通知联邦委员会和反托拉斯局已向证券委员会提交此申请，那么撤回的有效期从向证券委员会提交申请起当日起生效。如果申请者在申请撤回后对同一交易再次提交申请，则无须支付额外的申请费。该规则自2013年8月9日起生效。

2013年11月15日，美国联邦贸易委员会和司法部反托拉斯局对HSR法关于制药行业资产收购中涉及专利或部分专利转让是否要进行申报的问题进行了修订，新规定自 2013 年 12 月 16 日生效。一直以来，联邦贸易委员会申报办公室关于专利独占许可转让默认的衡量标准为是否明确包含“制造、使用和销售”产品的权利。但随着专利许可的发展，权利的转让不再是全部的“制造、使用和销售”权利，可能只发生其中部分权利的转让。若通过“所有重要的商业权利”测试，即如果转让了某一领域或指定范围内的全部重要商业权利，该交易就必须申报。如果权利让与者保留部分“共同权利”，如共同开发、共同销售等，不影响权利许可的独占性，同样需要申报。权利让与者保留“有限生产权利”，即让与者保留了仅为受让方生产此专利的权利，若转让其他权利，需要另行申报。该规则有利于药物发明者获得资金支持，将药物投向市场。其他行业的并购如涉及独占权利转让的交易，也应向联邦贸易委员会申报办公室询问其是否需要进行申报，委员会将考虑为其他行业制定类似规则。

近年来，跨国并购逐渐成为中国企业海外投资的主要方式。2013 年，双汇国际对全球最大猪肉制品生产商史密斯菲尔德公司的收购金额高达 71 亿美元，是中国企业迄今在美实施的最大收购案（参见专栏 3-3）。

专栏 3-3

双汇国际收购史密斯菲尔德案

双汇国际控股有限公司（以下简称“双汇国际”）是中国最大的肉类加工企业以及中国最大肉类上市公司双汇发展的控股股东，总部位于中国香港。2013 年 9 月 26 日，该公司宣布其对美国史密斯菲尔德食品公司（Smithfield Foods, Inc.）的并购交易正式完成。

史密斯菲尔德食品公司创立于 1936 年，是全球规模最大的生猪生产商与猪肉供应商，其业务遍及 12 个国家，在美国肉制品市场占有 30% 的份额。其财报显示，史密斯菲尔德食品公司 2012 财年的销售收入超过 130 亿美元，净收入约为 3.6 亿美元。

此次双汇国际对史密斯菲尔德公司的收购是中国企业迄今在美实施的最大收购案，总收购金额高达 71 亿美元（约合 436 亿元人民币）。其中，双汇国际以总对价 47 亿美元（约合 289 亿元人民币）买下密斯菲尔德的全部股份，并承担了史密斯菲尔德 24 亿美元（约合 147 亿元人民币）的债务。

由于交易规模巨大，该收购案遭到了美国多方的质疑。有美国官员指出，双汇国际有可能凭借史密斯菲尔德公司先进的技术大幅提高猪肉的产量与品质，从而削弱甚至逆转美国在中美农业贸易格局中一直享有的顺差优势，并可能有助于中国在农业出口方面与美国争夺全球份额。但史密斯菲尔德公司总裁拉里·波普认为，中国猪肉厂商的首要任务是满足中国国内的市场需求。此外，由于中国的猪肉售价普遍偏高，所以中国企业在猪肉出口方面并不较美国具有更大的竞争优势。根据统计，史密斯菲尔德公司目前约有25%的生鲜猪肉及其制品出口至中国。

2013年7月12日，针对这次交易的HSR法等待期宣告结束。在此期间，美国反垄断监管机构并未对该并购案发起反垄断调查，即意味着此次收购可视作已通过调查。此外，该收购案也获得了美国外国投资委员会的批准。

交易结束后，史密斯菲尔德将作为双汇国际的全资子公司运营。双汇国际计划对其品牌、管理团队、职工队伍等予以保留，并承诺不裁减员工、不关闭工厂。对于史密斯菲尔德公司而言，在增长停滞和猪肉市场日益饱和的情况下，海外出口可能成为拉动其业绩上涨的突破口。另一方面，面对中国猪肉市场需求的不断攀升，双汇国际通过此项收购获取了史密斯菲尔德公司的品牌、技术及管理经验等多种资源，有利于其更好地满足消费者需求。就中国企业海外并购的模式而言，此次双汇国际收购案有可能成为“资本走出去，商品走进来”的典型案例。

资料来源：

[1] http：//finance. qq. com/a/20130908/003418. htm.

[2] http：//news. xinhuanet. com/2013-09/26/c_117524804. htm.

[3] http：//news. xinhuanet. com/food/2013-09/21/c_125418721. htm.

[4] http：//finance. qq. com/a/20130920/005377. htm.

[5] http：//finance. eastmoney. com/news/1349，20130713306359442. html.

第4章 美国金融环境

4.1 美国货币体系

4.1.1 国际货币体系概览

国际货币体系包括货币本位与汇率制度两方面的内容，其演变经历了金本位制、布雷顿森林体系和牙买加体系时期，逐渐形成了以美元为主导的多元国际储备体系，并实行以浮动汇率制为主导的混合汇率制度。

4.1.1.1 金本位制

金本位制（Gold Standard）以黄金为本位货币，于1816年由英国率先实行，并随着国际贸易的发展，于19世纪中期盛行。在历史上，金本位制演变出了金币本位制、金块本位制和金汇兑本位制3种形式，其中以金币本位制最为典型。其主要特点是，金币可以自由铸造和熔毁，银行券可与黄金自由兑换，黄金可在国际市场自由流动。在金本位制下，单位货币价值与若干重量的黄金相等同，各国汇率由不同货币的含金量之比，即金平价决定。例如，英镑和美元当时的含金量分别为0.235 46盎司和0.048 379盎司，故二者的金平价即为1英镑等于4.867美元。这不仅保障了国内流通的货币价值，也维持了外汇行市的相对稳定。商品贸易与资本流通规模不断增加，资本主义经济得以快速发展。

1914年，第一次世界大战爆发，各国相继暂停使用金本位制，限制黄金的兑换与自由流动。1919年，美国恢复金本位制，直至1933年。1924—1928年，资本主义经济出现了短暂的繁荣，英国、法国、比利时、荷兰等经济实力较强的国家改行金块本位制，德国、意大利、奥地利等国和一些殖民地、半殖民地国家改行金汇兑本位制。其中，金块本位制限制了金币的铸造和流通，并规定了银行券与黄金的兑换条件；而在金汇兑本位制下，银行券不允许兑换黄金，国内货币与另一实行金币本位制或金块本位制的国家货币保持固定比价，并在该国存放一定的外汇黄金作为发行准备。这两种制度均削弱了金本位制的稳定性，随着20世纪30年代爆发的经济危机以及接踵而至的第二次世界大战，金本位制彻底崩溃。

4.1.1.2 布雷顿森林体系

第二次世界大战期间，国际货币体系被相互竞争的货币集团所替代，各国货币竞相贬值，外汇市场动荡不定，严重影响了国际贸易的发展。1944年7月，44个国家或政府经济特使在美国新罕布什尔州的布雷顿森林召开联合国货币金融会议（简称布雷顿森林会议），商讨战后世界贸易格局。会议通过了《国际货币基金协定》和《国际复兴开发银行协定》，确立了以美元为中心的布雷顿森林体系。次年，国际货币基金组织（International Monetary Fund，IMF）和世界银行（World Bank，WB）正式成立，二者于1947年11月成为联合国专门机构。

在布雷顿森林体系下，美元与黄金直接挂钩，维持1盎司黄金等于35美元的官价水平，其他国家货币与美元挂钩，根据货币含金量比率确定其与美元的汇率，但波动幅度不得超过法定汇率上下各1%的水平，即实行可调整的固定汇率制度。此外，作为当时全球第一出口贸易大国以及黄金储备占全球总量75%的国家，美国政府需要承担其他各国政府及中央银行以黄金官价同美国兑换黄金的义务。

对此，美国经济学家罗伯特·特里芬（Robert Triffin）指出，随着国际贸易的发展，美元作为结算与储备货币必然会流至海外，导致美国长期的贸易逆差；而美元作为国际货币又必须保证币值的稳定与坚挺，以维持各国对美元的信心，保障国内经济的发展，如此一来，美国就必须保持长期的贸易顺差。这对矛盾最终将使布雷顿森林体系无法维持下去，即“特里芬难题”。

1950年，美国发动朝鲜战争，海外军费巨增，黄金储备外流，国际收支连年出现逆差，引发了第一次美元危机。20世纪60年代，美国卷入越南战争，国际收支情况进一步恶化，美元危机再度爆发。与此同时，欧洲和日本的经济得到了恢复，美元的霸权地位逐渐被削弱。随着美国黄金储备的不断下降，伦敦黄金市场上出现了抛售美元、抢购黄金的风潮。黄金价格的急剧上涨使美国无力维持每盎司35美元的官价水平，布雷顿森林体系受到冲击。

1971年，美国尼克松政府宣布实行新经济政策，停止向外国中央银行兑换黄金。1973年，各国先后放弃了以美元为中心的固定汇率制度，转而实行浮动汇率制，布雷顿森林体系宣告终结。

4.1.1.3 牙买加体系

布雷顿森林体系解体后，国际金融秩序再度陷入混乱。1976年1月，国际货币基金组织理事会国际货币制度临时委员会在牙买加首都金斯敦召开会议，商讨国际货币制度的改革问题，并最终达成《牙买加协议》。同年4月，国际货币基金组织理事会通过了《国际货币基金协定第二修正案》，确立了以储备货币多元化、汇率制度多样化为特点的牙买加体系，并沿用至今。

牙买加体系取消了黄金官价，允许国际货币基金组织各成员国的中央银行按市场价格进行黄金交易。除美元外，各国还可选择欧元、日元和英镑等国际性货币、国际货币基金组织储备头寸、特别提款权等作为本国的外汇储备。尽管如此，美元仍在国际储备体系中占据主导地位。

此外，牙买加体系取消了汇率平价，允许各成员国实行浮动汇率制度。所谓浮动汇率制，即由市场供求决定汇率高低的制度安排，根据政府是否对外汇市场进行干预，又可分为自由浮动汇率制和管理浮动汇率制。由于汇率对一国的国际收支具有重大影响，包括美国在内的大多数国家采用了管理浮动汇率制。在这种制度下，政府可通过有限的干预措施使汇率朝着对本国有利的方向浮动。

4.1.2 美国外汇管理体制

自1978年起，美国接受国际货币基金组织修订后的相关条款，开始实行浮动汇率制度。美元汇率主要由外汇市场供求决定，而政府仅在必要的情况下对汇率进行干预，其目的在于“重塑有序的市场环境”（Countering Disorderly Market Conditions）。

1978年，国际石油价格的不断上升加剧了美国国内的通货膨胀，美国的国际收支状况日益恶化，美元在市场上面临着巨大的贬值压力，汇率不断下降。1978年11月，美国当局认为美元贬值已超出合理范围，故开始实施美元支持计划，美国财政部通过向海外资本市场借入美元、动用美国在国际货币基金组织的外汇储备头寸、出售黄金储备和特别提款权等手段融资300亿美元，并辅以紧缩的货币政策，使美元汇率的下降趋势得到缓解并于1979年10月开始走向坚挺。

在1981—1985年里根总统在位期间，美国经济持续走强，很少对外汇市场进行干预。美国政府存在大量的预算赤字并实施紧缩的货币政策，美元汇率大幅上升。但美元汇率的持续高涨使人们忧心美国竞争力的丧失，并认为美元对其他主要工业国家货币的汇率已不能体现经济的基本面。在此背景下，美国、法国、德国、日本、英国5国的财政部长和中央银行行长于1985年签订《广场协议》(Plaza Accord)，从此大力干预外汇市场。美元在外汇市场被大量抛售，美元汇率大幅下跌。

1987年初，在《广场协议》签订18个月后，美元汇率跌至1980年以来的最低点。伴随着贸易赤字的扩大和美国经济的衰退，美元汇率持续下跌的趋势引起了国际关注。1987年2月，美国、英国、法国、德国、日本、加拿大、意大利7国财政部长和中央银行行长签订《卢浮宫协议》(Louvre Accord)，决定采取联合措施，通过大量买入美元将美元汇率维持在当时的水平。但美元持续贬值的趋势并未得到遏制，1987年，美元汇率再次出现下滑。1987年10月，美国爆发股灾，使美元汇率面临更多不确定因素。直到1988年初，在美国和其他国家政府对外汇市场的强力干预下，美元汇率才最终趋向稳定。

1988年，由于美元汇率的大幅上升，美国货币当局出于稳定汇率的考虑开始干预外汇市场。法国、德国、日本、英国、美国、意大利、加拿大7国联合发表声明称，美元汇率的大幅上升与长期基本面不符，而大幅下降则会对世界经济产生负面影响。1989年，美国当局对美元汇率的干预程度大超以往，美国外汇储备大量增加，其中以德国马克和日元为主。这是美国首次持有自有而非借入的大量外汇储备。

自1990年开始，美元汇率主要由市场因素决定，美国当局只有在美元汇率出现过度波动的时候才进行干预，即当美元汇率相对于其经济基本面过强时出售美元，当美元汇率相对于其经济基本面过弱时购入美元。

美国对外汇市场的干预主要由财政部和美联储实施。二者的权力由1934年《黄金储备法》、1944年《布雷顿森林协议法》以及1913年《联邦储备法》分别授予。上述法律一方面禁止财政部动用美联储的资金实施外汇干预，另一方面也规定美联储应在外汇干预方面与财政部保持紧密而持续的合作。

20世纪30年代初，美国财政部设立了外汇稳定基金（Exchange Stabilization Fund，ESF)。美国财政部长在总统的授权下，将该基金专门用于黄金和外汇市场操作。美联储对外汇市场的干预则通过12家联储银行共同参与的系统账户（System Account）进行。对该系统账户的实际操作在联邦储备银行纽约分行（简称“纽联储”）的外汇交易平台完成。

美联储公开市场委员会制定了外汇操作授权（Authorization for Foreign Currency Operations)、外汇指引（Foreign Currency Directive）和程序说明（Procedural Instructions）3项指引，用于指导和监督纽联储外汇交易室的操作，同时也赋予其一定的灵活性，以及时应对外汇市场的特殊变化。其中，外汇操作授权规定了外汇操作的基本架构，并限定了此类操作中允许持有的外币敞口头寸规模。外汇指引明确了外汇操作的目的和原则，即维护外汇市场的有序运行，并强调美联储在外汇操作方面应与美国财政部保持紧密而持续的磋商与合作，同时保证外汇操作与美国政府在国际货币基金组织的义务相一致。程序说明提供了外汇交易室从美联储主席、公开市场委员会及其下设外汇分委会等处就某类交易或重要议题获得指导或释疑的程序安排。

美联储公开市场委员会还获准为财政部及外汇稳定基金操持外汇币种，即美联储可以自行决定开展与财政部外汇稳定基金之间的临时性货币掉期交易，以美元换取一定等额的外币资金，从而为财政部和外汇稳定基金购买外汇或开展相关的国际操作提供短期美元融资，汇率风险由财政部承担。

美国货币当局对外汇市场的干预目标包括反转、反对或支持现有的市场趋势，干预操作可以是公开的或非公开的，汇率的调整过程可能是迅速或缓慢的。一般而言，政府以公开的形式通过银行间市场对汇率进行干预可以达到向市场传达其政策意向的目的。

纽联储外汇交易室的工作人员负责每日监控外汇市场走向，对财政部和联邦储备委员会进行汇报，并与其他国家的中央银行官员保持紧密的联系。每季度结束后，纽联储会向国会提交报告，汇报财政部和美联储上季度对外汇市场的干预操作和当时的市场环境。

美联储用于外汇干预的资金主要来源于同其他国家中央银行和国际清算银行签署的货币互换协议和外汇稳定基金。由于在外汇市场上购买或出售美元会导致美国国内基础货币相应地减少或增加，进而影响国内的利率水平，美联储通常会在国内货币政策方面进行相应的操作，以冲销上述影响。

4.2 美国金融机构

4.2.1 美国联邦储备体系

美国联邦储备体系（简称“美联储”，The Federal Reserve System，FED）依据1913年《联邦储备法》建立，主要由联邦储备委员会、联邦公开市场委员会、联邦储备银行和会员商业银行组成。美联储的职能主要包括制定货币政策和实施金融监管两项内容，其目的在于维持美元的稳定和金融市场的正常运行，进而促进美国经济的平稳增长，使其免受通货膨胀的影响。

美联储可动用的货币政策工具主要包括公开市场操作、法定存款准备金率和再贴现率。其中，公开市场操作是美联储调节市场流动性最主要的途径。简单而言，若美联储决定提高流动性，则通过公开市场操作购买美国国债，从而增加市场中的货币流通量；若美联储决定降低流动性，便向公众出售美国国债，以减少流通中的货币量，但待国债到期时必须偿还本金并支付利息。

美联储可动用的另一个货币工具是存款准备金率，即商业银行和其他存款机构的准备金占其存款总额的比率。所谓存款准备金，主要包括银行等金融机构的备用金以及其在美联储的存款。如果美联储将银行的存款准备金率设为10%，则意味着一家银行必须以准备金的形式持有至少10%的存款，而剩余的90%则可用于借贷或其他目的。如果美联储调高或降低这一比率，则银行可用于借贷的货币以及流通中的货币供给量就会相应地减少或增加。

此外，美联储还可通过再贴现率调节市场的流动性。所谓再贴现率，是指商业银行向美联储借款的利率。一般而言，商业银行向美联储借款的目的是弥补短期资金缺口，满足存款准备金要求。由于商业银行既可以向美联储借款也可以向其他银行借款，所以再贴现率的变化对联邦基金利率，即美国同业拆借利率同样有影响。

4.2.1.1 联邦储备委员会

联邦储备委员会是联邦储备体系的最高决策机构，由7名委员组成，其中正、副主席各1人，均由总统任命并经参议院批准。联邦储备委员会委员的任期为14年，正、副主席的任期均为4年，期满不得连任。委员会主席与总统的任期相互交错，从而在一定程度上限制了总统或国会对联邦储备政策的干预。2014年2月1日，珍妮特·耶伦（Janet Yellen）正式接替期满卸任的本·伯南克（Ben Bernanke），成为联邦储备委员会的首位女性主席。

联邦储备委员会每年向国会提交两次书面报告，汇报国民经济的运行状况、货币政策的执行情况以及下一年度的货币政策计划，国会可随时召集联邦储备委员会主席及委员就报告涉及的问题进行讨论。此外，联邦储备委员会还会定期发布有关货币政策执行效果和金融环境的报告，提供国民经济、货币供应、利率水平、信贷总量等相关统计数据。

4.2.1.2 联邦公开市场委员会

联邦公开市场委员会（Federal Open Market Committee，FOMC）负责制定和执行公开市场政策，主席由联邦储备委员会主席担任，副主席由联邦储备银行纽约分行行长担任。联邦公开市场委员会共有12名委员，除联邦储备委员会的7

名委员以及联邦储备银行纽约分行行长之外，另外4名委员由其余11个联邦储备银行的行长轮流担任，每年轮换1次。这种设计使联邦储备委员会与联邦储备银行相互制衡，但由于联邦储备委员会委员在联邦公开市场委员会中占有多数席位，因此在投票过程中享有更大的话语权。

联邦公开市场委员会通常每6周召开1次会议，对国家经济进行展望，并就公开市场政策的制定与实施进行讨论。联邦公开市场委员会每年向国会提交1次书面报告，汇报当年公开市场操作的决策过程、表决情况和执行效果等。

4.2.1.3 联邦储备银行

根据《联邦储备法》的规定，美国共有12个联邦储备区，每区设有1家联邦储备银行，各储备银行可在相应的管辖区域内选择设立分行。12家联邦储备银行分别位于旧金山、明尼阿波利斯、堪萨斯城、达拉斯、芝加哥、圣路易斯、亚特兰大、里士满、克利夫兰、波士顿、费城和纽约。其设立的主要目的是为区域内的银行提供服务，如发行货币、清算票据、接收存款、代理财政部办理相关业务等。

在12家联邦储备银行中，纽约分行作为联邦公开市场委员会的当然会员，对公开市场政策的制定享有更多的话语权，而公开市场操作的具体实施也在纽约分行设立的公开市场柜台进行。此外，纽约分行还负责外汇市场的管理和调控，并向外国政府、中央银行和国际机构提供黄金储备托管服务。

4.2.1.4 会员商业银行

《联邦储备法》要求所有国民银行，即在通货监理署注册的商业银行，必须加入联邦储备体系，而州银行可自主选择是否成为会员银行。根据1980年《存款机构放松管制和货币控制法》的规定，会员银行和非会员银行均须向联邦储备银行缴纳存款准备金，并遵守美联储的其他规定。相应地，所有银行均可享受美联储提供的贴现贷款和支票清算等金融便利。该法案的出台在很大程度上消除了会员银行与非会员银行的差别，使二者的活动均处于美联储的监管之下。

4.2.2 银行业金融机构

4.2.2.1 商业银行

商业银行主要通过活期存款、储蓄存款和定期存款3种工具筹措资金，用于发放商业贷款、消费者信贷和抵押贷款，或购买联邦政府证券及市政债券。美国最大的商业银行有摩根大通银行（JPMorgan Chase）、美国银行（Bank of America）、花旗银行（CitiBank）和富国银行（Wells Fargo）等。

根据受管辖体制的不同，美国商业银行可分为在联邦政府注册的国民银行和在州政府注册的州立银行两类。其中，国民银行必须加入联邦储备体系成为会员银行，受财政部货币监理署、联邦储备委员会和联邦存款保险公司的共同监管，而州立银行可自主选择是否加入联邦储备体系或联邦存款保险。长期以来，美国商业银行总量一直保持在 1 万家以上，其中国民银行占比为 50% 左右。

4.2.2.2 储贷机构

这类机构主要包括储蓄贷款协会（Savings and Loan Associations，S & Ls）和互助储蓄银行（Mutual Savings Banks），通过活期存款、储蓄存款（通常被称为股份）、定期存款等途径筹措资金。过去，美国的储贷机构只能发放抵押贷款，但不能开设支票账户。随着 1980 年《放松存款机构管理和货币管制法》的颁布，此类机构开始发放消费者信贷，并从事此前只允许商业银行办理的业务。如今，美国的储贷机构同商业银行一样，受联邦储备体系和联邦存款保险公司的监管。二者的界限逐渐模糊，竞争也日益激烈。

4.2.2.3 信用合作社

信用合作社是由某些特定群体，如工会成员、某公司雇员等组织的小型合作贷款机构，其储蓄者被视为股东。信用合作社通过发行“股份”获取资金，主要用于发放消费者信贷。随着 1980 年《放松存款机构管理和货币管制法》的颁布，信用合作社被允许发行支票存款和抵押贷款。信用合作社可以同商业银行一样，以某个利率向股东提供贷款，但与之不同的是，信用合作社不以盈利为目的，因而在税收方面享有独特的优势。

4.2.3 非银行金融机构

4.2.3.1 投资银行

投资银行并非传统的储蓄机构，其主要业务是通过代理证券的发行和承销帮助企业在一级市场上筹集资金。一般而言，投资银行以某个特定价格购买企业欲将发行的股票或债券，然后在二级市场上面向公众出售变现，并从中获利。

投资银行对证券的承销方式以代销和包销为主。其中，代销指证券发行人委托承销商代为向投资者销售证券。承销商按照规定的发行条件，在约定的期限内尽力推销，若到销售截止日期未将证券全部售出，则将未售出部分退还给发行人。在代销的过程中，承销商与发行人之间是代理委托关系，由发行人承担证券销售风险，代销佣金相对较低。信誉良好、知名度高的大中型企业通常选用这种方式进行证券销售。

包销分为全额包销和余额包销。其中，全额包销指发行人与承销商签订合同，由承销商按约定价格一次性买下全部证券，然后以略高的价格向公众出售。余额包销指发行人委托承销商在约定的期限内代其销售证券，若到销售截止日期时未将证券全部售出，则承销商须以协议价格认购未售出部分。对于承销商而言，包销的风险要远大于代销。因此，几家投资银行通常会联合为辛迪加，共同承担承销风险。

投资银行凭借其在证券发行方面的经验，通常会就证券类型、发行时间、发行价格等问题为企业提供建议。对于证券的首次公开发行，投资银行通常会在尽职调查、财务报表审核、公司重组与估值、提交上市申请、确定发行结构、引进战略投资者、制订促销计划、制作招股说明书、路演与推销、上市交易及后市支持等环节为企业提供服务。

除了证券发行与承销以及证券经纪业务之外，投资银行在企业的并购活动中也扮演着重要的角色，其业务内容包括为并购双方提供信息，为并购方设计并购方案，为被并购方提供反并购策略，帮助双方确立并购条件及提供融资渠道等。

此外，投资银行还从事证券经纪业务，在二级市场上代理投资者进行证券交易，并从中收取佣金。投资银行自身也可作为投资者，利用自有资金或合法筹集的资金在证券市场上买卖证券，赚取利润。

4.2.3.2 共同基金

共同基金（Mutual Fund）可为投资者提供一种利益共享、风险共担的集合投资方式，即通过发行基金单位，将个人与机构等投资者的资金汇集起来，用于购买股票、债券、货币等，或进行其他项目的投资，以获得投资收益和资本增值。

共同基金汇集了众多单个投资者的资金，所以在购买股票或债券时，可凭借大额交易而降低证券交易的价格与成本。此外，共同基金的投资组合多样，有助于投资者提高投资的多元化程度以分散投资风险。投资者可随时售出或赎回其购买的共同基金份额，其价值由共同基金所投资的证券组合价值决定。由于证券价格的波动性，共同基金股份的价值也会随之变化，这是投资共同基金时所要考虑的风险。

共同基金聘有专业的基金经理，负责对证券投资组合进行管理，以实现共同基金的投资目标。对于投资经验不足的小额投资者而言，将证券投资管理工作交付专业的基金经理可在一定程度上降低投资风险。但也有研究指出，专业基金经理的投资绩效与随机选择的证券组合投资绩效在总体上相差不大。

根据运作方式的不同，共同基金可分为封闭式共同基金和开放式共同基金两种类型。对于封闭式共同基金而言，基金份额在合同期限内固定不变，可以在公开市场上交易，但基金份额持有人不得申请赎回。而开放式共同基金的基金份额不固定，且基金份额可以在基金合同约定的时间和场所进行申购或赎回。

根据投资目标的不同，共同基金可分为增长型基金、收入型基金和平衡型基金等。其中，增长型基金以资本增值为基本目标，主要以具有良好增长潜力的股票为投资对象。收入型基金以稳定的经常性收入为基本目标，主要以大盘蓝筹股、公司债、政府债券等稳定收益证券为投资对象。平衡型基金则既注重资本增值又注重当期收入。一般而言，增长型基金的风险和收益较高，收入型基金的风险和收益偏低，而平衡型基金的风险和收益则介于二者之间。

根据投资对象的不同，共同基金可分为股票共同基金、债券共同基金、混合型共同基金、货币市场共同基金和指数共同基金等。其中，股票共同基金通常具有更高的风险和收益，债券共同基金则具有较稳定的收益和较高的安全性，而混合型共同基金通常将美国国债、企业债券和政府债券相结合建立证券投资组合，其多元化程度高，安全性也较强。货币市场共同基金主要投资于货币市场工具，包括短期银行贷款、短期国债、大额定期存单、回购协议等。货币市场共同基金既有共同基金的特征，又有类似存款账户的功能，其回报水平一般，但可以为投资者提供较强的流动性。指数共同基金的投资对象并非是由基金经理选定的股票，而是如标准普尔 500 等股票指数。因此，投资者不必向基金经理支付费用。

交易型开放式指数基金又被称为交易所交易基金（Exchange Traded Fund, ETF），是一种在交易所上市交易的基金份额可变的开放式基金。这种基金一般采用被动式投资策略跟踪某一标的的市场指数，具有指数基金的特点。此外，ETF 结合了封闭式基金与开放式基金的运作特点，投资者既可以在二级市场进行买卖，又可以进行申购和赎回。与开放式基金所不同的是，ETF 的申购是用一揽子股票换取 ETF 份额，赎回时则是换取一揽子股票而非现金。

4.2.3.3 财务公司

财务公司主要为个人消费者、家庭和工商企业提供信贷业务，通过出售商业票据和发行债券等方式筹集资金。根据信贷业务种类的不同，财务公司可分为消费者财务公司、销货财务公司和商业财务公司 3 种类型。消费者财务公司又称小额贷款公司，主要为缺乏其他融资渠道的个人消费者或家庭发放分期贷款、旅游贷款、更新短期债务等。销货财务公司主要通过购买商业本票、承办授信业务、发放分期付款等方式帮助消费者融资。商业财务公司主要为中小企业和批发商办理应收账款融资、应收账款售让、融资性租赁和短期无担保贷款等业务。

4.2.3.4 保险公司

保险公司为人们提供人寿保险、火灾保险、盗窃保险、意外伤害保险、财产保险等多种类的保险产品与服务。其中，人寿保险以人的寿命为保险标的，以死亡为保险事故。人寿保险公司将投保人交付的保险金汇集起来用于债券或股票投资，以获取投资收益。一旦保险事故发生，则保险公司将按照约定向受益人支付保险金。此外，人寿保险公司还会出售年金，自购买者退休时起向其提供一定的固定收益。

除人寿保险之外，保险公司还提供火灾、盗窃、意外伤害保险等产品与服务，为保单持有者可能因火灾、失窃及其他意外事故所遭受的损失提供一定程度的保障。其基本原理与人寿保险相同，但由于此类保险的事故发生频率较高，因而对保险公司的资金流动性提出了较高的要求。为此，这类公司通常会选择政府债券或市政债券作为投资标的，以保证充足的流动性。

4.3 美国金融监管

4.3.1 美国金融监管机构

4.3.1.1 联邦储备体系

联邦储备体系根据国会《1913 年联邦储备法》设立，除制定货币政策外，美联储还肩负着实施金融监管的职能。《1999 年金融服务现代化法》强化了美联储的监管职能，赋予其伞形监管人的职责，使之成为唯一一家可以同时监管银行、证券和保险业的联邦机构。

根据《联邦监管法典》第 12 部分第 208 条，美联储对其会员银行的监管要求主要包括：国民银行成为美联储成员银行的要求；对成员国民银行特定投资的限制以及发放某类贷款的要求；有关从事证券业活动的监管规定；最低资本充足率规定以及低于充足水平时须采取及时整改行动（Prompt Corrective Action）的程序；不动产贷款及评估的标准；有关银行安全制度要求、可疑交易报告要求以及遵守《银行保密法》（Bank Secrecy Act）规定的要求；有关银行持股或控股的附属金融机构的监管规定等。其他条款的要求还涉及有关成员银行执行《社区再投资法》（Community Reinvestment Act）、平等信贷机会、公平信贷报告的要求以及保护客户隐私、信息披露等规定；有关国内银行国外分支机构以及外国银行美国分支机构国际银行业务的监管规定；有关银行控股公司（包括金融控股公司）的监管规定等。

4.3.1.2 货币监理署

美国货币监理署（Office of the Comptroller of the Currency，OCC）依据《1863年国民银行法》设立，是美国最早的联邦级金融监管机构。货币监理署隶属于财政部，但拥有较强的独立性，直接对国会负责。货币监理署署长由总统提名、经参议院批准后生效。在货币监理署署长任期届满前，总统必须向参议院书面陈述理由才有权撤销对其的任命。货币监理署无须行政部门同意或审批，即可直接向国会提交立法建议或作证。此外，国会禁止财政部介入货币监理署正在进行的任何调查程序或搁置、阻碍货币监理署任何规章制度的颁发。

货币监理署的监管对象主要是国民银行，具体内容涉及国民银行的注册、审批分支机构的设立和合并、对银行业务进行检查监督、宣布银行破产等。根据《联邦监管法典》第12部分的相关条款，货币监理署的主要监管标准包括：最低资本充足率规定以及低于充足水平须采取及时整改行动的程序；有关银行经营活动的规定；有关财务报告等信息披露的规定；有关银行安全制度的要求、可疑交易报告要求以及遵守《银行保密法》（Bank Secrecy Act）规定的要求；执行《社区再投资法》规定的要求；银行安全稳健的标准；保护客户隐私的规定；执行公平信贷报告的有关规定等。

4.3.1.3 联邦存款保险公司

联邦存款保险公司（Federal Deposit Insurance Corporation，FDIC）是根据《1933年银行法》设立的，对投保银行的业务经营和财务状况实施金融检查制度和统计报告制度，并负责督促银行稳健经营，保护存款人的利益。

根据《联邦监管法典》第12部分的相关条款，联邦存款保险机构的监管标准主要包括：信息披露的规定；保护客户隐私的规定；有关银行安全制度的要求、可疑交易报告要求以及遵守《银行保密法》规定的要求；执行《社区再投资法》规定的要求；执行公平信贷报告的有关规定；有关银行不稳健、不合规行为的监管规定等。

4.3.1.4 国家信用社管理局

国家信用社管理局（National Credit Union Administration，NCUA）和国家信用社保险基金（National Credit Union Share Insurance Fund，NCUSIF）根据《1970年国民信贷公会管理法》设立。根据规定，所有联邦特许的信用社必须在国家信用社保险基金投保，而州立信用社则对此有选择权。国家信用社管理局的主要职责包括：负责信贷公会在联邦注册、登记、审批等事宜；制定对信贷公会的管理政策和管理规章；检查信贷公会的经营活动和财务状况，监督信贷公会按照有关法律和规定开展经营活动等。

4.3.1.5 证券交易委员会

证券交易委员会（Securities and Exchange Commission，SEC）根据《1934年证券交易法》设立，独立于其他政府部门，具有较大的自主权和权威性。证券交易委员会委员共5名，均由总统任命、经参议院批准生效。证券交易委员会负责对美国的证券发行、证券交易所、证券商、投资公司实施全面的监督管理，并对行业协会的自律监管进行规范和指导。

根据《联邦监管法典》第17部分的相关条款，证券交易委员会的监管标准主要包括以下相关法案中涉及的监管规定：《1933年证券法》（Securities Act of 1933）、《1934年证券交易所法》（Securities Exchange Act of 1934）、《1935年公用事业控股公司法》（Public Utility Holding Company Act of 1935）、《1939年信托合同法》（Trust Indenture Act of 1939）、《1940年投资公司法》（Investment Company Act of 1940）、《1940年投资咨询师法》（Investment Advisers Act of 1940）等。

4.3.1.6 商品期货交易委员会

商品期货交易委员会（Commodity Futures Trading Commission，CFTC）根据《1974年商品期货交易委员会法》成立，其前身是1936年成立的商品交易所委员会，独立于其他政府部门。商品期货交易委员会的监管对象包括商品期货、期权和金融期货、期权市场，其主要任务在于保护市场参与者和公众，使其免于遭受与商品和金融期货、期权有关的诈骗、市场操纵等不正当经营活动的侵害，保障期货和期权市场的开放性、竞争性和财务上的可靠性。其具体职能包括：管理、监督和指导各交易所及行业自律组织；制定与期货、期权交易相关的各项交易法规、制度；管理衍生品市场的各种商业组织、金融机构或个人投资者所进行的全部交易；负责各种交易机构的注册、审批；对违反期货交易法规和国家有关法律规定的机构和个人进行行政处罚或追究法律责任等。

根据《联邦监管法典》第17部分的相关条款，商品期货交易委员会的监管标准主要包括：《商品交易法》（Commodity Exchange Act）中的有关监管规定；注册要求；报告制度；有关期货、期权等交易工具的监管规定；信息披露要求；有关保护客户利益的监管规定；保护客户信息安全的监管规定；对全国期货协会等自律性组织的监管规定等。

4.3.2 美国金融监管法规

美国的金融监管制度随着其经济、政治、社会的发展不断完善。20 世纪 30 年代以前，美国金融业呈现自由竞争的特征，所受的管制极为有限。1929—1933 年的大危机使美国经济受到重创，金融业也遭到致命的打击。对此，政府颁布了一系列法律，逐步确立了美国现代金融监管体系。美国金融业的稳定发展极大地促进了经济的繁荣。20 世纪 70 年代，美国国内及国际形势发生重大变化，金融机构陆续开展金融创新活动，政府对金融业的监管力度有所放松。这次改革为美国金融业注入了前所未有的生机与活力，但也引发了新一轮的金融危机，金融监管开始回归审慎监管框架。21 世纪爆发的次贷危机不仅对美国经济造成了巨大的冲击，更是波及世界其他国家和地区。在此背景下，美国再次正视金融监管问题，并进行了自大萧条时期以来最大规模的金融监管改革。

4.3.2.1 早期的银行监管立法

美国在金融领域的立法可追溯到 1863 年颁布的《全国货币法案》（National Banking Act），该法案是建立全国性银行体系的法律基础。根据规定，银行基于储存在财政部的债券获权发行流通票据，票据价值是所储蓄债券价值的 90%。这些流通票据能够用于支付绝大多数政府债务，是事实上的法定货币。1864 年，《国民银行法案》（National Banking Act）取代《全国货币法案》，确立了美国现代银行监管体制的框架。根据该法案的规定，银行业务包含贴现以及议付债务凭证、接受存款、买卖外汇、铸币和金银、基于个人保证发放贷款等。该定义为美国的金融主体创新奠定了基础。

1913 年颁布的《联邦储备法案》（Federal Reserve Act）建立了联邦储备体系，试图让地区银行通过发行联邦储备券建立更有“弹性”的货币，这些票据成为美国全国货币流通总体的一部分。此外，该法案废除了国民银行发行本票的权力，同时规定了美国政府货币发行抵押制度，将国家货币发行权集中在美联储。

4.3.2.2 大萧条时期的立法

大萧条对银行业造成了毁灭性的打击，1929—1933 年，约有 40% 的美国银行相继倒闭。1933 年，美国颁布了《格拉斯-斯蒂格尔法案》（Glass-Steagall Act），对商业银行和投资银行业务进行了严格的区分，禁止吸收存款的机构单独或联合发行、承销和出售股票、政府债券、企业债券或其他证券，金融分业经营制度框架由此形成。该法案对稳定金融、恢复经济发挥了重要的作用，但业界普遍反映该法案的监管措施过于严厉，对大萧条时期的金融形势反应过度。随着经济形势的回暖以及金融监管环境的日趋宽松，《格拉斯-斯蒂格尔法案》也渐渐受到侵蚀，直至1999年被《金融现代化服务法案》（Financial Services Modernization Act）所取代。

此外，《格拉斯-斯蒂格尔法案》建立了联邦存款保险公司，并要求吸收存款的商业银行和储蓄机构参与存款保险。此后，存款保险制度作为有效金融监管体制的一部分，在后续的立法中得以不断完善。例如，1950年通过的《联邦存款保险法》（Federal Deposit Insurance Act）进一步从法律上确立了美国的存款保险制度，并赋予联邦存款保险公司更广泛的权利。2002年通过的《联邦存款保险改革法》（Federal Deposit Insurance Reform Act）和《存款保险安全和公平法》（Safe and Fair Deposit Insurance Act）以改善存款保险体制的安全和公平为主旨，扩大了保险的范围并改进了保费的计算方法，推进了存款保险体制的现代化。

4.3.2.3 后萧条时期的立法

二战后的美国经济快速恢复。受利益驱使，银行业试图打破《格拉斯-斯蒂格尔法案》对行业分营的限制，于是通过设立银行控股公司，在控股公司的框架内同时从事商业银行与投资银行以及其他分业金融业务。在此背景下，美国于1956年颁布《银行控股公司法案》（Bank Holding Company Act）。根据规定，银行控股公司的设立必须得到美国联邦储备委员会的批准。此外，该法案严格禁止银行控股公司跨州购并银行，并强化了商业银行和保险公司的分业经营制度。

在《银行控股公司法案》中，银行的定义为“接受存款和提供贷款的金融机构”。为规避法律监管，美国开始出现“非银行业银行”。所谓“非银行业银行”是一种美国传统银行形式，其业务范围仅限于提供消费信贷，而不包括商业信贷和营业信贷。某些美国公司试图通过收购或设立这种“非银行业银行”达到间接从事银行业的目的。针对这种现象，美国于1987年颁布了《银行公平竞争法》（Competitive Equality Banking Act），明确提出不再批准注册新的“非银行业银行”，并对商业银行的定义进行了完善。根据该法案，商业银行是“发放贷款、接受有联邦存款保险公司担保的存款并由州和联邦政府签发经营许可证的金融机构”。

1978年，美国颁布《国际银行法》（International Banking Act），其目的在于吸引外国银行在美国开展业务，对所有的美国境内银行实行公平待遇原则。但1991年颁布的《外资银行监管加强法》（Foreign Bank Supervision Enhancement Act）对该法案的主要内容进行了修改。

4.3.2.4 放松管制时期的立法

1966年，美国国会敦促美联储对商业银行制定存款利率上限，同时将其他储蓄机构和大额定期存单纳入利率限制范围。这引发了货币市场共同基金的迅猛发展，并导致商业银行和储蓄机构的吸收存款锐减，银行破产事件不断发生。为此，国会通过立法放松了对储蓄机构传统业务的限制。

例如，1978年通过的《金融机构监管和利率控制法案》（Financial Institutions Regulatory and Interest Rate Control Act，FIRIRCA）放松了对银行和储蓄机构的利率管制，并允许其发行浮动利率的存款凭单。1980年通过的《存款机构放松管制和货币控制法案》（Depository Institutions Deregulation and Monetary Control Act，DIDMCA）创立了储蓄机构解除管制委员会，推动了利率管制的解除。虽然银行和储蓄机构仍然不能向商业票据账户支付利息，但银行可以签发可流通的存款凭单，从而推动了此类货币工具二级市场的确立，同时提高了存款保险的覆盖范围。1982年，美国制定《加恩-圣杰曼存款机构法》（Garn-St. Germain Depository Institutions Act），允许存款金融机构开办货币市场存款账户和超级可转让支付账户，向债权人支付近似于货币市场上的利率，以扩大银行资金的来源。

4.3.2.5 消费金融发展下的立法

20世纪70年代，随着美国经济的发展和消费金融模型的成熟，消费信贷愈发受到政府的关注。1977年，美国颁布《社区再投资法案》（Community Reinvestment Act，CRA），要求金融机构必须满足中低收入居民的信贷要求，并对此施以必要的监管和评估。如果金融机构被投诉违反该法，则美联储和货币监理署等监管机构可以推迟或拒绝任何银行的兼并或扩张分支机构的请求。有学者指出，该法案干涉了银行的业务自主权，使得因信用等级不高而被排除在信贷市场之外的人得到了贷款。

1980年，美国通过《存款机构放松管制和货币控制法案》，其初衷在于取消抵押贷款的传统利率上限，赋予金融机构利率自主权。但该法在客观上允许金融机构以高利率或高费率向低收入者放贷，以补偿放贷机构的放贷风险。

1982年，美国颁布《可选择按揭贷款交易平价法案》（Alternative Mortgage Transactions Parity Act），规定放贷机构可采用浮动利率发放贷款，并采取气球膨胀式支付。“气球膨胀式支付”是一种长期借款的偿还方式，指平时逐期偿还小额本金和利息，期末偿还余下大额部分的还款方式。

此外，1986年的《税收改革法案》（Tax Reform Act）允许消费者将利率费用作为税收抵扣，同样促进了消费金融业务的繁荣。在上述法律的共同作用下，以住房抵押贷款为代表的美国消费金融获得了长足的发展。

美国在消费信贷监管方面的立法有《贷款真实性法案》（Truth in Lending Act，TILA）、《平等信贷机会法案》（Equal Credit Opportunity Act，ECOA）、《公平信贷催收法》（Fair Credit Billing Act，FCBA）、《电子资金转账法案》（Electronic Fund Transfer Act，EFTA）、《公平信用报告法案》（Fair Credit Reporting Act，FCRA）、《公平准确信用交易法》（Fair and Accurate Credit Transactions Act）等。但许多法律的执行效果不佳，若干法律的立法目的与实践效果相背离，为日后次贷危机的爆发埋下了伏笔。

4.3.2.6 金融创新趋势下的立法

20世纪90年代，随着金融创新的发展，美国的金融监管环境日渐宽松。1994年，美国颁布《里格-尼尔州际银行和分行效率法》（Riegle-Neal Interstate Banking and Branching Efficiency Act），允许银行控股公司收购其他州的银行，同时允许银行控股公司将位于其他州的附属银行转为单一州立银行的分行，从而废除了1927年的《麦克法登法案》（McFadden Act）和1956年的《道格拉斯修正案》（Douglas Amendment）。

自20世纪70年代，美国金融界不断呼吁废止《格拉斯-斯蒂格尔法》和《银行控股公司法》等法律中有关禁止银行、证券和保险混业经营的条款。经过多年的争论，美国最终于1999年颁布《金融服务现代化法案》（Financial Services Modernization Act），从而使金融业走向了混业经营的新时代。在监管方面，该法案提出了功能监管的概念，即按照经营业务的性质划分监管对象。例如，将金融业务划分为银行业务、证券业务和保险业务，监管机构仅针对不同业务进行监管，而不论经营这些业务的机构性质如何。但在实践中，各监管机构对证券、期货、保险、银行业分别进行监管的格局仍未改变。

2000年，美国通过《商品期货现代化法案》（Commodity Futures Modernization Act），彻底废除了对包括信用违约掉期在内的场外金融衍生产品的规制与监管，场外交易规模迅速发展，金融市场愈发活跃，但金融风险也在不断累积。

2001年，安然事件爆发，并引发了一系列公司财务丑闻的曝光。投资者对美国经济的信心遭受严重打击，美国股市因此大幅下挫。2002年7月，美国通过《萨班斯-奥克斯利法案》（Sarbanes-Oxley Act），成立独立的公众公司会计监督委员会（Public Company Accounting Oversight Board，PCAOB），要求强化注册会计师的独立性以及公司的财务披露义务。

4.3.2.7 次贷危机时期的临时立法

“次贷”即次级按揭贷款（Subprime Mortgage Loan），是专门面向信用等级不足的借款者发放的贷款。2006年，美国房价升值速度放缓，次级借款人利用房屋升值再贷款的资金链条出现缺口，一些次级按揭贷款迅速恶化，购房者只好卖掉房屋偿还贷款。随着美国利率政策的调整，许多处于还款中后期的次级借款人无法承受利率大幅提高后的偿还义务，只能选择违约，从而导致了不良贷款的迅速增加。

2007年2月，汇丰银行宣布北美住房贷款按揭业务遭受巨额损失，减记108亿美元相关资产，次贷危机由此拉开序幕。2007年4月，美国第2大次级抵押贷款公司新世纪金融公司因无力偿还债务而申请破产保护，裁减员工比例超过50%。随后，30余家美国次级抵押贷款公司陆续停业。当年8月，美国第5大投资银行贝尔斯登宣布旗下两只对冲基金倒闭，随后贝尔斯登、花旗、美林证券、摩根大通、瑞银等相继爆出巨额亏损。2008年3月，贝尔斯登因流动性不足和资产损失被摩根大通收购。2008年7月，美国房地产抵押贷款巨头房利美和房地美遭受700亿美元巨额亏损，最终被美国政府接管。作为美国最大的汽车厂商，通用公司的股价跌至50余年来的最低水平，破产危机隐现。2008年9月，美国第4大投资银行雷曼兄弟陷入严重财务危机并申请破产保护。美林证券被美国银行收购。华尔街的五大投行倒闭了3家。雷曼兄弟的破产彻底击垮了全球投资者的信心，包括中国在内的全球股市持续暴跌。欧洲的情况更为严重，诸多知名金融机构频频告急，欧元兑美元汇率大幅下挫。2008年9月，总部位于西雅图的华盛顿互惠银行被美国联邦存款保险公司接管，成为美国有史以来倒闭的规模最大的银行。①

在此期间，美国出台了一系列立法措施予以应对。例如，2007年12月通过的《抵押贷款债务减免的税收豁免法案》（Mortgage Forgiveness Debt Relief Act）对房屋所有者在其住房按揭贷款受到减免的同时进行税收豁免援助，以增强他们对债务的抵抗能力。同时，该法加强了对“猎杀贷款”（Predatory Lending）即欺骗性和掠夺性放贷行为的监管。通常情况下，购房者必须把将债务减免视同收入进行纳税，但该法案特别为房贷债务减免规定了3年的免税期。

2008年2月，时任美国总统布什签署了一揽子经济刺激法案，拟通过大幅退税刺激消费和投资，以避免经济衰退。同年7月，美国通过了《住房和经济恢复法案》（Housing and Economic Recovery Act），一方面宣布拨款3 000亿美元

① http：//finance. sina. com. cn/360desktop/zl/stock/20141008/082720479347. shtml.

在联邦住宅管理局建立专款专用基金，为总计约40万户申请30年期固定利率放贷的购房者提供担保；另一方面授权美国财政部可以“无限度”提高房利美和房地美的贷款信用额度，并承诺美国政府将在必要的时候出资购买这两家机构的股票。同年10月，美国通过《紧急经济稳定法案》(Emergency Economic Stabilization Act)，授权政府动用多达7 000多亿美元的资金向处于困境之中的金融机构购买房贷支持债券以及其他债券，以恢复金融系统的流动性和稳定性，增强投资者信心，保护存款人的资金安全并稳定房价。

4.3.2.8 后危机时代的立法

2009年2月，美国通过了《美国复兴与再投资法案》(American Recovery and Reinvestment Act)，该法案是次贷危机以来美国政府制定的最重要的经济刺激法案。根据该法的规定，美国政府将在未来10年内投入7 872亿美元，用于振兴美国经济，并为金融系统的长期稳定发展奠定基础。

2010年，美国总统奥巴马签署《多德-弗兰克华尔街改革与消费者保护法案》(以下简称《多德-弗兰克法案》)。该法案旨在有效控制系统性风险，保护纳税人和消费者利益，维护金融稳定，防止金融危机再次发生，被认为是美国自大萧条时期以来最为全面和严厉的金融监管改革法案（参见专栏4-1)。

专栏4-1

《多德-弗兰克法案》

次贷危机爆发后，美国经济和金融受到重创，失业率居高不下。对于美国政府出台的一系列拯救濒临破产金融机构的行为，社会各界和民众表达了强烈的不满，普遍指责金融机构的贪婪和金融监管的缺失，强烈呼吁金融改革。

2009年6月，奥巴马公布《金融监管改革方案》，经过1年多的角力和妥协，国会两院才就最终文本达成一致，并以众议院金融服务委员会主席巴尼·弗兰克(Barney Frank)和参议院银行委员会主席克里斯·多德(Chris Dodd)的名字命名。《多德-弗兰克法案》长达2 300页，包括16部分，其主要内容如下：

第一，扩大监管机构权限，实施系统性风险监管。成立金融稳定监管委员会，由财政部牵头，负责认定金融系统中的不稳定因素，规范市场纪律，应对潜在风险。评估金融机构对金融体系的影响，认定系统重要性机构，督促美联储对系统重要性金融机构进行特别监管，改变金融机构“大而不能倒”的局面，防范系统性风险。

第二，扩大美联储监管职责，监管对象包括所有系统重要性银行和非银行金融机构。同时，美联储自身也将面临更严格的审查。该法案规定政府问责办公室负责审计美联储紧急贷款、各类政策工具执行情况、是否存在利益冲突等问题。

第三，加强消费者和投资者保护，设立消费者金融保护局，负责监管按揭贷款、信用卡等个人金融产品，确保消费者在决策时真正了解金融产品，防止金融机构的掠夺性条款和欺诈行为。

第四，采用“沃尔克规则”，限制银行进行自营交易。“沃尔克规则”由奥巴马政府的经济复苏顾问委员会主席保罗·沃尔克（Paul Volcker）提出，主张禁止银行业自营交易，将自营交易与商业银行业务分离，即禁止银行利用参加联邦存款保险的存款，进行自营交易、投资对冲基金或者私募基金。

第五，加强衍生品市场监管，责成商品期货交易委员会和美国证券交易委员会监管衍生品交易，监督过度投机行为。

第六，要求资产证券化风险留存。贷款证券化产品的发行机构，需留存不少于5%的资产风险，以便发行机构和投资者共担风险。

自《多德-弗兰克法案》诞生以来，共和党一直对其持批评态度，认为该法不能改革华尔街，甚至会给金融行业带来额外合规成本，影响金融支持经济，危害美国国际金融中心地位，削弱美国金融机构竞争力。而立法者、监管者和金融从业者对于该法的争议及难点主要集中在以下几个方面：（1）如何解决金融机构的“大而不能倒”的问题；（2）消费者保护的具体内容和措施；（3）如果“沃尔克规则”得到严格执行，部分银行收入将受到显著影响；（4）对集中清算的衍生品范围、透明度以及抵押品的具体要求；（5）关于美联储的角色问题，众议院主张无所不包的大联储，而参议院则主张限制美联储的权限；（6）该法对金融机构的严格监管可能会影响银行业、金融市场和实体经济发展，阻碍经济复苏，最终影响消费者利益。

总体而言，《多德-弗兰克法案》有针对性地修补了美国金融监管的漏洞，推翻了被动应对系统性风险和金融危机的监管理念，将金融稳定监管委员会作为系统性风险的第一道防线，对系统性风险做定性和定量研究，及时提供监测预警和政策建议，从而使系统性风险可识别、可应对；以联邦存款保险公司作为系统性风险的第二道防线，建立处理濒临倒闭的系统重要性机构的机制。若《多德-弗兰克法案》得到严格实施，将有效降低系统性风险，减少金融危机发生的概率和程度，降低危机对金融市场、宏观经济和社会福利的冲击，但在短期内也可能给美国银行业和经济复苏带来负面影响。

资料来源：http：//www. boc. cn/aboutboc/ab8/201304/t20130425_2243155. html.

4.4 美国金融市场工具

金融市场是资金供应方和需求方通过金融工具进行交易而融通资金的市场。金融市场工具是金融市场中的交易媒介，根据其交易期限的不同，可分为货币市场工具和资本市场工具。此外，金融衍生产品是在货币、债券、股票等传统金融产品的基础上派生出来的一类金融工具，在美国金融市场同样占有重要地位。

4.4.1 货币市场工具

货币市场（Money Market）是短期资金市场，该市场中的金融工具以政府、银行及工商企业发行的短期信用工具为主，具有期限短、流动性强、风险低等特点。

短期国库券（Treasury Bills，T-bills）是联邦政府以筹资为目的发行的短期债务工具，其期限一般为4周、13周、26周和52周。当政府需要在更短的时间内获得资金时，也会发行几天内便到期的债券，这类债券被称为现金管理国库券（Cash Management Bills）。短期国库券是一种零息债券，折价发行，流动性极强。美国联邦政府作为此类债券的发行人，可通过征税或发行货币的方式偿还债务，所以短期国库券不存在违约风险，被视为最安全的货币市场工具。

通货膨胀保值债券（Treasury Inflation-Protected Securities，TIPS）与消费者物价指数（CPI）挂钩，其基本特征是息票率固定而本金额随美国劳工部的月度非季调城市CPI指数浮动。这种债券的固定息票率通常低于普通同期债券，既降低了通货膨胀的不利影响，又保障了投资者的实际收益。

联邦基金是商业银行和金融机构向联邦储备银行缴存的存款准备金。当联邦储备体系会员银行的存款准备金不足时，可按联邦基金利率向拥有超额准备金的会员银行拆借。在制定货币政策的过程中，美联储可通过买卖政府债券对联邦基金利率进行调节，并将其作为其他货币市场利率的参考。大多数联邦基金交易没有正式的书面合约，从而加速了交易过程并降低了交易费用，这也使彼此的信任和交易经验成为影响交易的重要因素。

大额可转让定期存单亦称大额可转让存款证，是银行印发的一种定期存款凭证，凭证上印有一定的票面金额、存入和到期日以及利率，到期后可按票面金额和规定利率提取全部本利，逾期存款不计息。大额可转让定期存单可流通转让，自由买卖。偿还期最短为14天，最长为1年，平均偿还期为2~4个月，存单的最小金额为10万美元。

商业票据是由信用较好的企业或金融公司发行的短期债务工具。根据发行人的不同，商业票据主要分为金融公司票据和非金融公司票据，其中非金融公司票据的发行人以大型公司为主。商业票据的投资者主要是大型商业银行、保险公司、非金融公司、地方政府和投资公司等，个人投资者很少。

4.4.2 资本市场工具

资本市场（Capital Market）是中长期资金市场，该市场上的金融工具主要包括债权工具和股权工具，期限通常在1年以上，价格波动远大于货币市场工具，投资风险相对较高。

4.4.2.1 债券

美国中期国债（Treasury Note）与短期国库券相似，只是偿还期较长，分为2年、3年、5年、7年和10年期，每半年付息一次。长期国债（Treasury Bond）的偿还期在10年以上，一般最小票面金额为1 000美元。

市政债券又被称为州及地方政府债券，是州及地方政府为筹措学校、道路和其他大型项目开支而发行的长期债务工具，其利息收入通常可免缴联邦所得税以及发债州和地方政府所立的税目。市政债券分为一般责任债券和收益债券。其中，一般责任债券以州和地方政府的征税能力为保证，违约风险较低。收益债券通常与特定项目相联系，并以项目收益作为还本付息的资金来源，投资风险相对较高。

企业债券由信用评级较高的企业发行，通常每年向持有者支付两次利息，到期时按面值清偿。有些企业债券允许债券持有者在到期日之前将其转换为一定数量的股票，这类企业债券被称为可转换债券。如果股票的升值幅度足够大，则可转换债券的价值也会随之上升。

4.4.2.2 股票

股票主要分为普通股和优先股，二者的区别主要在于股票持有者享有的权利不同。具体而言，普通股股东可以全面参与公司的经营管理，并有权进行投票和选举等。当公司决定扩张而增发新股时，普通股股东有权根据其持股比例，以低于市价的某一特定价格优先购买一定数量的股票，以保持其对公司所有权的原有比例。而优先股股东享有优先分配权和优先求偿权。所谓优先分配权，是指在公司分配利润时，优先股股东将先于普通股股东获得收益，但优先股的股利通常是固定的，而普通股股利则取决于公司当年的盈利状况和股利分配政策。所谓优先求偿权，是指在公司破产清算后，优先股股东有权先于普通股股东对剩余财产进行分配。

优先股兼具股权属性和债权特征，信用评级和收益率通常介于债券和普通股之间。对于发行者而言，优先股可降低资本成本和财务风险，同时保证公司控制权不被分散；对于投资者而言，优先股能够满足特定的投资需求，投资收益较有保障，有助于投资风险的分散（参见表4-1）。

表4-1 优先股的优势与劣势

	发行者	投资者
优势	• 企业发行优先股的资本成本通常低于发行普通股的资本成本 • 由于优先股股东通常没有表决权，所以发行优先股能够保证企业的控制权不被分散 • 发行优先股属于权益资本融资，可降低企业杠杆率和财务风险	• 对于期望获得稳定收益的投资者而言，优先股可满足其投资需求 • 优先股东可获得固定股利，投资收益较有保障 • 投资者可在投资普通股和债券的基础上投资优先股以分散风险
劣势	• 企业必须向优先股股东支付固定股利，不利于利润再投资 • 优先股股利不能递减企业所得税，增加了企业的财务负担 • 优先股通常不可退股，灵活性较差，对投资者的吸引力较小	• 当企业的信用风险增大时，其违约概率也会随之增加 • 优先股附带的赎回条款会增加投资者的再投资风险 • 优先股市场规模较小，流动性较低 • 优先股的收益仅来源于固定股利，升值空间较小

资料来源：http：//stock. hexun. com/2013-09-12/157971753. html.

4.4.3 金融衍生产品

金融衍生产品是与基础金融产品相对的一个概念，指建立在基础产品或基础变量之上的，价格取决于基础金融产品价格（或数值）变动的派生金融产品。所谓基础产品不仅包括现货金融工具（如债券、股票、银行定期存款单等），也包括金融衍生工具。

根据交易场所的不同，金融衍生产品可分为场内交易的衍生产品和场外交易的衍生产品。前者指在有组织的交易所上市交易的衍生产品，如在股票交易所交易的股票期权产品，在期货交易所和专门的期权交易所交易的各类期货合约、期权合约等。后者指通过各种通讯方式而非集中的交易所，实行分散的、一对一交易的衍生产品，例如金融机构之间、金融机构与大规模交易者之间进行的各类掉期交易和信用衍生品交易。

根据基础产品的不同，金融衍生产品可分为股权类产品的衍生产品、货币衍生产品、利率衍生产品、信用衍生产品等。股权类产品的衍生产品指以股票或股票指数为基础工具的金融衍生产品，主要包括股票期货、股票期权、股票指数期货、股票指数期权以及上述合约的混合交易合约。货币衍生产品指以各种货币作为基础工具的金融衍生产品，主要包括远期外汇合约、货币期货、货币期权、货币掉期以及上述合约的混合交易合约。利率衍生产品指以利率或利率的载体为基础工具的金融衍生产品，主要包括远期利率协议、利率期货、利率期权、利率掉期以及上述合约的混合交易合约。信用衍生产品指以基础产品所蕴含的信用风险或违约风险为基础变量的金融衍生工具，用于转移或防范信用风险，主要包括信用掉期、信用联结票据等。

根据交易方法和产品特点的不同，金融衍生产品可分为远期合约、期货合约、期权合约、掉期合约等。

期货合约和远期合约（Forward Contract）都是交易双方约定在未来的特定时刻、以特定价格购买或出售某项资产的协议。二者的区别在于，期货合约是期货交易所制定的标准化合约，对合约到期日及其买卖资产的种类、数量、质量均做出了统一的规定，流动性相对较高；而远期合约是由交易双方根据自身的特定需求所签订的合约，通常在场外市场交易，流动性相对较低。

掉期合约（Swap Contract）又称互换合约，是交易双方约定在未来的特定时刻交换某种资产的协议。较为常见的掉期合约包括利率掉期合约与货币掉期合约。二者的区别在于，利率掉期是相同货币债务间的互换，而货币互换是不同货币债务间的互换。

期权合约（Option Contract）规定了在某一特定时间、以特定价格买卖特定种类、数量、质量原生资产的权利，在交易所场内和交易所场外均可进行交易。期权的基本类型包括看涨期权（Call Option）和看跌期权（Put Option），二者分别代表着在某一确定时间以某一确定价格购买或出售标的资产的权利。期权合约中规定的价格被称为执行价格或行权价格，规定的日期被称为到期日、执行日或期满日。美式期权（American Option）可在期权有效期内任何时间行使权利，而欧式期权（European Option）只能在到期日行使权利。需要说明的是，美式和欧式并不代表期权或交易所的地理位置，有些欧式期权也在美国交易所进行交易。

4.5 美国金融市场融资

融资是公司筹集资金的行为与过程。根据融资过程中公司与投资者所形成产权关系的不同，融资方式可分为债务融资和股权融资。

4.5.1 债务融资

债务融资是公司以发行债券、银行借贷方式向债权人筹集资金的过程。债务融资获得的只是资金的使用权而不是所有权，上市公司必须按期还本付息，而不像股权融资那样，有利润则分红，无利润则不分，因而公司的财务风险较大。但债务融资能够提高上市公司的净资产收益率，具有财务杠杆的作用，利息的支付还可以冲减税基，因此其融资成本一般低于股权融资成本。此外，同股权融资相比，债务融资通常不会对企业的控制权产生影响。

在美国，最常见的企业融资方式是信贷融资。信贷融资属于间接融资，指企业为满足自身生产经营需要，与商业银行等金融机构签订协议借入一定数额资金，并在约定时间还本付息的融资方式。根据融资偿还期限的不同，信贷融资主要分为短期信贷融资和长期信贷融资。一般而言，短期信贷的偿还期在1年以内，所筹资金多用于企业的特殊活动，如发放薪酬、购买必需品等，这类融资对于中小型企业尤为重要。长期信贷的偿还期通常在1年以上，所筹资金多用于公司业务扩张和长期项目发展。

按揭（Mortgage）也是一种十分流行的融资方式。按此方式，资金需求方以房地产等实物资产或有价证券、契约等作为抵押，获得银行贷款，并依合同分期付清本息，待贷款还清后银行将归还抵押物。而次级按揭贷款（Subprime Mortgage）则是专门针对因信用等级不足而无法通过主流按揭贷款渠道融资的人发放的贷款。在2001年经济衰退后，美国住房市场在超低利率的刺激下高度繁荣，为经济复苏及其后来的持续增长发挥了重要作用，次级抵押贷款市场迅速发展。但随着美国住房市场大幅降温，加上利率的升高，很多次级抵押贷款市场的借款人无法按期偿还借款，导致一些放贷机构遭受严重损失甚至破产。2008年美国次级抵押贷款危机引发了投资者对美国整个金融市场健康状况和经济增长前景的担忧，导致之后几年股市出现剧烈震荡。

除了申请银行贷款外，企业还可以通过发行债券进行筹资。首先，债券筹资的成本较低。从投资者的角度来讲，投资于债券可以受限制性条款的保护，降低投资风险，但回报率也相对较低；从筹资公司的角度来讲，债券利息有抵税的作用，发行费用一般也低于股票。在公司正常运营的情况下，债券投资对公司的剩余索取权和剩余控制权影响不大，不会稀释公司的每股收益和股东对公司的控制。其次，公司不仅可以通过债券投资取得一笔营运资本，而且还可以从债权人处购得一项以公司总资产为基础资产的看跌期权。若公司的市场价值急剧下降，普通股股东具有将剩余所有权和剩余控制权转给债权人而自己承担有限责任的选择权。再次，债券投资具有杠杆作用。不论公司盈利多少，债券持有人只收回有限的固定收入，而更多的收益则可用于股利分配和扩大投资。

债券融资也存在一些劣势。首先，债券融资有固定的到期日，并须定期支付利息，如不能兑现承诺，则可能引起公司破产。其次，债券筹资具有一定限度，随着财务杠杆的上升，债券融资的成本也在不断上升，从而加大了财务风险和经营风险，有可能导致公司破产清算。再次，公司债券通常需要抵押和担保，其附加的限制性条款可能会削弱经理的控制权和股东的剩余控制权，从而影响公司的正常发展和进一步筹资的能力。

4.5.2 股权融资

股权融资是指公司以出让股份的方式筹集资金的过程，根据募资对象的不同，可分为私募融资和公募融资。

4.5.2.1 私募融资

所谓私募，是指发行人通过非公开的直接洽商方式，向少数以投资而非转售为目的的特定对象发行证券的行为。

美国私募制度的核心是豁免制度，包括豁免证券制度和豁免注册制度。豁免证券制度是针对某些证券发行人的性质和证券的特殊性所做出的豁免规定。这类证券包括“公共权力机构和银行发行的证券，短期商业票据，非营利组织证券，住房信贷协会、农民合作组织及类似组织发行的证券，某些受联邦监督管理的普通运输企业发行的证券，根据破产法由接管人或受托人在法院批准下发行的证券，保险单和年金合同”共 7 类。这些证券的发行人在发行和销售证券之前既无必要向美国证券交易委员会上报有关材料以获批准，也无必要向市场履行信息披露义务。但证券发行人的性质和特点必须符合证券法和证券交易法的反欺诈规定，一旦有人对美国证券交易委员会或以个人提起的方式对证券发行人和豁免证券的性质提出质疑，发行人必须承担举证责任。

豁免注册也被称为豁免发行或交易上的注册豁免。美国注册豁免制度不仅包括发行上的审核豁免，还包括对一般交易行为的审核豁免。与豁免证券制度相比，豁免注册的法律法规较为复杂，豁免注册对象主要包括“小额发行证券，小企业发行证券，私募发行证券，仅为交换而发行的证券，仅向某一州内居民或准居民发行和出售的证券，一般投资者、交易商、经纪人的全部或部分证券交易行为，二级市场交易”等。①

美国私募发行市场不仅是中国上市公司筹集美国资金的主要途径，也是中国境内上市外资股的主要资金来源地。相对于公募融资，私募融资对发行公司具有以下优势：（1）私募操作便捷，可避免因履行注册义务而错失最佳发行时期；（2）私募是针对特定对象的募资过程，可节约高昂的公开承销费用和发行成本；（3）由于公司的财务及其他信息只为有限的投资者所知，发行公司遭恶意收购的概率较小。但私募证券的流通性相对较差，为弥补投资者不易变现的风险，发行公司大多须提供额外的流动性溢价，因而发行利率与资金成本也会相应地提高。②

4.5.2.2 公募融资

公募融资是指以公开方式向公众投资人出售股权或债权进行融资的行为。1993年7月，中国石化上海石油化工股份有限公司在纽约交易所上市，成为首家在美国上市的中国企业。截至2014年5月底，共有75家中国内地公司在纽约证券交易所上市，有120家中国内地企业在纳斯达克股票市场上市。从企业性质看，中国上市企业以中小型民营企业为主，大型国有企业相对较少。从行业分类看，中国上市企业多集中在服务业、高科技、能源等行业。2014年9月19日，阿里巴巴集团于美国纽约证券交易所挂牌上市，收盘价每股93.89美元，较发行价上涨38.07%，盘中最高价达每股99.7美元，最低价每股89.95美元，成交量达2.71亿。以当日收盘价计算，阿里巴巴的市值为2 314.39亿美元，超越了脸谱、

纽约证券交易所

① 李溦．美国的私募制度与私募市场［J］．产权导刊，2006（10）．

② 郭雳，郭励弘．私募发行在美国证券市场中的重要地位［J］．首席财务官，2008（4）．

IBM、甲骨文、亚马逊等美国公司，仅次于苹果、谷歌和微软，成全球第 4 大高科技公司和全球第 2 大互联网公司。[①]

中国企业赴美上市的主要途径包括首次公开发行（Initial Public Offering，IPO）和反向兼并（Reverse Take-Over，RTO）。

首次公开发行，即根据美国证券法规定，经向美国证监会注册后进行的首次公开融资和上市。考虑到证券结算和不同国别的证券税赋等因素，中国公司赴美进行首次公开发行通常采用发行美国存托股证挂牌（American Depositary Receipt，ADR）的形式。美国存托凭证是面向美国投资者，经美国存托人发行，并在美国证券市场交易的存托凭证，发行人的股票是其对应的基础证券。ADR 发行也涉及证券的公开发行，因此发行 ADR 的美国存托人也需要注册，而发行人则须履行定期报告的义务。ADR 可分为无保荐的存托凭证（Unsponsored ADR）和有保荐的存托凭证（Sponsored ADR）两大类。有保荐的存托凭证根据其不同的筹资能力、交易场所以及注册登记要求等，又可进一步分为第一级、第二级、第三级以及 Rule 144A 存托凭证 4 个类别。中国赴美上市的大部分公司是级别较高的第三级 ADR，是需要向美国证监会注册的公开发行，具备融资功能并需履行严格的信息披露义务。

纽约证券交易所对申请首次公开上市公司的要求包括股票发行规模和公司财务状况两个方面。

就股票发行规模而言，美国整股股东（Round-lots Holders）即持股 100 股及以上者须超过 400 人，公众持股数量须大于 110 万股。关于公众持股的市值金额，以 IPO 或分拆形式上市的，应大于 4 000 万美元；以其他形式上市的，应超过 1 亿美元。

就公司财务状况而言，申请首次公开上市的公司必须至少达到以下四个标准之一：

第一，利润指标。过去三年税前净利润总和不少于 1 000 万美元，近两年中的任何一年不少于 200 万美元；第三年必须盈利。或者过去三年税前净利润总和不少于 1 200 万美元，最近一年不少于 500 万美元，下一年度不少于 200 万美元。

第二，市值标准。全球市场总值至少为 7.5 亿美元，最近一个会计年度的总收入至少为 7 500 万美元。或者按照市值加现金流标准，全球市场总值至少为 5 亿美元，最近 12 个月总收入至少为 1 亿美元；前 3 年经调整的现金流总和大于

① http：//news. xinhuanet. com/info/2014-09/20/c_133657612. htm.

2 500 万美元，且每年均为正值。

第三，关联公司上市标准（适用于已在纽交所上市公司的关联公司）。全球市场总值至少为 5 亿美元，公众持股部分市值大于 6 000 万美元，公司经营时间超过 12 个月。

第四，资产加股票指标。在 IPO 之后，公司的全球市场总值超过 1.5 亿美元，总资产超过 7 500 万美元，股东权益大于 5 000 万美元；股价不低于每股 4 美元。①

纳斯达克市场分为纳斯达克全球精选市场（NASDAQ Global Select Market）、纳斯达克全球市场（NASDAQ Global Market）以及纳斯达克资本市场（NASDAQ Capital Market）。这三类市场对公司首次公开发行的申请条件有所不同，但基本上都包括财务和流动性两方面的要求，申请首次公开发行的公司须至少满足所列标准之一（参见表 4-2，表 4-3，表 4-4，表 4-5）。

表 4-2　　纳斯达克全球精选市场首次公开发行条件（财务要求）

	利润	市值和现金流	市值和收入	资产和权益
税前利润	近 3 个财年均处于盈利状态，累计利润不低于 1 100 万美元，且最近两个财年每年的利润均不低于 220 万美元	—	—	—
现金流	—	近 3 个财年现金流均为正值，且累积现金流不低于 2 750 万美元	—	—
市值	—	近 12 个月的平均市值不低于 5.5 亿美元	近 12 个月的平均市值不低于 8.5 亿美元	1.6 亿美元
收入	—	最近财年收入不低于 1.1 亿美元	最近财年收入不低于 9 000 万美元	—

① http：//us. mofcom. gov. cn/article/zt_investguide/lanmutwo/201405/20140500576521. shtml#4. 5.

续表

	利润	市值和现金流	市值和收入	资产和权益
总资产	—	—	—	8 000 万美元
公众持股市值	—	—	—	5 500 万美元
买入价	4 美元	4 美元	4 美元	4 美元

资料来源：https：//listingcenter. nasdaqomx. com/assets/initialguide. pdf.

表 4-3　　纳斯达克全球精选市场首次公开发行条件（流动性要求）

	首次公开发行的分拆公司	增发股票的公司	关联公司
整股股东数 或 股东总数 或 股东总数和近 12 个月的平均月交易量	整股股东数达 450 人 或 股东总数达 2 200 人	整股股东数达 450 人 或 股东总数达 2 200 人 或 股东总数达到 550 人且近 12 个月的平均月交易量达到 1 100 万	整股股东数达 450 人 或 股东总数达 2 200 人 或 股东总数达到 550 人且近 12 个月的平均月交易量达到 1 100 万
公众持有股份	1 250 000 股	1 250 000 股	1 250 000 股
公众持股市值 或 公众持股市值和股东权益	公众持股市值达 4 500 万美元	公众持股市值达 1. 1 亿美元 或 公众持股市值达到 1 亿美元且股东权益达到 1. 1 亿美元	公众持股市值达 4 500 万美元

资料来源：https：//listingcenter. nasdaqomx. com/assets/initialguide. pdf.

表 4-4　　纳斯达克全球市场首次公开发行条件

	利润	权益	市值	总资产/总收入
持续经营税前利润（最近财年或近 3 个财年中的两个财年）	100 万美元	—	—	—
股东权益	1 500 万美元	3 000 万美元	—	—
上市证券市值	—	—	7 500 万美元	—

续表

	利润	权益	市值	总资产/总收入
总资产或总收入（最近财年或近3个财年中的两个财年）	—	—	—	7 500万美元
公众持有股份	110万股	110万股	110万股	110万股
公众持股市值	800万美元	1 800万美元	2 000万美元	2 000万美元
买入价	4美元	4美元	4美元	4美元
整股股东（持股数量在100股或以上的股东）	400人	400人	400人	400人
做市商	3个	3个	4个	4个
经营年限	—	2年	—	—

资料来源：https：//listingcenter. nasdaqomx. com/assets/initialguide. pdf.

表4-5　　　　纳斯达克资本市场首次公开发行条件

	权益	上市证券市值	净收入
股东权益	500万美元	400万美元	400万美元
公众持股市值	1 500万美元	1 500万美元	500万美元
经营年限	2年	—	—
上市证券市值	—	5 000万美元	—
净收入（最近财年或近3个财年中的两个财年）	—	—	75万美元
公众持有股份	100万股	100万股	100万股
整股股东	300人	300人	300人
做市商	3个	3个	4个
买入价或收盘价	4美元或3美元	4美元或3美元	4美元或3美元

资料来源：https：//listingcenter. nasdaqomx. com/assets/initialguide. pdf.

除 IPO 以外，中国企业还可通过反向兼并（Reverse Take-Over，RTO）的方式在美国上市。反向兼并俗称“借壳上市”，是一种简化快捷的上市方式，指一家私人公司通过与一家几乎没有实际经营业务的上市公司合并，该私人公司反向并入该上市公司，该上市公司成为一个全新的实体。反向兼并的主要优势在于上市成本较低，手续较少。

虽然反向兼并为中国企业赴美上市提供了一个快捷的途径，但在操作过程中必须严格遵守美国相关的法律法规。自 2010 年以来，美国做空中国概念股的事件频发，中国概念股遭遇到前所未有的信任危机。中国赴美上市公司亟须适应当地的监管要求，本着对投资者负责的态度开展融资活动（参见专栏 4-2）。

专栏 4-2

中国概念股在美国遭遇信任危机

中国概念股曾一度受到全球资本市场的关注，但自 2010 年以来，在美国上市的中国企业陆续被揭露出财务造假，数十家企业遭遇停牌或退市，引发了中国概念股的股价暴跌和退市浪潮。

事件缘起于 2010 年 3 月份《金融时报》的报道：“目前在美国面临集体诉讼的中国上市公司多达 16 家，多于其他国家在美国的上市公司”。2010 年 8 月，美国《巴伦周刊》撰文质疑在美借壳上市的中国公司，引发了资本市场对此类中国概念股的不信任情绪。中国概念股问题的频频暴露开始引起美国监管层的关注。2010 年 12 月，美国证券交易委员会（SEC）发布针对中国能源技术严重高估 2004 年年报中的每股盈余、严重高估 2005 年年报和两个季报的收入及利润问题，并发布了针对事务所和审计师的调查报告。2011 年 3 月 4 日，美国上市公司会计监管委员会发布报告，对 2007 年 1 月 1 日至 2010 年 3 月 31 日期间涉及反向收购的中国公司进行了调查，结果发现该期间有 159 家中国公司参与反向并购，占比高达 26%。2011 年 4 月，美国众议院监督和政府改革委员会主席致信 SEC 主席过问中国概念股调查进展。2011 年 6 月 9 日，SEC 发布了一份专门的“投资者公告”，对通过所谓“反向并购”方式进入美国市场的公司的投资者发出警示并揭露此类公司可能存在较大风险。

据美国三大交易所最新统计数据显示，在 2011 年 7 月 9 日到 2012 年 7 月 10 日为期一年的统计周期内，多数中国概念股公司的股价出现明显下跌，部分公司的股价跌幅更是超过了 50%。美股编制的“中概 30”在上述统计周期内累计跌幅为 46.63%，而同期纳斯达克综合指数上涨了 6.9%。

中国概念股遭遇信任危机的内在原因主要包括以下几点：首先，从源头上看，借道反向收购上市企业的良莠不齐，为中国概念股危机埋下了隐患。中国概念股企业大都发展时间不长，其业务基础薄弱，财务制度不健全，在国内银行和资本市场均难获得融资，仅仅将在境外上市作为圈钱的手段，无疑给其日后种下祸根；其次，从直接表现看，众多中小企业的会计造假、管理失范和信息披露失真，令中国概念股之前培育的市场信誉遭受极大损失。2011 年初，美国证监会基于潜在的财务问题将 340 家中国企业划入调查范围，给做空的研究机构提供了一份“黑名单”，其中部分中国企业确实存在若干问题，例如：面向国内和国外的财务报表迥异；频繁更换审计师或使用名不见经传的审计师；公司盈利趋于完美，让人难以置信；企业利润保持恒定增长，违反股市波动规律；缺乏分红和反复进行股票和债券增发；公司运营不透明等。最后，从股权结构看，明星企业 VIE 模式漏洞暴露的道德风险，致使中国概念股信任危机持续蔓延。所谓 VIE 模式（“协议控制结构”），就是离岸公司通过外商独资企业，与内资公司签订一系列协议来成为内资公司业务的实际收益人和资产控制人，以规避《外商投资产业指导目录》对于限制类和禁止类行业限制外资进入的规定。仅 2010 年在美国纳斯达克上市的中国公司中，就有 2/3 采用 VIE 模式。不可否认的是，在中国互联网发展过程中 VIE 模式起了重大作用，但随着“支付宝股权转移事件”的爆发，现实压力下 VIE 模式脆弱的履约保障，引发了美国资本市场对中国企业诚信问题的担忧。境外投资人既害怕企业实际控制人毁约导致股东利益受损，还担忧 VIE 存在着“被取缔”的可能。2012 年初，又发生双威教育将 VIE 控制下国内运营实体的资产和现金转移，使得美国资本市场闻 VIE 调整色变。2012 年 7 月 18 日，在美国上市的新东方由于涉及“VIE”遭美国证券交易委员会调查，受此影响股价一夜暴跌 34%，并引发了中国概念股集体大跌，在美国三大指数上涨的情况下，纳斯达克中国指数大跌 4.54%，百度、新浪、搜狐等中国概念龙头股携手创下 52 周新低。

长期来看，中国概念股想要摆脱危机还需要一个自省、自卫和品质重建的过程。其一，要掌握海外资本市场的法律法规和监管要求，避免因为对法律规则不熟悉而导致不必要的损失。其二，严格履行信息披露业务，努力做好与投资者、美国 SEC、纽约证券交易所、纳斯达克等监管机构以及股票承销商、上市保荐人和证券分析师之间的信息沟通。其三，中国概念股企业应充分了解、熟悉海外集团诉讼的制度规则和操作程序，遭到集团诉讼时应积极举证和应对，争取胜诉或降低赔偿额。而力求和解是一种相对保险的选择，更利于公司的未来发展。其四，在企业遭受做空时，若自身确定不存在被质疑的问题，应主动采取回应反击措施，化解做空风险。

资料来源：余波．海外中国概念股的信任危机与自我救赎 [J]. 武汉金融，2012 (11).

第5章
美国法律环境

5.1 美国法律体系

美国法属英美法系，亦称普通法系，是在继承和改造英国法的基础上形成的独具特色的法律体系。美国法的发展大致经历了四个时期。

在殖民地时期，英国战胜了其他列强，英国普通法也相继被各殖民地所使用。但18世纪中期以前，各殖民地实行的法律相对原始和简陋，有的殖民地甚至以《圣经》作为判案的依据。直到18世纪中期，英国普通法在北美殖民地取得了支配地位。

美国法的初步形成是在独立战争结束以后。美国法以英国法为基础，并参照欧洲大陆的法律文献形成了独具一格的法律体系。1830年后，《美国法释义》的问世以及各种美国法专著的出现，标志着美国法对英国法的批判吸收，并走上了独立发展的道路。

南北战争后是美国法的改革与发展时期。在此期间，美国法经过民主化改革，法律体系日渐完善。其主要表现包括：（1）废除奴隶制的宪法修正案正式生效；（2）在财产法方面确立了土地的自由转让制度；（3）对繁琐的诉讼程序进行了改革；（4）建立了富有美国特色的判例法理论；（5）法学教育中心从律师事务所转到法律院校；（6）各州法律出现了统一化趋势。

两次世界大战之后，美国进入垄断资本主义时期，其法律也发生了巨大的变化。制定法被大量加入美国法律体系，行政命令的作用和地位也日益显著，有关经济干预的立法相继出台，如“新政”时期颁布的一系列有关整顿工业、银行业、农业的法律等。

美国是一个联邦制国家，其现行的法律体系由联邦法律和各州法律组成。虽然联邦法律的法律效力高于州法律，但联邦宪法不得随意推翻或改变州法律，只能在联邦宪法授权的范围内规范各州的法律事务。

无论联邦法律还是各州法律，都包含制定法和判例法。其中，制定法是由立法机关通过一定程序制定的具有普遍约束力的法律，包括联邦宪法和州宪法、地方立法机关颁布的规范性文件、条约、法院规则、行政机关的规章和决议等。判例法是基于法院判决而形成的具有法律效力的判定，这种判定对以后的判决具有法律规范效力，能够作为法院判案的法律依据。

就法律效力而言，制定法高于普通法，联邦法律高于各州的法律，宪法高于其他法律，立法机关制定的法律高于行政机关颁布的规章。当不同层次的法律发生冲突时，高层次法律的效力优先于低层次法律的效力；当同一层次的两个法律之间相互冲突时，后制定法律的效力优先于先制定法律的效力。

在美国，联邦政府仅在国防、外交、经济政策、国际贸易和州际商务方面享有统一的立法权，而涉及刑事和民商事方面的立法权则基本归各州所有，这种分散的立法体制在很大程度上阻碍了法律的统一实施。为减少地区法律之间的冲突和执法司法过程中的矛盾，美国一直在努力统一各州的法律，其做法之一就是制定带有范例性质的“统一法律”，如《统一商法典》、《统一合伙条例》、《统一仲裁条例》等。其中，《美国统一商法典》（Uniform Commercial Code）是在统一州法全国委员会和美国法学会的共同努力下所取得的最成功和最重要的成果，也是最为著名的一部“标准法典”。该法典分为 11 章，以总则和各分则的形式对现实中的商事规则和商事惯例进行了归纳和制度层面的架构，基本消除了各州商法对州际交易因规定不同而造成的障碍，实现了美国商法在州际交易范围内关于销售、票据、担保、信贷等领域规定的统一，并为各类商事交易活动提供了优良的模式，被美国国内乃至国际商事社会广泛采用和吸收，实现了商法的国际性。

美国共有 52 个相互独立的法院系统，包括联邦法院系统、首都哥伦比亚特区法院系统和 50 个州法院系统。虽然联邦最高法院是美国的最高法院，其决定对美国各级各类法院都具有约束力，但联邦法院系统和州法院系统之间并不存在管辖或隶属关系。在刑事领域，联邦法院负责审理违反联邦法律的犯罪案件；在民事领域，联邦法院负责审理以合众国为一方当事人、涉及联邦性质问题以及发生在不同州公民之间的涉案金额达到一定水平的案件。根据美国宪法的规定，凡是法律没有明确授予联邦法院的司法管辖权都归州法院所有。联邦和大多数州的法院系统自下而上分为审判法院、上诉法院和最高法院三个层次，在审判制度上大多采取两审终审制。

5.2 美国法律概览

美国的法律繁多而庞杂，这里仅选取与企业对外直接投资相关的法律法规予以介绍。

5.2.1 美国关于劳动就业的法律法规

美国的劳动法包括两个部分，一是劳工法，二是就业法。1935 年通过的《国家劳资关系法》（National Labor Relations Act）为美国联邦政府对私营企业劳资关系的调整设定了框架。该法明确禁止雇主干涉雇员组织工会、通过工会进行集体谈判、罢工和设置纠察等行为。

在立法形式方面，美国有判例法与制定法交融、联邦立法与各州立法并存的传统。美国是典型的普通法系国家，以判例法为主要的立法形式，强调遵循先例，法律规范由大量案例累积而成。所以，美国有关劳动关系的法律原则及规范都植根于普通法。

总体而言，美国有关劳动关系的法律规范庞杂而分散，整个体系包含若干单项立法，不同的单项立法又规范了不同的劳动事项，并由不同的行政机构负责实施。例如，《公平劳动标准法》（Fair Labor Standards Act）涉及工资、工时和童工等内容，执行机构为联邦劳工部所属的工资工时处；《民权法》（Civil Rights Act）、《同工同酬法》（Equal Pay Act）、《年龄歧视法》（Age Discrimination Act）、《残疾人法案》（Americans with Disabilities Act）涉及反就业歧视问题，执行机构为平等就业机会委员会；《国家劳资关系法》（National Labor Relations Act）涉及雇员组织工会和集体谈判等内容，执行机构为国家劳动关系委员会；《职业安全和健康法》（Occupational Safety and Health Act）涉及职业安全卫生问题，执行机构为联邦职业安全和健康管理署。另外，美国联邦政府还设立了调解和解委员会，以调解和解方式处理劳动争议。

美国的劳工法律体系相对完善，在执法过程中，切实地保护了劳资双方的合法权利。一方面，《劳工法》从受雇人群处于弱势地位的角度，对其安全、薪资和福利等问题作了充分的考虑。例如，美国法律明确规定，所有的雇人单位和个人，不得因工作人员的种族、宗教、年龄和性别而对其歧视，所有岗位和报酬都应该根据雇员的能力来决定。员工有权针对工资和工作条件问题进行集体谈判。

只要一方同意为另一方工作，哪怕是口头协议，也受到该法保护。另一方面，美国的雇主也会受到相应法律的保护。法律规定，雇主有权招聘和解聘自己的职员，只要理由正当，政府执法部门不得随意干预。对于经济性裁员等较大规模的解雇行为，只要雇主提前向劳工部申报即可，不受雇员诉讼和国家制裁。美国工商业界普遍认为，雇主和主管部门掌握解雇自由是企业具有经济活力、竞争力和安全环境的保证。

美国政府为小企业提供了一些优惠政策，以帮助其吸引和留住优秀的员工。例如，美国政府允许小企业结成健康保险联盟，使其能够像大公司一样向雇员提供医疗保障。对雇员人数及利润额少于规定数量的中小企业，政府则降低了其适用的所得税税率。这些政策降低了小企业的劳动力成本，提高了其盈利水平和生存能力，从而能够有效保证员工的福利。

根据美国《移民和国籍法》（Immigration and Nationality Act）的规定，美国政府根据外籍员工是否申请在美国永久工作相应制定了两套准入制度，分别核发永久工作许可和短期工作许可。其中，永久工作许可由美国公民及移民服务局负责受理相关申请，一旦获批，申请者将获得在美国永久居留权和移民签证。此类申请主要面向在特定领域表现极为杰出的新闻工作者、运动员、教授、科研专家、外国公司高管、高学历专才、赴美国投资者等。对于短期工作许可的申请，美国劳工部及其派驻各州机构负责审核雇主雇用非移民类临时性外籍劳务人员的申请条件；美国移民局决定是否批准雇用外籍劳务；美国驻外使领馆对拟赴美国从事劳务的外国公民进行面试，决定是否发放相应类别签证；美国国土安全部海关与边境保护局核准外籍劳务入境申请，定期发布“非移民入境统计报告”。

5.2.2 美国关于土地转让的法律法规

美国实行多元化的土地所有制，私人所有的土地占58%，主要分布在东部；联邦政府所有的土地占32%，主要分布在西部；州及地方政府所有的土地占10%。土地以私有制为主，国有土地只占其中的一小部分。在联邦政府拥有的308.4万平方公里的土地中，国家土地管理局控制其中的60%，国家森林局控制24%，国防部、垦荒局、国家公园局等部门控制16%。

根据美国法律，美国土地占有权分为地下权（包括地下资源开采权）、地面权和地上空间权（包括建设物的容积率以及在容积率范围内空间设定的通过权），这三部分权益可以分别转让。按照法律规定，国土资源包括土地、矿产、水、森林和海洋等资源，所有权属于联邦政府、州政府和私人所有。联邦政府主要负责管理联邦政府所有的土地及其上的矿产、森林、水、海岸线3英里以外的海洋资源等；州政府主要负责管理州政府所有的土地及其上的矿产、水和森林等，沿海各州还管理3英里以内的海洋资源；私人土地则由土地所有者自主经营管理。从本质上来说，美国国土资源是按照所有权进行分权独立管理的。

美国法律保护私有土地所有权不受侵犯，各种所有制形式之间的土地可以自由买卖和出租，价格由市场供求关系决定。联邦政府所有土地主要包括联邦政府机关及派驻各州、县、市机构的土地和军事用地等。州、县、市政府也各自拥有自己的土地。联邦、州、县、市在土地的所有权、使用权和收益权上各自独立，不存在任意占用或平调，确实需要时要依法通过买卖、租赁等有偿方式取得。

依照美国法律，美国联邦政府土地管理局所持有的土地不出售给外国企业或外国人。美国半数以上州的土地法都不同程度地限制外国人拥有美国政府和农业土地。但是外国人可以购买美国私人拥有的土地，而且手续比较简单。凡是被美国法律承认的私地，在州政府都有详尽记录。在买卖双方自愿签订协议后，只需向政府缴足税金，进行注册登记即可。土地税作为财产税的一部分，也是美国地方政府财政收入的一个来源。在不动产方面，美国政府限制外国人对联邦不动产有直接所有权，但许多州对外国人购买不动产多没有限制或要求履行报告的制度。

5.2.3 美国关于证券交易的法律法规

券商是以营利为目的的法人或自然人，是证券市场的主要参加者，以从事证券经营业务、经济业务或证券承销业务为自己的特殊经营领域。证券商的法律形态是以法律形式确定的证券从业者的产权状态、组织结构形式及所承担的风险责任。如果证券商是自然人，则该自然人拥有其从事证券业务的财产所有权，并以其个人所有的全部财产承担责任；如果证券商是合伙形式，证券商的财产归合伙各方共有，一起对外承担责任，同时合伙各方对外承担无限连带责任；如果证券商为有限责任公司或股份有限公司，则以法人财产对外承担有限责任，股东仅以出资为限承担责任。美国券商的法律形态比较全面，包含自然人、合伙、公司等所有形式。

美国对证券市场管理的法规主要有《1933年证券法》、《1934年证券交易法》、《1940年投资公司法》等。在管理体制上，美国证券交易委员会是全国统一管理证券经营活动的最高管理机构，联邦交易所和全国证券交易协会则分别对证券交易所和场外证券业进行管理。

美国对券商准入采取注册制，只要申请者符合法定的设立条件，监管机构就允许其注册为证券商，即可经营证券业务。美国《1934年证券交易法》规定，任何经纪商或自营商就任何证券进行交易，或诱使，或试图诱使买卖，除非该经纪商或自营商依法注册，否则皆为非法。

美国对外资券商的准入要求与对国内券商的要求基本一致，只是对符合某些条件的外资券商给予免去注册的优惠。美国对券商市场准入的注册要求主要体现在以下三个方面：

第一，对净资本额的要求。美国证券交易委员会要求券商在任何时候都要保持足够的流动资产，以便在经营出现问题时满足客户的清偿需要。券商必须根据他们经营证券品种的不同，按议定比例来保持一个最低的净资本水平。例如，有客户开立账户的券商所需保持的净资产水平以 25 万美元和总借记额 2% 中的较大值为准，而无客户开立账户的券商的净资本水平要求就低得多。

第二，对从业人员资格的要求。美国对券商的从业人员有一系列的资格约束条件，包括必须通过 SRO 证券资格考试等。很多证券从业人员都参加更加综合的“Series 7”考试，如果从业人员涉及特定种类的证券如市政债券、期权交易等，还需要参加专门针对这些领域的考试。证券公司内部的不同人员都必须通过一定的资格考试，不管是内部管理人员还是负责专门接收客户交易指令的助理交易员，在上岗之前都必须参加专门的考试，而且这些专门的考试都以通过“Series 7”考试为前提。

第三，对券商风险防范能力和客户利益保障措施的要求。美国证券交易委员会要求券商建立防范风险的内控制度，采取措施保护客户的资金安全并妥善管理客户托管给券商的各种证券。美国证券交易委员会对券商还有其他一些要求，如保存全面准确的台账和交易记录、对客户的私人金融信息保密、接受监管机构的检查、积极参与反洗钱等。

券商在申请注册时必须按照美国证券交易委员会的要求提供全面、真实和准确的信息。如果美国证券交易委员会发现申请者有下列三种情况，可以拒绝注册：第一，申请者所递交的申请资料不完整；第二，申请者不具备从事证券业务的道德和精神水准，其判断标准是先前有无证券犯罪，被发禁止令、吊销资格，申请者有无从事非诚信证券交易活动；第三，申请者不具备从业资格，包括申请者的职业培训、经验、证券交易知识等。

外资券商在正式开展业务前必须完成以下注册和审批程序：

第一，外资券商须注册成为一个或多个自律性组织（Self-Regulatory Organizations，SRO）的会员。全国证券交易商协会（National Association of Securities Dealers，NASD）和注册的全国证券交易所（Registered National Securities Exchange）都属于 SRO 组织，这些组织负责协助美国证券交易委员会监管券商的活动。如果券商将其活动局限于某个全国性的证券交易所中，就必须注册成为该交易所的会员。如果券商的交易活动并不仅仅局限于某一个固定的全国性交易所，那么券商就必须注册成为 NASD 的成员。一个既从事场内交易也从事场外交易的券商可能需要同时注册成为多个交易所和 NASD 的会员。另外，从事市政证券交易的券商还必须遵守市政证券规则制定理事会（Municipal Securities Rulemaking Board，MSRB）的规定。MSRB 也是一种自律性组织，负责监管市政证券的交易并制定相应规章，但与其他的自律性组织不同的是，MSRB 并不审查券商的活动是否符合其规章的规定，而将这种一致性的审查交由 NASD、美国证券交易委员会以及联邦银行监管机构来执行。

第二，外资券商须注册成为证券投资人保护协会（Securities Investor Protection Corporation，SIPC）的会员。每一个注册的券商还必须成为 SIPC 的会员，并向 SIPC 缴纳年费。SIPC 保证其会员客户在破产清算时能收回他们的资金和证券，对每个会员客户保险的上限是 50 万美元，对现金的清偿上限只有 10 万美元。如果券商的主营业务在美国境外进行，或其业务不包括承销投资公司股票、经营各种养老金或保险，那么该券商就不需注册成为 SIPC 会员。

第三，外资券商须满足州政府证券监管机构的其他要求。除了向美国证券交易委员会注册，券商可能还要向州证券监管机构注册，不同州对券商注册的要求不同。

第四，外资券商从业人员已经通过相关的资格认证考试，满足美国证券交易委员会规定的资格要求。

第五，外资券商须向美国证券交易委员会提交注册申请，等待美国证券交易委员会对其注册申请的最终审批。美国证券交易委员会对注册不收取费用，但是自律协会和州政府可能会对注册收取费用。

5.2.4 美国关于环境保护的法律法规

美国环境保护署（Environmental Protection Agency，EPA）是美国环境保护的主管部门。该署成立于 1970 年 7 月，总部位于华盛顿，其任务是为人类提供更加清洁和健康的自然环境，制定战略计划、年度报告和政策方针。美国环境保护署署长由总统任命，雇有 1.7 万余名职员，分布在全国各地，包括华盛顿总局、10 个区域分局和超过 12 所实验室。所有职员都受过高等教育和技术培训，半数以上是工程师、科学家和政策分析员，还有部分职员是律师、公共事务、财务、信息管理和计算机方面的专家。

美国环境保护署的主要职责包括：建立健全环境保护基本制度；负责重大环境问题的统筹协调和监督管理；落实国家减排目标；提出环境保护领域固定资产

投资规模和方向、国家财政性资金安排的意见，按规定权限审批、核准国家规划内和年度计划规模内固定资产投资项目，并配合有关部门做好组织实施和监督工作；从源头上预防、控制环境污染和环境破坏；负责环境污染防治的监督管理；指导、协调、监督生态保护工作；负责核安全和辐射安全的监督管理；负责环境监测和信息发布；开展环境保护科技工作；开展环境保护国际合作交流；组织、指导和协调环境保护宣传教育工作。

除美国环境保护署外，联邦政府的某些行政机构也可通过行使其职权参与环境管理。这些机构包括：内政部及其所属机构，如土地管理局、美国渔业和野生动物局、国家公园管理局；农业部及其所属林业局；劳工部职业安全与健康局和矿业安全与健康局；商务部及其所属国家海洋与大气局。

美国农业部主要通过林地促进计划的实施，加强林地和相关资源的建立、恢复、管理和保护，其内容涉及促进林地健康发展、提高林产品质量、改善栖息环境、促进较差林地恢复、保证新种树苗成活、满足未来木材需求、改善环境等。

《濒危物种法》是关于濒危和危险动植物及其栖息地保护的法规，美国内政部渔业及野生动物局负责制定野生动植物的最新名单（参见表 5-1）。截至 2013 年 4 月 23 日，该名单共有 1 117 个濒危品种（667 个植物品种）、320 个危险品种（149 个植物品种），包括哺乳动物、两栖动物、鸟类、昆虫、鱼类等。

《清洁大气法》规定了气体排放标准，并授权环保署制定了全国空气质量环境标准（National Ambient Air Quality Standards，NAAQS），主要规定了 6 种有害物质的环保防治标准，包括一氧化碳、臭氧层、铅、氮氧化物、硫化物、颗粒物等，试图通过限定危险空气污染物的排放来保护公共健康和公共福利。此外，该法还要求各州也制定相应的保护法案和规定。

《清洁水法》规定了向水体排放污染物和水体质量标准的基本框架。其核心内容定于 1948 年，原名为“联邦水体污染控制法”。在此法的基本框架下，环保署执行了行业废水标准等计划，制定了地表水污染物的质量标准。《安全饮用水法》（Safe Drinking Water Act，SDWA）授权环保署从联邦层面制定了饮用水的标准，并监督各州和地方政府制定相应标准。另外，在天然气开采方面，环保署负责监督液压开采（Hydraulic Fracturing）的环境保护。内政部的地表采矿恢复与执法办公室（Department of Interior’s Office of Surface Mining Reclamation and Enforcement）负责监督地表采矿中的排污和水资源保护问题。

各级地方政府和联邦政府建立了一套比较完善的污染事件紧急反应机制。当有害物泄露这类事件发生时，第一线的反应部门是当地的警察和消防部门，同时还有当地的紧急反应部门。联邦政府的国家反应中心是一个全天 24 小时运转的全国通信中心。该中心由美国海岸警卫队和海洋科技人员组成。接到报告后，中心会根据事件发生的地点向美国国家环保局或海岸警卫队的协调员发出通知。一般情况下，国家环保局协调员负责发生在内陆和内陆河流的污染事件，而海岸警卫队协调员负责海岸线和大湖区域的污染事件。协调员在处理紧急污染事件时所做出的反应主要包括事件的评估、监测、援助行动、工作评价等。

表 5-1　　美国主要的环保法规和行政命令

中文名称	英文名称
《原子能法》	Atomic Energy Act（AEA）
《化学品安全信息、选址安全与燃料管理救济法》	Chemical Safety Information, Site Security and Fuels Regulatory Relief Act
《清洁大气法》	Clean Air Act（CAA）
《清洁水法》（原名《1972 年联邦水污染控制法修正案》）	Clean Water Act（CWA, Original Title: Federal Water Pollution Control Amendments of 1972）
《综合环境反应、补偿与责任法》（《超级基金法》）	Comprehensive Environmental Response, Compensation and Liability Act（CERCLA or Superfund）
《紧急规划与社区知情权法》	Emergency Planning and Community Right-to-Know Act（EPCRA）
《濒危物种法》	Endangered Species Act（ESA）
《能源独立与安全法》	Energy Independence and Security Act（EISA）
《能源政策法》	Energy Policy Act
第 12898 号行政令：《解决少数族裔与低收入人群环境公平问题》	EO 12898: Federal Actions to Address Environmental Justice in Minority Populations and Low-Income Populations
第 13045 号行政令：《保护儿童免受环境健康与安全威胁》	EO 13045: Protection of Children From Environmental Health Risks and Safety Risks
第 13211 号行政令：《关于显著影响能源供给、分配与使用的行政管理》	EO13211: Actions Concerning Regulations That Significantly Affect Energy Supply, Distribution, or Use
《联邦食品、药品和化妆品法》	Federal Food, Drug, and Cosmetic Act（FFDCA）
《联邦杀虫剂、杀菌剂和灭鼠剂法》	Federal Insecticide, Fungicide, and Rodenticide Act（FIFRA）

续表

中文名称	英文名称
《联邦水污染控制法修正案》(参见《清洁水法》)	Federal Water Pollution Control Amendments (See Clean Water Act)
《食品质量保护法》(参见《联邦食品、药品和化妆品法》和《联邦杀虫剂、杀菌剂和灭鼠剂法》)	Food Quality Protection Act (FQPA, See FFDCA and FIFRA)
《海洋保护、研究和保护区法》(《海洋倾倒法》)	Marine Protection, Research, and Sanctuaries Act (MPRSA or Ocean Dumping Act)
《国家环境政策法》	National Environmental Policy Act (NEPA)
《国家技术转让与促进法》	National Technology Transfer and Advancement Act (NTTAA)
《噪声控制法》	Noise Control Act
《核废弃物管理法》	Nuclear Waste Policy Act (NWPA)
《职业安全与健康法》	Occupational Safety and Health (OSHA)
《海洋倾倒法》(参见《海洋保护、研究和保护区法》)	Ocean Dumping Act (See Marine Protection, Research, and Sanctuaries Act)
《石油污染法》	Oil Pollution Act (OPA)
《强化杀虫剂注册法》(参见《联邦杀虫剂、杀菌剂和灭鼠剂法》)	Pesticide Registration Improvement Act (PRIA, See FIFRA)
《污染防治法》	Pollution Prevention Act (PPA)
《资源保护与恢复法》	Resource Conservation and Recovery Act (RCRA)
《安全饮用水法》	Safe Drinking Water Act (SDWA)
《堤岸保护法》	Shore Protection Act (SPA)
《超级基金法》(参见《综合环境反应、补偿与责任法》)	Superfund (See Comprehensive Environmental Response, Compensation, and Liability Act)
《超级基金法修正案》(参见《综合环境反应、补偿与责任法》)	Superfund Amendments and Reauthorization Act (SARA, See Comprehensive Environmental Response, Compensation, and Liability Act)
《有毒物质控制法》	Toxic Substances Control Act (TSCA)

资料来源：http：//www2. epa. gov/laws-regulations/laws-and-executive-orders#influence.

公民诉讼制度是美国环境保护法的一大特色，在美国已经实践了30余年。该制度建立在“环境公共财产”、“公共信托”、“环境权”等理论基础之上，在性质上属于环境公益诉讼。公民诉讼突破了传统的诉讼观念，以保护环境公益为诉讼要件，其目的也不只是为了对个案的救济，而是督促政府或受管制者积极采取保护环境公益的法定作为，判决效力亦不局限于诉讼当事人。从实际效果来看，该制度有效地调动了公众参与环境保护的热情，提高了防治环境污染的成效，同时也促进了环保行政机关执法效率的提高（参见专栏5-1）。

专栏5-1

美国的环境公益诉讼

环境公益诉讼制度亦被称为公民诉讼，是美国环境法律的一项基本制度。这项制度赋予公民对违法排污者的排污行为以及未履行法定义务的联邦、州与地方环保局提起诉讼的权利，使公民可以借助法院对违法排污者以及环境监管者实行有效的监督，以达到控制污染、加强执法、改善环境的目的。该制度的精髓在于其“公益性”，即普通民众为了保护环境和促进环境法律的实施，可以针对与自身无实质利益关联的环境违法行为提起诉讼。

具体而言，美国环境公民诉讼制度主要涉及以下内容：

第一，环境公民诉讼的原告资格。

1970年《清洁大气法》最先纳入公民诉讼条款时，法律条文中仅规定“任何人有权代表自己对任何人（包括美国政府及其政府机构）提起民事诉讼”，对原告与诉讼标的之间的利益关联并未做出任何规定。但两年后，《清洁水法》修正案中的公民诉讼条款对提起环境公民诉讼的公民资格做出了限制性规定，将“公民”定义为其利益被影响或可能被影响者。换句话说，只有“其利益被影响或有被影响的可能”的公民，才有资格向法院提起诉讼。

美国国会之所以会做出这种限制性规定，是因为在1972年《清洁水法》修正案完成立法程序的前6个月，最高法院做出了著名的赛拉俱乐部诉莫顿案的判决。在此案中，最高法院判决原告需因被告的行为而受到“实际损害”才有资格提起诉讼。所谓“实际损害”并不局限于经济上的损害，环境舒适等非经济上的损害也包括在内。但是，环保团体仅仅基于其对环境事务的关心，并不能主张其对环境免受破坏具有利益关系从而获得原告资格。

经过之后一系列有关环境公民诉讼案件的判决，最高法院逐渐确立了判定原告是否适格的“三步法则”，即原告适格必须满足实际损害、因果关系和可补偿性3个条件。首先，原告应当受到具体的、特别的、区别于一般民众的“实际损害”。其次，这种损害必须可以“合理地归因于”被告的行为，即原告所主张的违法行为和所受损害之间必须存在一定的因果关系。最后，这一损害可以为法院的有利判决所救济。

在确立和适用上述“三步法则”的过程中，法院对“实际损害”的类型采取了宽容态度，明确承认对审美利益的损害等非传统类型的损害亦可作为诉讼救济的对象。但原告在证明实际损害时，必须证明其与被损害的环境或自然资源之间有着“合理的关联”，并要求这种关联是具体的而非抽象的。原告要想证明这种关联性，常常需要证明其团体的成员居住在环境受损害的地区附近或在该地区进行娱乐或科研活动，仅仅主张抽象的环境理念并不能构成原告适格。

第二，环境公民诉讼的起诉事由。

依据美国《清洁水法》第505条的有关规定，公民诉讼的起诉事由可分为两大类：一是以违反污染物排放标准或限制的包括个人、企业、美国政府或其他各级政府机关在内的污染源为被告，主张其违反法定或主管机关核定的污染防治义务；二是以联邦环保局局长为被告，主张其怠于执行法定的非裁量性义务。

以污染源为被告的环境公民诉讼，由于不涉及行政机关职权行为问题，法院对其限制比较少，只要国会通过立法赋予公民原告资格，公民就可以起诉。以联邦环保局局长为被告的诉讼，由于涉及行政机关职权的行使，法院对之持谨慎态度。公民原告要提起这类诉讼，除须满足上文所述的原告资格的要求外，还应保证其所诉行为具有“可诉性”。根据上述《清洁水法》第505条（a），具有可诉性的行为是环保局局长怠于执行“本法所赋予的非裁量性职责”。以“非裁量性”作为是否具有可诉性的标准，是维护行政主管机关行政权和提高行政效率必不可少的条件。

同时，立法者在多处明确规定行政主管机关依法公布各种污染物排放情况或者具体履行某一行为的期限，以促进行政主管机关积极履行职责。公民诉讼也可以依此要求法院判令行政主管机关依法定期限采取行动。环保局局长若不依照法院判决行事，则有可能构成藐视法庭，甚至因此坐牢。在法律无具体期限规定的情况下，法庭也常通过法律解释的途径，判令环保局局长积极履行职责。

第三，起诉的条件和程序。

美国环境公民诉讼制度对环境污染防治有着积极的作用。但过多的公民诉讼将会使法院负担过重，使行政主管机关在应诉上花费过多时间和金钱，以至影响行政行为的效率，同时，也会大大地增加法院的负担。而且公民诉讼如果适用过多过滥，也会适得其反，不能达到应有的效果。因此，美国联邦法律对于环境公民诉讼设立了必要的起诉条件和程序规定，以有效确保政府机构在执法上发挥主导作用，同时防止公民个人为了不正当的个人利益而滥用执法权力，具体内容如下：

（1）私人原告必须在起诉前将书面的“起诉意愿通知”送交被主张的违法者以及联邦政府和州政府的环境保护主管部门，在该“起诉意愿通知”送交之日起满60日，起诉人方可向法院提起诉讼。联邦政府和州政府的环境保护主管部门可以选择是否由自己对环境违法者提起民事诉讼，同时也使当事方在诉讼前有机会进行谈判，并允许被告作出纠正违法行为的努力，从而无需提起公民诉讼，减少法院讼累。法院也可以拒绝受理违法者已在60日期限内纠正其违法行为的环境公民诉讼。

（2）如果联邦政府或州政府已经对污染者进行了起诉，并且正在“勤勉执行”，那么私人原告一般不能再提起环境公民诉讼。不过，当政府的执法行为仍在进行中的时候，私人原告可以介入。

（3）有些法案规定，环境公民诉讼的司法和解必须事先通知联邦政府。如修改后的《清洁水法》规定，环境公民诉讼的私人原告应当将向法院递交的起诉书的复印件分别送交一份给检察长和环保局局长；私人原告与被告之间达成的协议，如果美国政府不是其中一方，则只有在检察长和环保局局长收到该协议的复印件之后45日，该协议方可生效。

（4）私人原告通常不能获得补偿性赔偿金，民事处罚的罚金必须上交联邦政府国库。据美国司法部统计，在2008—2010年的227起环境公民诉讼中，其中153起案件双方达成和解，司法部已经收到了和解协议，并提出了自己的建议；22起案件有可能和解，但司法部还没有收到正式的和解协议；两起案件原告胜诉，16起案件被告胜诉；还有30起案件仍在审理中。

第四，环境公民诉讼的救济手段。

（1）颁发禁止令。联邦法律中所有公民诉讼条款均授权法院发布禁止令，以停止污染行为或要求行政主管机关采取具体措施以贯彻法令要求。

（2）采取补救措施。对于一些没有必要颁布禁止令的情况，最高法院认为可以采取相应的补救措施。比如，可以通过颁发许可证来实施国家保护环境政策的，则要求采取补救措施。

（3）罚金。公民诉讼原以禁令为主要救济手段，在早期的《清洁大气法》中的公民诉讼条款中并没有科以罚金的明文规定，但随后颁布的《资源保护与恢复法》、《清洁水法》在公民诉讼条款中明文授权法院课以罚金。

在1987年的《清洁水法》修正案通过以前，法院是按日课以最高至1万美元额度的罚金，1987 年的《清洁水法》修正案则将最高额度调至 2.5 万美元，大大增加了公民诉讼的威慑力。之后在《清洁大气法》修正时，也加入了允许法院在公民诉讼中对被告课以罚金的规定。同时，为保证公民诉讼的公益性，所有这些法律都规定，法院所课以的罚金均归属国库，而非判归原告。

第五，环境公民诉讼的费用。

环境公民诉讼是一种公益性质的诉讼，起诉人提起诉讼的目的是维护公益，而非获取利益。但是，提起这类诉讼会给起诉人带来诸多费用，如前期调查、因果关系证明都涉及高新科技知识和方法的综合运用，其所需费用往往数目巨大，加上诉讼费用和律师费数额也较庞大，非经济能力较弱的公民原告所能承受。根据美国最高法院判发律师费用的有关规定，即使是胜诉的一方原则上也不得向败诉的一方请求律师费用。法院只在极特殊的情形下，如当事人一方故意违背法院命令，或当事人一方滥用诉讼程序，才判罚律师费用于胜诉的当事人。

为了鼓励环境公益诉讼，国会在许多公民诉讼条款中都授权法院在“其认为适当时”判罚律师费用于当事人。国会以“法院认为适当”作为判罚律师费的标准，赋予了法院极大的自由裁量权。国会在《有毒物质控制法》、《濒危物种法》等 16 项环境保护法律中都授权法院“在其认为适当时”向当事人判罚律师费用。这种“认为适当时”标准对以私人污染者为对象和以政府部门为对象的诉讼都适用。

除律师费用之外，法院还可以酌定专家鉴定费。1986 年通过的《超级基金修正与再授权法》明文规定最高可提供公民团体 5 万美元的技术支援补助款，用于支付其参与评估污染场所遭受潜在危害的花费。

实际上，由于违法排污行为的常发性、随机性和难以监督性，政府其实不可能拥有足够的执法资源以监督到每一个污染源，执法成本也较高，而居住在污染源附近的公民常常是监督违法排污行为最经济、最有效的监控者。而美国环境公民诉讼制度赋予公民或者环保团体对违反法定义务的污染者或怠于执法的环境保护行政机关提起公益诉讼的权力，使之成为环境法律的特殊执法主体，有效地推动了有关环境法律的实施，同时提高了环境监管的效率。

资料来源：http：//www. envir. gov. cn/info/2013/7/74158. htm.

美国是世界上最早建立环境评估制度的国家，根据国际影响评估协会（International Association for Impact Assessment，IAIA）的定义，环保评估是指“在主要决策做出前就项目对环境所可能产生的生物、物理、社会及其他相关方面的影响进行认定、预测、评估，并提出减少环境影响的措施”。

美国的环境评估制度非常重视公众参与。依据《国家环境政策法》的规定，联邦政府在对所有机构的立法建议及其他重大联邦行动建议做出决策前，必须要进行环境影响评价，编制环境影响评价报告书，并征求公众意见，进行公众评议，将之纳入编制环境影响评价报告的必经程序和内容。联邦主管部门在编制详尽的环境影响评价报告之前，应同其他享有法定职权或专门知识的联邦机构进行磋商，征求其意见。此外，联邦主管部门应当将评价报告说明和相关评价、意见书等一并提交总统和环境质量委员会，并依照美国法典第5篇的规定向公众公布。

美国大部分州、市都制定了较联邦法更为严格的环境质量法，规定州或地方政府拟定的项目以及需要州或地方政府核准的私人项目都要进行环境影响评价。实施这一政策的宗旨是：告知决策者及民众有关计划项目对环境的影响；检验替代方案并制定减轻环境影响的措施；给其他政府单位及民众提供发表意见的机会，一般公开的时间为45~90天；如出现对环境产生较大影响的情况，决策者可在综合考虑平衡环保、经济、社会、安全、健康等目标后做出最终决定。

5.2.5 美国关于反对商业贿赂的法律法规

美国关于反对商业贿赂的法律法规主要体现在各州的单独立法上，在联邦层面则主要通过《反海外腐败法》（Foreign Corrupt Practices Act，FCPA）加以规制。该法于1977年制定，并分别于1988年、1994年、1998年进行了修改，其立法初衷在于遏制美国公司向外国官员的行贿行为，创造公平的竞争环境。

《反海外腐败法》的适用主体包括以下三种：第一，证券发行人及其管理人员、董事、职员、代理人或股东。此处的证券发行人指其证券依据美国《证券交易法》进行登记并在美国全国性证券交易所进行交易的公司。第二，美国国内相关方及其管理人员、董事、职员、代理人或股东。此处的国内相关方指作为美国公民的个人或公司、合伙人、团体、股份公司、商业信托、非法人组织、个人独资企业等，其主要经营地点位于美国，或根据美国某个州、属地的法律而设立。第三，除前两者以外的在美国境内通过代理或亲自实施贿赂外国官员行为的外国个人或实体。

该法禁止以上三种法律主体向外国官员提供、支付、承诺支付或授权支付任何金钱、有价值的物项与利益。其中，有价值的物项与利益包括礼品、旅行、餐饮娱乐、折扣、工作机会和其他有价值的财物。受贿主体包括外国政府或其任何部门、机构、公共国际组织的任何官员和职员以及在其职责范围内为外国政府或其任何部门、机构、公共国际组织工作的人。该法对于政府机构的定义十分宽泛，包括国家拥有控制权的实体、外国政党的官员和竞选中的候选人以及第三方或中介。

判断一项行为是否违反《反海外腐败法》的依据主要包括以下三项：第一，具有贿赂性质。所谓贿赂性质，是指以提供、支付、承诺或馈赠的方式，意图诱使接受者滥用其公权力。第二，主观上具有贿赂意图。该法并不要求贿赂实际发生，也不要求贿赂目的实现，即使连受贿者都未确定，只要存在“蓄意”贿赂，即可判定违法。第三，具有商业目的。这是判断某行为是否适用该法的重要依据。所谓商业目的，不仅包括获得或维持合同，还包括获取业务优势，如利用贿赂取得优惠税收待遇，在进入市场时利用政府行为排除竞争者，避开许可资质要求等。

该法规定，被诉主体可提出两项抗辩事由，一是该项支付依据该国成文法属于合法行为，二是该项支付是合理正当的，直接关系到产品或服务的促销、展示，或属于合同执行或实施的一部分，抗辩的举证责任均由被诉主体承担。

一般而言，当一个公司的董事、管理人员、职员或代理人在职责范围内行事，为公司利益而违反了《反海外腐败法》，应由公司作为被告承担法律责任。若母公司参与了违法活动，或母公司对子公司的违法行为充分了解或有所参与，则应由母公司承担责任。在发生并购时，被并购方的违法行为由并购方承担。若并购方在尽职调查过程中发现被并购公司存在违法行为，及时自愿地披露了相关情况，并积极配合美国证交所和司法部开展调查、予以纠正、实施补救，则证交所和司法部一般只追究被并购方的责任，而不追究并购方的责任。如并购方在并购完成后仍继续违法行为，则应由并购方承担相应的法律责任。

《反海外腐败法》的法律责任分为民事责任与刑事责任两种。在民事责任方面，违反的公司、组织和个人可被处以最高 1 万美元的罚款。在个人承担责任的情况下，公司、雇主不得为其代缴。在刑事责任方面，公司、组织可被处以最高 200 万美元的罚款，个人可被处以最高 10 万美元的罚款或 5 年以下监禁。

在法律执行方面，美国证券交易委员会拥有对证券发行人及其管理人员、董事、职员、代理人、股东违反反贿赂条款的民事执法权。司法部拥有对本国实体、外国公司、个人的反贿赂民事执法权和刑事执法权。两部门有权决定是否启动反贿赂调查，处以何种处罚，是否提起诉讼，是否进入交易程序等。

值得注意的是，美国《反海外腐败法》对于在美国证券交易所上市的中国企业，如中海油、ASAT 控股、中国电信、中国人寿等同样适用。近年来，许多中国企业通过境外上市载体（如开曼群岛公司或英属维京群岛公司）或反向兼并的方式在美国上市，从而使“发行人”成为一家美国公司。因此，这些公司将受到《反海外腐败法》反贿赂条款项下全球管辖权的约束（参见专栏5-2）。

专栏5-2

美国《反海外腐败法》的管辖范围

绿诺公司（以下简称“绿诺”）成立于2003年，是国内一流的环保设备制造企业。2007年10月，绿诺完成融资和反向收购，在美国场外市场上市交易。2009年7月，绿诺成功转板纳斯达克市场。2010年11月，美国浑水公司（Muddy Waters）发布报告称，绿诺在其美国上市申请文件中严重夸大了其收益，而且其管理层将公司资金用于个人目的。2010年12月，绿诺被纳斯达克市场摘牌。此前，绿诺曾在公告文件中披露了其接受《海外反腐败法》调查的事宜。

《海外反腐败法》包括两部分规则，即反贿赂条款和会计条款。其中，违反反贿赂条款指相关人士或实体为获取和保留业务，在该条款的管辖权范围内，以贿赂的方式向外国官员提供、给付、承诺给付或允许给付任何有价值的物项与利益。会计条款适用于其股票在美国证券交易所注册的“发行人”。根据规定，发行人必须“编制并留存账簿、记录账目，并以合理的细节准确和公允地反映发行人资产的交易和处置情况”，“制定并维持”一个完整的内部会计控制体系。此外，发行人还应对其控股子公司和关联公司遵守会计条款负责。

虽然目前尚不清楚美国证券交易委员会提出的质询是否与《海外反腐败法》的“账簿与记录”和“内部控制”条款或“反贿赂”条款有关，但该事件充分说明了《海外反腐败法》管辖权条款的宽泛性和复杂性。

首先，像绿诺这样的发行人不仅需在其内部运营中遵守《海外反腐败法》的会计条款，还需确保其控股子公司（如绿诺的中国运营公司）也遵守规定。美国证券交易委员会可能会援引会计条款认定发行人应当对其外国子公司进行的不当给付及推广活动承担责任，指控此等款项未被准确、充分地入账（违反“账簿和记录”条款）或者发行人及其子公司缺乏合理的控制以便防止、发现或纠正贿赂行为（违反“内部控制”条款）。这些条款使证券交易委员会能够在反贿赂条款管辖权要求未明确满足的情况下，监管不涉及政府机关或国有企业人员的“商业贿赂”以及对外国政府官员的贿赂。

其次，像绿诺这样的发行人还受到《海外反腐败法》的反贿赂条款的约束。《海外反腐败法》的反贿赂条款包括若干个以美国与被告或贿赂行为之间的联系性质为依据的备选管辖权条款。

- 反贿赂规则适用于下列主体在全球的行为：（1）所有美国公民、永久居民或其他美国国民（无论雇主或所在地）；(2) 所有根据美国法律设立或组建的实体，无论贿赂行为是否与美国有任何关系。

- 反贿赂规则适用于所有其他美国股票发行人以及主营业务地在美国的所有其他实体（包括此类发行人或实体的任何管理人员、董事、雇员或代理，或者代表此类发行人或实体的股东）在全球的行为，只要上述主体为实施贿赂行为而利用美国信件、通信或商务工具。
- 反贿赂规则还适用于所有其他实体及个人（包括代表其行事的任何管理人员、董事、雇员、代理或股东），只要其在美国境内利用商务工具。

与会计条款不同，反贿赂条款未明确适用于发行人的非美国子公司。但在实践中，美国执法机构通过以下方式积极地对非美国子公司的行为执行《海外反腐败法》的反贿赂条款：认定非美国子公司的性质为母公司发行人的“代理”，或认定非美国子公司“在美国境内”采取了某些行动从而满足管辖权要求。尽管如此，美国执法机构还是必须证实非美国子公司的行为与美国的联系。

触犯《反海外腐败法》所受的处罚，可能相当于宣判一家公司死刑。公司可能被课以200万美元罚款，或者两倍于行贿所寻求利益的罚金。此外，公司高管、董事、股东、雇员及代理商都可能面对长达5年的监禁。而被控违反该法的公司只有两条可以辩护的理由：其一是，付给政府官员的钱符合当地法律，而这几乎是不可能的；其二是，这笔款项与推广产品或执行合同直接相关。

一家公司避免触犯《反海外腐败法》的唯一途径是拥有“有效的合规管理方案”。根据美国《量刑指南》，“有效的合规管理方案”涵盖以下6个方面：第一，公司必须有书面合规政策，明确禁止贿赂政府官员，并适用于所有雇员、合伙人及代理商；第二，书面政策要告知公司上下所有雇员；第三，合规事务必须有高层监督，防止腐败行为应该是高层管理者的首要任务之一；第四，合规管理方案必须包括对涉嫌违规行为进行监督、审计和报告的规定，并保护举报违规行为的人；第五，公司必须始终如一地执行合规标准，不管牵涉哪个国家，必须同等对待每一宗涉嫌违反公司反腐败政策的行为；第六，公司要对所有可能违反其反腐败政策的行为做出反应，反应方式应该包括对涉嫌违规的行为进行调查，然后根据调查结果处罚违规人员，将该事件上报美国主管机构。如果查出合规管理方案有弱点，还要对其进行修订。

资料来源：

[1] http：//www. omm. com/12-23-2010/.

[2] http：//www. ftchinese. com/story/001002129.

5.2.6 美国关于保护知识产权的法律法规

5.2.6.1 知识产权法律体系

知识产权是智力劳动者对其智力创造性劳动所取得的成果依法享有的一种权利，包括专利、商标、著作权等。美国是世界上较早实行知识产权制度的国家之一，美国联邦政府机构对知识产权的管理上也十分严格。

美国宪法第一条第 8 款明确规定，国会有权“保障著作家和发明人对各自著作和发明在一定期限内的专有权利，以促进科学和实用艺术之进步”。1790 年，美国颁布实施第一部专利法，并在之后对专利法进行了多次修订。

迄今，美国已经基本建立起一套完整的知识产权法律体系，相关法律包括专利法、商标法、版权法、反不正当竞争法等。为全面履行世界贸易组织在《与贸易有关的知识产权协定》（TRIPS）中规定的各项义务，美国政府于 1994 年 12 月 8 日制定了《乌拉圭回合协议法》，对知识产权法律进行了修改。

2011 年 9 月 16 日，美国颁布了《莱希-史密斯美国发明创造法》（Leahy-Smith America Invents Act）。该法由参议员帕特里克·莱希和众议员拉马尔·史密斯联合牵头制定，将专利制度从“先发明制”变成了“先申请制”，并修改了异议程序，从而大幅减少了申请费用，是美国政府近年来推动本国科技创新的重要举措。

5.2.6.2 知识产权管理体制

美国政府对知识产权的管理主要包括以下几个方面：国会负责制定和修改专利法及相关法令；联邦各级法院负责审理涉及专利的案件，而联邦巡回上诉法院作为上诉审理机构，其判决对于包括美国专利商标局在内的所有政府机构、公司及个人都具有法律效力；美国专利商标局主要承担专利的审查、公开等事务性工作。其他政府机构（如国防部、能源部、农业部、环保署、航空航天局、商务部、卫生部等）均拥有各自的专利管理部门，有权以各自机构名义从事专利的申请、维护和许可转让。

按功能划分，美国联邦知识产权管理机构包括两种类型：第一类是行政主管机关，如主管专利与商标业务的美国专利商标局、主管著作权业务的美国版权局。美国专利商标局下设两大部门，一是专利、商标审查登记部门，二是专利、商标文件部门。前者主管专利、商标的审查、登记工作，后者主管相关文件的分类、技术评估及预测等工作。美国版权局主管著作权业务，虽然著作权的取得并非以登记为条件，但实际上各部门的著作权都在著作权局登记。第二类知识产权管理机构是特别设立的与科技法律有关的机构。这些机构是美国国会出于研究科技政策、草拟科技立法、修正与知识产权有关的法案、收集最新的科技资讯等目的所设立的，包括国会研究服务署、会计署、科技评估办公室、国会预算办公室等。

美国对知识产权的管理涉及专利的申请、商标的注册及著作权的登记、技术的转移、知识产权权益的保护、信息的追踪等，不同性质和层次的内容由不同的机构负责。例如，美国专利商标局负责专利和商标的受理、审查、注册或授权，美国版权局负责著作权的登记和管理。联邦政府为协调知识产权资讯、促进技术转移，于 1992 年成立了国家技术转移中心（National Technology Transfer Center, NTTC），该中心负责提供与知识产权相关的管理培训，并建立资讯档案，把全美 700 多个实验室以及数千个研究开发成果资料纳入应用技术资讯系统，并通过全国 6 个区域性技术转移中心进行技术评估、市场调查及技术中介等工作，是美国政府支持的规模最大的知识产权管理服务机构。

美国商务部对国有专利负有推广职责，但专利的实施和推广主要由企业自主决定。目前，美国大约有 500 名专利代理人，他们活跃在美国各地，通过确认新技术并联络潜在的买卖双方促进了技术的转移。

美国建立了多层次的司法体系，为知识产权提供司法保护。在案件审理方面，版权、注册商标、专利、植物品种、集成电路布图设计等侵权案件的初审管辖法院为美国联邦地区法院。美国知识产权纠纷案件一般在州法院审理，州法院判决后，原被告双方如有不服可向联邦巡回上诉法院上诉。但专利纠纷一般在联邦巡回法院审理，上诉则在联邦高级法院上诉法院审理。联邦巡回上诉法院的建立，减少了审理前的司法管辖权冲突，使专利制度更加稳定。除上述案件外，联邦地区法院还管辖涉及上述权利的不正当竞争和滥用商业秘密的初审案件。各州法院则一般管辖州注册商标、按习惯法取得的商标侵权案、商业秘密的滥用和不正当竞争等案件。

在行政程序方面，美国国际贸易委员会对《1930 年美国关税法》第 337 节规定的案件（包括侵犯知识产权的进口商品的案件）拥有管辖权。此外，美国海关有权对准备进口到美国的假冒或盗版商品实行扣押。

在执法过程中，知识产权权利人可以获得制止侵权和保留证据的临时救济，还可获得制止进一步侵权的永久性禁令、赔偿及其他最终救济。对于严重侵犯版权和商标权的行为，美国还规定了刑事制裁措施。

自美国经济危机爆发以来，中美两国贸易摩擦升级，知识产权成为博弈重点。一方面，许多美国企业利用专利法律开展竞争，频繁针对中国企业进行 337

调查，甚至将诉由上升到国家安全问题。另一方面，美国加强了与保护商业秘密相关的立法，针对中国企业的商业秘密侵权和经济间谍案件逐年增多。

商业秘密指包括公式、模型、程序、设计、技术、制造方法等具有独立经济价值的信息，往往会为其拥有者带来明显的竞争优势。商业秘密的价值完全依靠其拥有者维持，不具备法律上的独占权。与专利诉讼相比，商业秘密诉讼可能涉及刑事调查、羁押措施和刑事惩罚，中国企业一旦牵扯其中，将面临更加严重的后果。

美国近年出台的关于商业秘密保护的法案以及尚待国会表决的提案主要包括以下5个：（1）《2012年美国保护商业秘密和创新法》，旨在为盗窃商业秘密案件提供联邦司法管辖权，于2012年7月17日提交司法委员会，目前尚在审议中；（2）《2012年海外经济间谍行为惩罚强化法》，旨在增加对海外经济间谍行为的处罚，于2013年1月14日经美国总统签署通过；（3）《2012年盗窃商业秘密构成犯罪的联邦法案》，修改了《经济间谍法》的部分条款，于2012年12月28日经美国总统签署通过；（4）《2013年盗窃商业秘密构成犯罪法案的私权法案》，法案规定任何因他人违反本法案规定而遭受损失的主体，均可提起民事诉讼，主张相应的赔偿、申请禁令或者获得同等程度的救济，于2013年6月20日提交司法委员会，目前尚在审议中；（5）《2013年网络经济间谍责任法案》，旨在打击参加网络知识产权间谍活动的美国人，于2013年6月6日提交司法委员会，目前尚在审议中。

不难看出，美国对商业秘密的保护力度日益增强。2012年，在商务部主办的第二届商务法律年会上，商务部条法司相关负责人指出，美国诉中国商业秘密侵权和经济间谍案件年增10%，商业秘密诉讼成为打击中国企业的又一重要手段[①]（参见专栏5-3）。

专栏5-3

天瑞案为美国知识产权保护铸造新武器

美国联邦巡回上诉法院裁决的天瑞集团、天瑞集团铸造有限公司（以下简称“天瑞”）与美国国际贸易委员会一案，代表着美国通过337调查的方式，对美国商业秘密拥有者给予保护的新动向。此案裁决赋予了美国商业秘密拥有者一件有力武器，即通过美国国内法去解决发生在美国境外的侵犯商业秘密行为。

① 赵爱玲．中美商业秘密“暗战”[J]．中国对外贸易，2013（1）．

此案的影响巨大，增大了中国企业（尤其是那些与美国竞争对手存在潜在商业秘密纠纷的企业）产品出口美国的知识产权风险。

Amsted 工业公司（以下简称“Amsted”）是一家总部位于美国的铸钢火车车轮制造商，拥有两项制造方法的商业秘密。该公司在美国业务中使用了其制造方法中的一项，另一项方法则已不再在美国使用，而是授权给中国大同爱碧玺铸造有限公司（以下简称“大同公司”）使用。天瑞 2005 年曾与 Amsted 协商，试图获得类似的许可，但未能成功。后来天瑞雇用了大同公司的 9 名员工，这些员工在大同公司工作期间接受过涉案商业秘密方法的培训，并被告知该方法为机密，且其中的 8 人签署了保密协议。天瑞在中国制造铸钢火车车轮，通过合资企业将其产品出口至美国。

因此，Amsted 向国际贸易委员会投诉，称涉案车轮的制造方法是在美国开发完成的，应受到美国国内商业秘密法的保护，故上述车轮的进口违反了美国 1930 年《关税法案》的第 337 条（以下简称“337 条款”）。天瑞以涉嫌侵犯商业秘密的行为发生在中国，且 337 条款不具有在境外适用的立法意图为由，提出终止 337 调查程序的动议。国际贸易委员会的行政法官驳回了这一动议，认为有充分的直接及间接证据证明天瑞通过窃取 Amsted 商业秘密的方式，获取了涉案车轮制造方法，裁定支持了 Amsted 的主张。国际贸易委员会对行政法官的裁决未进行复议，并颁发了有限排除令。

天瑞不服国际贸易委员会的裁决，向美国联邦巡回上诉法院提起诉讼。在诉讼中，天瑞并未质疑国际贸易委员会认定的如下事实：Amsted 所拥有的秘密信息被以违反保密义务的方式泄露给了天瑞，且这些信息被用于制造出口至美国的火车车轮。天瑞提出了两点诉讼主张，一是 337 条款不具有在境外适用的效力；二是因 Amsted 未在美国国内实施该案中诉争的商业秘密方法，故其没有满足 337 条款中的国内产业受损的要求。

联邦巡回上诉法院首先分析了本案涉及的新问题（即判决书中所称的“第一印象”的问题）：由国际贸易委员会发起的涉及商业秘密的 337 调查，应当适用联邦法律还是州法律？尽管国际贸易委员会行政法法官适用的是伊利诺伊州商业秘密法，联邦巡回上诉法院认为，某行为是否违反了 337 条款而构成进口中的“不公平的竞争方法”或“不公平行为”，是联邦法上的问题，故应适用统一的联邦法律标准而非依据某一州的侵权法来解决。在美国各州的商业秘密法差异较小，其法源通常为《反不正当竞争重述》及《统一商业秘密法》，且有关窃取商业秘密的联邦成文刑法对商业秘密定义的依据亦为《统一商业秘密法》，故本案不存在商业秘密实体法适用上的争议。

关于337条款是否具有境外适用的效力问题，联邦巡回上诉法院基于以下三点认可了该条款具有境外适用的效力：（1）337条款所明确针对的对象为将物品进口美国所存在的竞争中的不公平方法及不公平行为，其重点在于进口，而进口本身是一种国际性的交易，故可合理推定国会在立法时清楚该法也将适用于可能发生在境外的行为或者有此意图；（2）在本案中，国际贸易委员会并未适用337条款惩罚纯境外的行为，本案针对的境外不正当竞争行为局限于导致商品出口至美国并导致国内产业受损的行为；（3）337条款的立法历史支持了国际贸易委员会的对该法适用的解释，准许该委员会审理发生在国外的行为。

天瑞上诉的第2个理由为Amsted本身已停止在美国使用该项遭到窃取的制造方法，故被进口至美国的车轮不具备337条款要求所要求的破坏或者实质损害美国产业的威胁。对此，联邦巡回上诉法院认为，根据案件中所涉知识产权性质的不同，判断所谓国内产业的标准也不同。关于专利、版权及注册商标等法定知识产权，若有证据表明存在与受知识产权保护的物品有关的大量国内投资或就业岗位，则可证明国内产业存在；涉及与非法定知识产权有关的不公平竞争行为（如侵犯商业秘密）时，一方面需有证据表明国内产业确实存在，另一方面还要求此种不公平行为具有破坏或严重损害该国内产业的威胁。然而对于商业秘密等非法定知识产权，法律没有要求国内企业必须使用该商业秘密，也未明确要求国内产业与调查涉及的知识产权相关。双方提交的证据表明，天瑞车轮的进口与商业秘密拥有者在美国国内制造的车轮进行了直接的竞争。国际贸易委员会认为，此种竞争足以构成337条款所称的对产业的损害，对此联邦巡回上诉法院认可了国际贸易委员会的观点。

据此，联邦巡回上诉法院认为，国会授权国际贸易委员会确定产品可进口至美国的条件，而该委员会依据天瑞在美国的行为——将车轮进口至美国，认定该行为构成了对美国产业的损害，正确适用了337条条款，故维持该委员会的裁决。

美国联邦巡回上诉法院的裁决对此类案件具有重大影响。首先，此判决为国际贸易委员会适用337条款进行涉嫌侵犯商业秘密调查时，澄清了两个重要的法律问题：一是国际贸易委员会进行此类调查，所适用的应是反映在《反不正当竞争重述》、《统一商业秘密法》及国际贸易委员会判例法中的联邦商业秘密法。二是在证明因与非法定知识产权有关的不正当竞争存在破坏或严重损害国内产业的威胁时，商业秘密的拥有者无需证明其在美国国内使用此种商业秘密，即相关产业的界定不同于法定知识产权。

此案的裁决引起了很大的争议，尤其是337条款能否在美国境外适用的问题，在审理此案的法官中也存在分歧。根据长期确立的美国法律原则，“除非有相反意图表现出来，否则国会通过的立法只适用于美国管辖的地域之内”。基于上文提及的几点理由，审理此案的多数法官认为，337条款可以适用于在美国境外（结合本案即在中国）发生的行为。参与本案审理的摩尔法官则认为，如果天瑞来到美国并窃取了Amsted作为商业秘密保护的制造方法，则国际贸易委员会可适用337条款，禁止使用了该方法制造的所有产品进口至美国；本案所涉火车车轮的进口中不存在任何不公平行为，而本案所有的“窃取”商业秘密行为或者说任何“不公平行为”均发生在国外。摩尔法官认为，美国法院并不具有认定完全发生在境外的商业行为是否正当的权力。

事实上，在诉讼过程中，天瑞的抗辩事由之一为中国法律可为任何窃取商业秘密的行为提供充分的救济，不应准许国际贸易委员会对发生在中国的行为适用美国的商业秘密法，此种做法的后果是不正当地干涉了中国法律的适用。联邦巡回上诉法院未支持天瑞的抗辩，理由之一为天瑞未能指明国际贸易委员会在本案适用的、规制商业秘密窃取的原则与中国商业秘密法存在冲突，并进一步指出其找不出《与贸易有关知识产权协定》（以下简称“TRIPS协定”）第39条关于制止窃取秘密的要求与国际贸易委员会行政法官所适用的商业秘密法原则之间的区别，故没有发现国际贸易委员会的裁决与中国法之间的冲突。

联邦巡回上诉法院的推理过程应为：既然中国是世界贸易组织成员，其法律包括商业秘密法必须要符合TRIPS协定的要求；国际贸易委员会在本案适用的美国商业秘密法与TRIPS协定第39条无差别，故中国商业秘密法与在本案适用的美国商业秘密法不存在冲突。联邦巡回上诉法院推理的过程是不严密的。首先，虽然中国有关商业秘密保护的法律符合了TRIPS协定的相关要求，但中国法院在司法过程中并不直接适用TRIPS协定，因此，不能将TRIPS协定的规定作为中国法的法源。其次，正如摩尔法官所指出的，对于完全发生在中国的行为，判定该行为是否正当的主体不应是美国的法院。而某行为是否正当、公平，其判定结果在很大程度上取决于当事人的诉辩主张及证据。作者注意到本纠纷在国际贸易委员会审理过程中，天瑞曾提出了涉案商业秘密不应构成商业秘密的主张。而假定本案诉讼是在中国进行，此抗辩事由应为法院审理的重点，也是认定天瑞行为是否具有正当性的关键。

在解决中美间商业秘密纠纷方面，天瑞案为美国的商业秘密拥有者打开了另一扇门。对于发生在中国的侵犯商业秘密纠纷，只要使用该商业秘密制造的产品出口至美国，美国的商业秘密拥有者则可以将天瑞案作为先例，请求国际贸易委员会对中国企业进行337调查。如此操作的优势对美国商业秘密拥有者是显而易见的：在本土诉讼、熟悉的法律及诉讼制度、高昂的律师费用给竞争对手带来的威慑等。这些优势恰恰是中国出口企业的劣势。因此，毫无疑问，天瑞案大大增加了中国企业产品出口至美国的商业秘密风险。如何防范这些风险，将是中国出口企业不得不考虑的问题。

资料来源：张广良．侵犯商业秘密纠纷的境外风险——评美国“天瑞”案[J]. 中国对外贸易，2012 (12).

5.2.6.3 知识产权侵权处罚

根据美国假冒商标法（Trademark Counterfeiting Act）的规定，故意贩卖或试图贩卖货物或服务，并故意使用这些货物或服务上的或者与其相关的假冒标志者，个人应处以 200 万美元以下罚款，或者 10 年以下监禁，或者二者并罚；非个人应处以 500 万美元以下罚款。对于重犯，个人应处以 500 万美元以下罚款，或者 20 年以下监禁，或者二者并罚；非个人应处以 1 500 万美元以下罚款。对于带有假冒标志的物品，可以予以销毁。

该法中的“贩卖”意为“向他人运输、转让或处置”，因此从最初的制造到向最终购买者销售都属于“贩卖”的行为。此外，美国法律对假冒商标的规模没有特别说明，也就是说，凡是假冒或试图假冒商标的，都属于重罪，但假冒商标的数量和金额是量刑的考虑因素。

2006 年，美国通过了《打击假冒制成品法案》（Stop Counterfeiting in Manufactured Goods Act）和《保护美国货物及服务法案》（Protecting American Goods and Services Act）。这两项法案对假冒商标法进行了修改，将其规定扩大到贩卖假冒标志（标签、粘贴、外包装、徽章、符号、雕饰、盒罐、说明）的行为，将“贩卖”的范围扩大到进出口行为，并且加大了对假冒行为的处罚力度，如对于涉及假冒的商品将予以没收销毁或依法处置。此外，法院还将判决犯罪人赔偿受害人的损失。

根据美国版权法的规定，出于商业利益或个人营利目的故意侵犯版权，或者在 180 天内复制或分销 1 件以上版权作品且零售价值达 1 000 美元以上，属于犯罪行为。对于以商业利益或个人营利为目的者，在 180 天内复制或分销 10 件以上版权作品且零售价值达 2 500 美元以上的，处以 5 年以下监禁，或者 25 万美元罚款，或者二者并罚；对于重犯，处以 10 年以下监禁，或者 25 万美元罚款，或者二者并罚；对于其他情况，处以 1 年以下监禁，或者 10 万美元罚款，或者二者并罚。对于不是以商业利益或个人营利为目的者，在 180 天内复制或分销 10 件以上版权作品且零售价至达 2 500 美元以上的，处以 3 年以下监禁，或者

25 万美元罚款，或者二者并罚；对于重犯，处以 6 年以下监禁，或者 25 万美元罚款，或者二者并罚；在 180 天内复制或分销一件以上版权作品且零售价值达 1 000 美元以上的，处以 1 年以下监禁，或者 10 万美元罚款，或者二者并罚。

虽然作品自产生之日起就受版权保护，但提起侵权之诉的前提是作品必须已经在美国版权局登记。美国对侵犯版权者的定罪有复制或分销数量及零售价值两个门槛。其中，“零售价值”是指被侵权作品的零售价值，与贩卖假冒货物或服务犯罪的规定有所不同。此外，从以上规定可以看出，即使不以营利为目的的侵权行为也可能构成犯罪。对于这些侵权复制品及制造这些复制品的工具和设备，法院应当判决没收、销毁或作其他处置。

版权法规定，故意贩卖唱片、计算机程序或其他音像作品的假冒标签或包装的，应处以 5 年以下监禁，或者 25 万美元罚款，或者二者并罚。对于这些假冒标签，以及贴有或准备贴有这些标签的物品，法院应判决没收、销毁或作其他处置。版权法还规定，未经音乐表演者同意，以商业利益或营利为目的，故意录制音乐表演并向公众传播的，或者出租、销售的，应处以 5 年以下监禁，或者 25 万美元罚款，或者二者并罚；对于重犯，处以 10 年以下监禁，或者 25 万美元罚款，或者二者并罚。对于侵权物品，应予以没收并销毁。

根据美国专利法的规定，专利为他人所有却谎称自己的产品具有这种专利的，产品没有专利却谎称具有专利的，或者谎称已经申请专利或专利审查正在进行的，应罚款 500 美元。任何人都可以起诉要求罚款，其中罚款的一半归起诉方，另一半上交国家。此外，相关法律规定，对于伪造专利证书或者故意传播假冒专利证书的行为，应处以 10 年以下监禁，或者 5 000 美元罚款，或者二者并罚。

1996 年通过的《经济间谍法》（Economic Espionage Act）规定，盗窃商业秘密的，应处以 10 年以下监禁，或者 25 万美元罚款，或者二者并罚。对用于盗窃商业秘密的财产，或来自该盗窃的收益，应当予以没收。商业秘密是指任何形式的金融、商业、科学、技术、经济或工程信息，其所有人采取了合理的保密措施，并且该信息由于不为公众所知且不易通过一般方法获得而具有独立的经济价值。该法还规定，如果是为外国政府盗窃商业秘密，处罚应当加重，即处以 15 年以下监禁，或者 50 万美元罚款，或者二者并罚。

美国有关保护消费者的法律也涉及知识产权问题。例如，《食品、药品及化妆品法》对仿冒食品、药品和化妆品的行为规定了严厉的刑事处罚，《联邦贸易委员会法》禁止贩卖冒牌羊毛、毛皮和纺织品。

此外，美国其他相关法律规定，对于制造、销售、传播、窃取电子信号设备的行为，处以5年以下监禁，或者25万美元罚款，或者二者并罚；对于未经许可接受有线服务的行为，处以两年以下监禁，或者5万美元罚款，或者二者并罚；对于制造、销售用于未经许可接受卫星服务的设备的行为，处以5年以下监禁，或者50万美元罚款，或者二者并罚。对于贩卖规避版权保护措施技术的行为，或者提供错误的版权管理信息的行为，处以5年以下监禁，或者50万美元罚款，或者二者并罚；对于故意在物品上标记错误版权信息，或者故意销售这些物品，或者故意改变版权信息的行为，应处以2 500美元以下罚款。

5.2.7 美国关于反垄断的法律法规

反托拉斯法又称反垄断法，是美国联邦政府为实现国家经济政策、干预和调控市场运行而采取的法律手段。美国是反托拉斯法的发源地，反托拉斯法自19世纪末产生以来，已有百余年历史，其核心法案包括《谢尔曼法》(Sherman Act)、《联邦贸易委员会法》(Federal Trade Commission Act)和《克莱顿法》(Clayton Act)。

反托拉斯法的适用原则包括本质违法原则和合理原则。若某些商业行为妨碍了自由竞争，造成了市场垄断，对社会有百害而无一利，那么这样的行为则被认定为本质违法。只要适用这一原则，无论该行为是何时、何地、在何种情况下发生的，都将被判定违法。在法院审理中，原告只要证明该本质违法行为存在即可，法院无须对这种行为进行调查，可直接对其进行处罚，即使被告的此类行为能够促进其竞争能力也无济于事。价格操纵、市场瓜分、联合抵制等行为均适用这一原则。

合理原则是对本质违法原则的补充，判断某行为是否构成垄断的依据主要包括以下四点：第一，被指控的限制行为对竞争具有正反两方面的影响；第二，该行业的竞争结构；第三，被指控企业的市场份额及市场力量；第四，被指控企业限制行为的历史情况与时间长短。经综合考虑后，只有认为这一商业行为不合理地限制了竞争，才能判定其违法并予以处罚。

美国反托拉斯法通过原则概括和明示列举两种方式，规定了以下行为属于非法行为：

第一，限制贸易的行为，包括横向限制和纵向限制两种。横向限制指在商品流通同一阶段的企业之间的不正当限制竞争行为，包括价格操纵、瓜分市场协议、联合抵制、合作投资安排以及交换价格信息等某些行业组织进行的不合理的限制贸易行为。纵向限制指在商品流通的不同阶段的企业之间协议限制竞争的行为，包括独家交易安排、单方面拒绝交易、纵向价格操纵、抵制销售安排、零售价格保持协议等。贸易限制行为限制合理竞争，使消费者承担了不合理的价格，因而成为司法部反托拉斯局查处的重点。

第二，价格歧视行为。《克莱顿法》和《罗宾逊-佩特曼法》规定了削弱竞争或导致垄断的价格歧视行为，包括明显而直接的价格歧视和间接的价格歧视两种类型。前者包括以同样的产品在特定地域压低销售价格来排挤对手的行为，后者包括非法佣金手续费、回扣，在不同地区因歧视而致服务标准不一样的行为等。但《罗宾逊-佩特曼法》允许销售者调整价格，以对迅速变化的市场行情做出反应。

第三，企业兼并行为。《塞勒-凯弗韦尔法》规定，如果某企业被兼并或资产、规模扩大，有可能造成垄断、削弱竞争对手实力时，就会受到该法禁止，而无论是横向、纵向还是混合兼并。其中，对企业兼并行为的控制属于防患于未然，在垄断行为出现前就对企业兼并进行限制，而对垄断企业规模的限制则属于对垄断行为的事后控制。

第四。损害消费者权益的行为，包括虚假广告、欺骗性定价、虚假产品标志包装等。《联邦贸易委员会法》制定了保护消费者的措施，禁止商业中的或影响商业的不公平或欺骗性行为。

其他限制竞争行为包括：股份保有，即一个企业不当占有另一个企业的股票或资本份额，以及企业彼此占有对方股票或资本份额；董事会联坐，即一人担任多家企业的董事；瓶颈垄断，即限制竞争对手利用关键性的特殊设施；商业贿赂，即通过不正当手段收买客户或竞争对手的雇员以及政府官员；搭售产品，如微软案中的将 IE 浏览器和 Windows 操作系统打包销售的行为等。

2005 年，美国发起首例针对中国企业的跨境反垄断案件。该案经历了 8 年的诉讼过程，中国商务部也曾出面为中国企业辩护，但仍以败诉告终（参见专栏 5-4）。

专栏 5-4

美国对华维生素 C 反垄断案

2005 年，位于美国得克萨斯州的动物科学制品公司和位于新泽西州的拉尼斯食品公司向法庭提起诉讼，称包括华北制药集团在内的多家中国维生素 C 制造商自 2001 年起通过减少供给的方式操控市场价格，令当时的维生素 C 价格从 2.5 美元/千克上升至 15 美元/千克，且中国制造商在美国维生素 C 市场的份额共计达到 80%。基于此，这两家公司认为中国企业存在价格垄断行为，应受到

《谢尔曼法》的制裁。

这是美国首例针对中国企业的跨境反垄断案件（以下简称“维生素C案”）。2013年3月，美国纽约东区联邦地区法院陪审团就此案做出裁决，认定中国维生素C生产企业对垄断操控美国维生素C市场负有赔偿责任，需承担损害金额5 410万美元。根据美国法律，法官判决中国被告企业支付3倍于损害金额的赔偿。其中，华北制药集团有限公司及其下属公司河北维尔康制药有限公司须赔偿1.53亿美元，折合人民币近10亿元。

此案经历了漫长的诉讼过程，华北制药集团曾就美国反托拉斯法的域外适用和美国法院的管辖权问题提出抗辩，中国商务部也试图通过国家主权豁免原则为中国企业辩护，但该案仍然以中国企业的败诉告终。

美国反垄断法的域外管辖问题始于著名的“联邦政府诉美国铝业公司案”。在该案之前，美国法院主要遵循霍姆斯大法官在“美国香蕉公司诉美国联合水果公司案”中确立的“行为标准”来否定反垄断法的域外管辖，即“一个具有一般性且几乎普适性的规则是，某个行为的合法性应当完全由行为发生地国的法律来确定”。在“联邦政府诉美国铝业公司案”中，针对外国公司在境外达成的卡特尔协议，汉德法官则采用了“意图/效果标准”来确定管辖权，即当原告证明其指控的行为“旨在影响美国进口并实际发生了这种效果”时，该发生在外国的行为即受到美国反垄断法的管辖。“意图/效果标准”极大地扩充了美国反垄断法的域外管辖权，但也存在诸多有待澄清之处。1982年美国《对外贸易反托拉斯促进法》以立法的形式确认了“效果标准”，不再要求原告证明存在影响美国国内商业的主观意图。根据该法的规定，除了进口贸易和进口商业外，《谢尔曼法》不适用于涉及同外国的贸易或商业，除非该行为在以下两个方面具有直接的、重大的和可合理预见的影响：（1）所影响的贸易或商业不是与外国进行的贸易或商业，或者所影响的是与外国进行的进口贸易或进口商业；（2）所影响的是美国境内企业或个人与外国进行的出口贸易或出口商业。《谢尔曼法》仅适用于上述第（2）项中美国境内的出口企业所受到的侵害。1987年《美国对外关系法（第三次）重述》第415节将“联邦政府诉美国铝业公司案”确立的“意图/效果标准”和《对外贸易反托拉斯促进法》确立的“效果标准”进行了综合表述，即美国反垄断法的管辖对象包括以下两种行为或协议：（1）以影响美国商业为目的并产生了某些效果的任何在美国境外达成或主要在美国境外实施的限制美国贸易的行为或协议；（2）对美国商业产生实质影响的任何其他限制美国贸易的行为或协议，且行使管辖权并不存在不合理的问题。

美国反垄断法的域外管辖可被视为如下客观属地管辖原则的一种体现：如果

外国人的境外行为会对境内产生“后果”，且本国法律对该行为提出“指责”，那么本国法院就取得了对该行为的管辖权。然而，在跨境反垄断诉讼的具体语境下，一项发生在境外的外国人行为常常非但不违反外国法律反而为该国政府所鼓励。由此引发的问题是，一旦美国法院取得管辖权，则美国的公共政策将与他国的公共政策相抵触，从而有可能损及他国主权。基于尊重他国主权的需要，美国法采取了以下三种法律策略缓解其与各国公共政策之间的冲突：

第一，外国主权豁免。基于平等者之间无管辖权这一原理，如果外国政府本身或外国政府的机构或职能部门受到起诉，那么法院应给予被告以管辖豁免。第二，国际礼让。这是法院基于维持本国与他国之间的良好关系而采取的措施。在跨境规制案件中，法院适用国际礼让原则来限制本国法律的域外适用范围，即当其他国家就所涉事项具有更大利益时，一国法院可基于国际礼让拒绝行使管辖权。第三，不方便管辖。根据该原则，在跨境诉讼中，如果外国法院审理相关争议更为适当和方便，那么拥有管辖权的美国法院有权驳回起诉。

“维生素 C 案”起因于中国相关企业在中国医药保健品进出口商会的组织下形成卡特尔联盟，限产保价，操纵市场价格。美国境内维生素 C 的直接和间接购买人依据《谢尔曼法》第 1 条和《美国克莱顿法》第 4 条和第 16 条提起诉讼。被告并不否认存在价格固定行为，但试图依据以下 3 个普通法上的抗辩原则驳回原告的请求：(1) 根据国家行为原则，法院不应就中国政府的经济和出口调整政策做出评判；(2) 根据外国主权强制原则，就中国政府通过附属商会强制推行的价格固定行为，被告应免除责任；(3) 根据国际礼让原则，考虑到国家间的友好关系，法院不应行使管辖权。

在“维生素 C 案”中，中国企业固定维生素 C 价格的行为属于商业性行为，难以寻求《外国主权豁免法》项下的主权豁免；同时，由于该行为可获得《中华人民共和国反垄断法》第 15 条项下的豁免，且在中国无相关替代诉讼，故被告不能主张不方便管辖。有鉴于此，国际礼让原则便成为“维生素 C 案”中唯一值得依赖的管辖抗辩事由。问题在于，“维生素 C 案”管辖权的取得完全符合“联邦政府诉美国铝业公司案”和《对外贸易反托拉斯促进法》所确立的“效果标准”。即使法院考虑到中国公共政策的合理性，被告也很难说服法院，当中国企业的价格固定行为对美国的商业和贸易造成直接的、重大的和可合理预见的影响时，法院应无视美国反垄断法中的公共政策，赋予中国公共政策以优先权。总而言之，国际礼让原则着眼于维持国家间的友好关系，当一项争议仅涉及本国“私人利益”时，法院可能会格外重视外国公共政策因素，并基于国际礼让驳回起诉；但是，当一项争议也涉及本国公共政策时，该政策至少应获得法院的同等重视，在此情况下，国际礼让原则很难得到适用。因此，在此类案件中，中方寻求管辖豁免之路注定困难重重。

中国企业的另一个抗辩理由是主权豁免，即当政府强迫一家公司采取某种行为时，这些行为应被视为一个国家的主权行为，而一国的主权行为应免受他国法院的管辖。该案中，中国公司称商务部命令其协调出口价格和生产。中国商务部也曾向美国法院出具“法庭之友”意见书，表示维生素生产企业的协调定价是为了预防可能出现的市场混乱，且指出了自己在维生素C定价中所扮演的角色。然而这一辩护理由遭到驳回，美国法院认为，商务部在价格共谋中的作用并不是决定性的，因此应认为这几家企业的行为是出于自身的意愿。

资料来源：

[1] http://www.forbeschina.com/review/201303/0024369.shtml.

[2] 彭岳．论美国跨境反垄断诉讼中的主权抗辩——从“维生素C案”谈起[J]．法商研究，2014（1）．

第6章
美国社会文化环境

6.1　美国人口结构

6.1.1　年龄

根据美国人口普查局的估算，截至2013年7月1日，美国约有3.16亿人口，人口密度约为88人/平方英里。基于此，美国人口普查局预计美国人口总量将于2030年7月1日达到3.58亿，2050年7月1日将达到4.00亿。

截至2010年4月1日，美国65岁及以上人口数量约为4 030万，占全国总人口的13.0%，高于联合国最新制定的7%的老龄化社会判定标准。根据美国人口普查局的估算，2012—2050年，美国的老龄人口将大幅增加。2012年，65岁及以上人口数量约为4 310万，到2050年，该人群数量预计将翻倍，达到8 370万左右，占据约20.9%的美国人口。而到2056年，美国65岁及以上人口数量将超过18岁以下青少年人口数量（参见图6-1）。

婴儿潮一代（Baby Boomers）是导致美国未来人口结构变化的主要驱动因素（参见图6-2）。所谓"婴儿潮一代"，是指第二次世界大战结束后的1946—1964年之间出生的美国人口，人口数量约为7 600万。到2029年，所有婴儿潮一代都将进入老龄阶段，占美国人口总量的20%左右。

随着婴儿潮一代的年龄增长，美国的老龄人口赡养比率将出现显著的升高。所谓"老龄人口赡养比率"，是指老龄人口数量与每百个劳动年龄人口数量之比，即

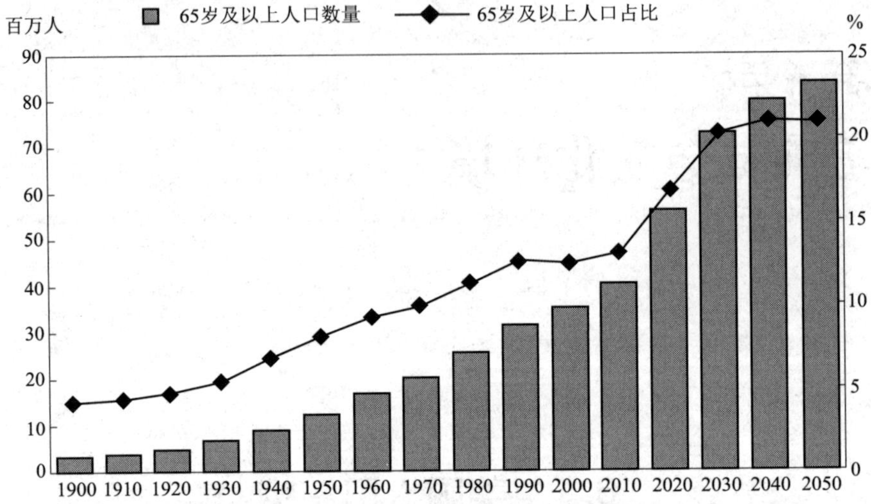

图 6-1　1900—2050 年美国 65 岁及以上人口数量及占比（含估计数据）

资料来源：http：//www. census. gov/content/dam/Census/library/publications/2014/demo/p23-212. pdf.

$$老龄人口赡养比率=\frac{老龄人口数量}{劳动年龄人口数量}\times 100\%$$

其中，老龄人口是指 65 岁及以上人群，劳动年龄人口是指 20 至 64 岁人群。该比率度量了劳动年龄人口人均负担的老龄人口数量，比值越大，意味着劳动年龄人口人均赡养的老龄人口数量越多，赡养负担越重。2010 年，美国的老龄人口赡养比率为 22。预计到 2030 年，该比率将达到 37，这意味着平均每个老龄人将由不到两个 20 至 64 岁的人赡养。

与老龄人口赡养比率类似，年轻人口抚养比率指年轻人口数量与每百个劳动年龄人口数量之比，即

$$年轻人口抚养比率=\frac{年轻人口数量}{劳动年龄人口数量}\times 100\%$$

其中，年轻人口是指 20 岁以下人群。该比率度量了劳动年龄人口人均负担的年轻人口数量，比值越大，意味着劳动年龄人口人均抚养的年轻人口数量越多，抚养负担越重。2010 年，美国的年轻人口抚养比率为 45。

美国人口年龄结构的变化将影响社会政策的制定。一方面，政府社会保障支出的主要受益者为老龄群体，而教育经费开支的主要受益者为年轻群体，美国不同年龄人口的比例变化将影响政府对预算开支的分配。另一方面，美国政府的各

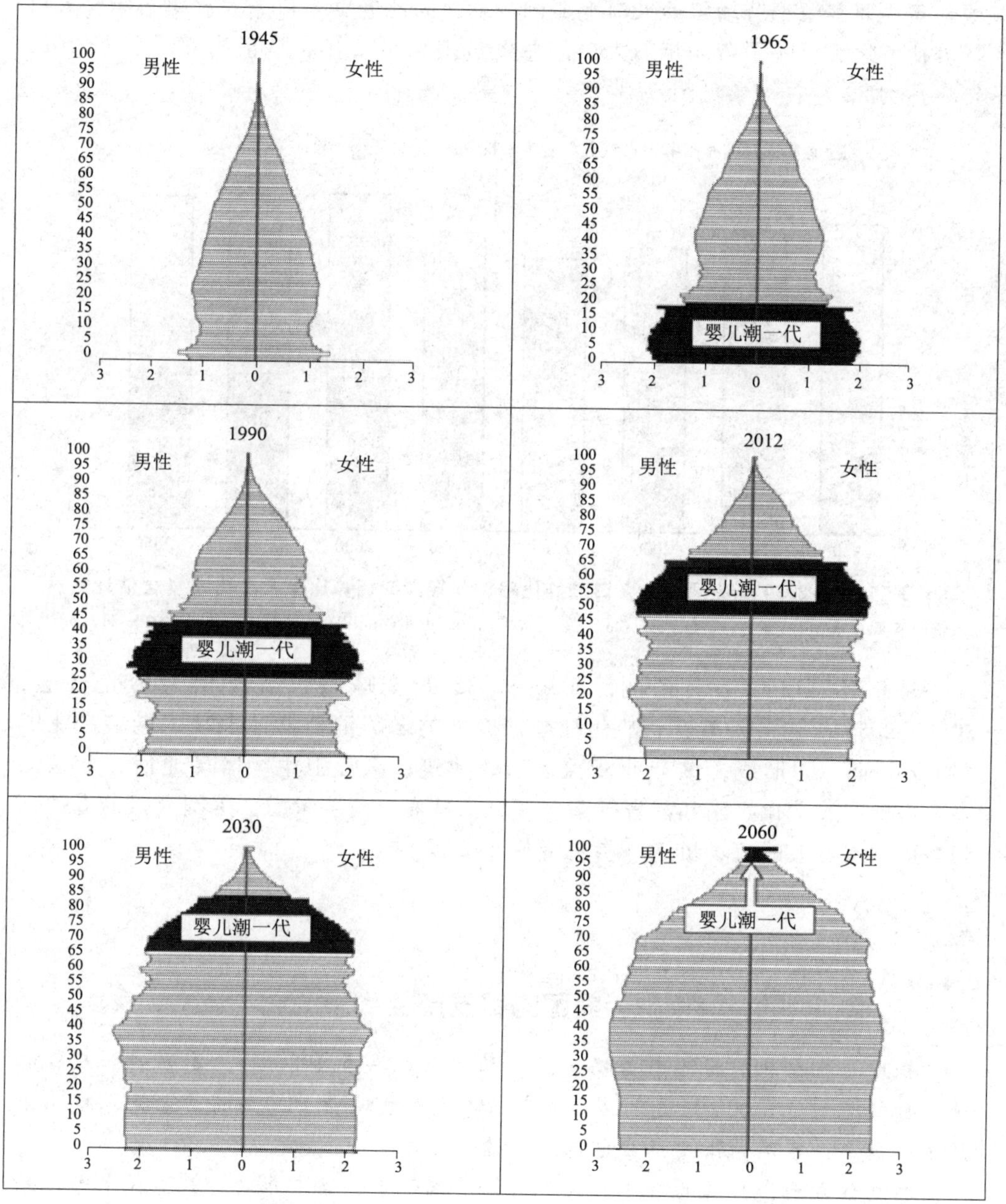

图 6-2　婴儿潮一代对美国人口结构的影响

资料来源：http：//www. census. gov/content/dam/Census/library/publications/2014/demo/p23-212. pdf.

项经费主要来源于劳动年龄人口上缴的税款，因此老龄人口赡养比率与年轻人口抚养比率之和反映了劳动年龄人口的总体负担。2010 年，该值为 67，预计 2030 年将达到 82 左右（参见图 6-3）。

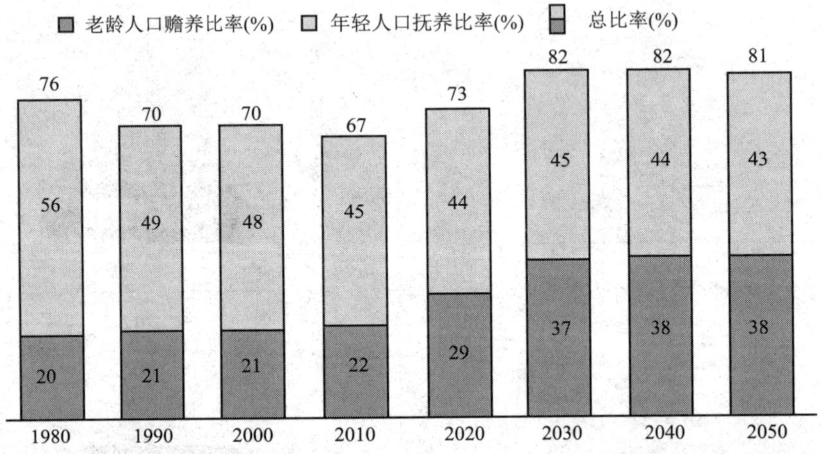

图 6-3　1980—2050 年美国老龄人口赡养比率、年轻人口抚养比率及总比率（含估计数据）

资料来源：http://www.census.gov/content/dam/Census/library/publications/2014/demo/p23-212.pdf.

联合国人口基金会预测，2030—2035 年全球将进入中度老龄化社会，2050—2055 年将进入高度老龄化社会。庞大的老龄消费群体推动了老龄产业即“银发产业”的形成，该产业涵盖制造、建筑、医疗卫生、信息通信、金融保险、房地产、文化娱乐和教育等诸多领域。从商业角度考虑，美国人口的老龄化趋势蕴藏着巨大的市场机遇（参见专栏 6-1）。

专栏 6-1

美国的银发产业

银发产业在美国经济中占据着很大的比重。早在 1986 年，美国老龄人口的消费额就达到了 8 000 亿美元，占当年国内生产总值的 18%。随着老龄人口比率的不断提高，美国的银发产业也愈见发达。

在居住方面，美国的老年人大多选择居家养老、集中养老、旅游养老等方式安度老年。其中，居家养老是最普遍的养老方式。对于喜欢住在家里但又无人照顾的老人，社区会为其提供烹饪食物、清扫卫生等多种护理服务，服务费用大多按小时或拜访次数计算。

所谓集中养老，是指老人们集中居住在退休社区或入住老年公寓的养老方式，这种养老方式符合老年人渴望参与社会活动、结交新朋友的心理需求。在美国，这类社区大多建立在佛罗里达、德克萨斯、加利福尼亚等南部各州。这些地方阳光充足、气候温暖、风景迷人，吸引了许多老人在退休后迁徙定居。这种大型老年社区多由实力雄厚的房地产开发投资公司独立建设和管理，老年人可以选择购买产权或租住。还有一些老年社区兴建于大城市中，老人们可以选择距离子女较近的地点购房定居或租房居住。这类房屋通常有高中低档之别，分为无陪护型、陪护型、特护型等，能够满足不同年龄和购买能力老人的需求。

位于美国佛罗里达州西海岸的"太阳城"是老年社区成功运作的典型范例。该社区始建于1961年，拥有"太阳城中心"（独立家庭别墅）、"国王之殿"（连体别墅）、"湖中之塔"（辅助照料式住宅和家庭护理机构）、"庭院"和"阿斯顿花园"（出租的独立居住公寓）以及"自由广场"（辅助照料式住宅和家庭护理机构）等6大居住区，共享邮局、超市、医疗机构、银行、教堂，建有游泳池、网球场等健身娱乐设施，并成立了多种俱乐部，组织各类活动。"太阳城"的设计十分人性化，住宅以低层建筑为主，实施严格的人车分流，并设置了无障碍步行道、防滑坡道等。

在美国，有一些老年人会选择到南方阳光明媚的地方过冬，待天气转暖再返回原来的地方居住。还有一些酷爱旅游的老年人甚至会将房子卖掉而购买房车，吃喝住行全在车里，游遍全国。此外，美国还建有大量的路边老年客栈，是专为自驾旅客泊车或安顿行李的简易旅馆，尤其欢迎来客栈休息的老年人。其工作人员也多为老年人，并进行了有关当地风土人情、车辆保养知识、心理学和基本按摩等方面的业务培训。

美国的老年消费市场为金融创新提供了新的机遇。例如，"以房养老"的"倒按揭"贷款就是针对老年人开发的一种新型金融产品。这种放贷方式于20世纪80年代中期由美国新泽西州的一家银行创立，主要包括以下三种类型：一是联邦政府保险的倒按揭贷款，放贷对象是62岁以上的老者，老人将房子抵押给专门的倒按揭公司和银行，银行根据房屋价值和老年人的预计寿命每月定期发放生活费。二是房屋保管人模式，这种贷款模式有固定期限，老年人必须在搬出住房并开始执行还贷计划后才能获得贷款。第三种是财务自由按揭贷款，由基金公司推出，属于个人理财型产品。贷款对象资格不需政府审批和认可，在签订抵押贷款合同后，老人可以一次性拿到一笔数额较大的资金。

除居住需求以外，老年人的心理需求也是不容忽视的巨大市场。退休后，老年人的社会活动会大幅减少，往往需要一个增加社会交往的渠道和场所。美国有很多老年人协会，如红帽女士协会等，备受老年女士的青睐。随着青春的逝去，老人们更加注重外貌方面的保养，一向以年轻人为主要服务对象的化妆品产业也已开始瞄准 50 岁以上的消费者。

在零售行业，美国建有一类老龄超市，专门为老年人提供有关法律、保健医疗、异地养老与旅游方面的咨询以及产品销售与配送等服务。超市中的设施均根据老年人的需要而设计，如低位货架、大字商标等。超市里还设有老年咖啡屋，供老人们购物后聊天欢聚，交流生活与购物经验。此外，有些商家还看准了老年人闲暇时间多的特点，让网络走进了老龄人的生活。随着越来越多受教育程度较高的老人退休，虚拟市场将有更加广阔的前景。

资料来源：

[1] 李沛霖．美国养老产业对中国的启示［J］．中国社会导刊，2008（7）．

[2] 王莉莉．银发产业，新的经济增长点［N］．人民日报，2014-4-25（23）．

6.1.2 种族

美国是一个多种族移民国家，常住居民包括白人、黑人及非洲裔、印第安人和阿拉斯加土著、亚裔、夏威夷原住民和其他太平洋岛民等。美国人口普查局 2013 年的估算数据显示，白人在美国社会的占比最高，为 77.7%，黑人及非洲裔的占比次之，为 13.2%（参见图 6-4）。

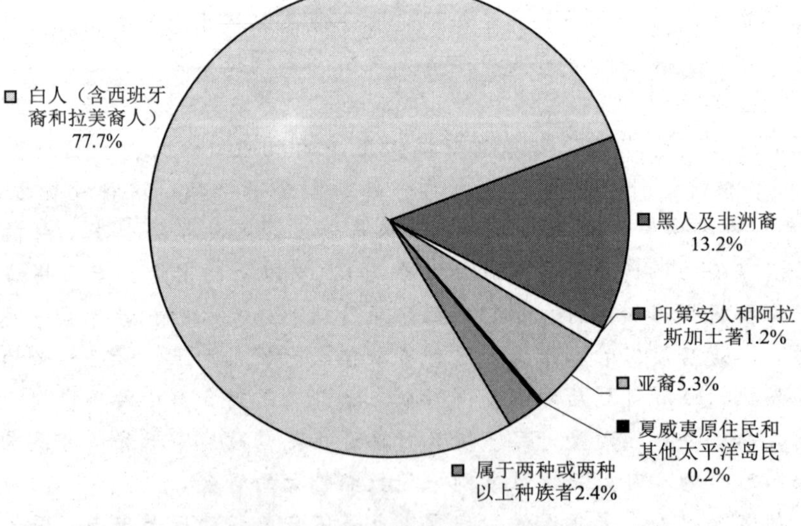

图 6-4　2013 年美国人口种族构成

资料来源：http：//quickfacts. census. gov/qfd/states/00000. html.

最初的美国移民来自亚洲大陆。当1492年哥伦布发现“新大陆”时，已有约150万土著美洲人居住在这片土地上。在此后的200多年间，大量欧洲人到达美洲大陆。早期的北美移民以英国人为主，其他移民则来自西班牙、葡萄牙、法国、荷兰、德国和瑞典等国。1840—1860年，美国经历了第一次移民浪潮，移民人数为500万左右。移民主要来自西欧和北欧，其中爱尔兰人大约为200万，德国人大约为170万，还有大量被贩卖到美国的非洲黑奴。同时，移民中也有少数来自亚洲，主要是来美国淘金的中国人。第二次移民浪潮发生在1861—1880年，移民人数为500万左右。南北战争结束后，美国迎来了工业化的高峰期，对劳动力需求旺盛。为吸引欧洲熟练工人到美国工作，美国通过了《鼓励外来移民法》，一些企业甚至组团赴欧洲招聘并提供移民所需的路费。第三次移民浪潮发生在1881—1920年，移民人数高达2 350万。这一时期，美国政府多次立法限制欧洲移民、排斥亚洲移民，但来自意大利、俄国等东南欧国家的移民数量增长迅速。经过三次移民高潮，1920年美国的人口总数首次超过1亿。在1820—1920年的100年间，移民数量占美国人口年增长数量的20%以上。①

大量移民的流入造就了美国种族的多元化与文化的多样性，但伴随其中的种族矛盾与文化冲突也成为美国社会的一大顽疾。1964年7月2日，美国总统林登·约翰逊（Lyndon Johnson）签署《1964年民权法案》（Civil Rights Act of 1964），禁止美国境内的一切种族隔离措施和歧视政策。该法案结束了自美国建立以来就存在的黑白种族隔离制度，是人权发展史上的重要里程碑。在《1964年民权法案》生效50周年之际，美国人口普查局对不同种族的人口数量、地理分布、受教育程度、生活水平和享有权利的状况进行了统计（参见表6-1）。

美国种族

① http：//www. people. com. cn/GB/paper68/16439/1450130. html.

表 6-1　　美国各种族人口发展状况统计

人口数量	1964 年，黑人数量约为 2 067 万，占比为 10.8%。	2013 年，黑人数量约为 4 162 万，占比为 13.2%。
	1970 年，西班牙裔人口数量约为 960 万，占比为 4.7%。	2013 年，西班牙裔人口数量约为 5 410 万，占比为 17.1%。
	1960 年，亚洲人和太平洋岛民数量约为 98 万，占比约为 0.5%。	2013 年，亚裔人口数量约为 1 663 万，占比约为 5.3%。
	1960 年，印第安人、爱斯基摩人与阿留申人数量约为 55 万，占比为 0.3%。	2013 年，印第安人和阿拉斯加土著数量约为 391 万，占比为 1.2%。
地理分布	1960 年，约有 59.9% 的黑人居住在美国南部地区。	2010 年，约有 56.5% 的黑人居住在美国南部地区，该地区仍然是最大的非洲裔美国人聚集地。
	1960 年，约有 81.4% 的亚洲人居住在美国西部地区，该地区是最大的亚洲裔美国人聚集地。	2010 年，约有 45.5% 的亚洲人（单一种族者）居住在美国西部地区，该地区仍然是最大的亚洲裔美国人聚集地。
	1960 年，约有 54.2% 的印第安人和阿拉斯加土著居住在美国西部地区，该地区是最大的印第安人和阿拉斯加土著聚集地。	2010 年，约有 45.6% 的印第安人和阿拉斯加土著居住在美国西部地区。
	1970 年，约有 41.0% 的西班牙裔美国人居住在美国西部地区，该地区是最大的西班牙裔美国人聚集地。	2010 年，约有 40.8% 的西班牙裔美国人居住在美国西部地区。
学校注册人数	1964 年，黑人的小学入学人数约为 460 万，幼儿园入园人数约为 31.2 万，高中入学人数约为 160 万，大学入学人数约为 30.6 万。	2012 年，黑人的小学入学人数约为 490 万，幼儿园入园人数约为 64.6 万，高中入学人数约为 270 万，大学入学人数约为 300 万。
	1972 年，西班牙裔美国人的小学入学人数约为 190 万，幼儿园入园人数约为 24.1 万，高中入学人数约为 83.4 万，大学入学人数约为 24.2 万。	2012 年，西班牙裔美国人的小学入学人数约为 780 万，幼儿园入园人数约为 110 万，高中入学人数约为 380 万，大学入学人数约为 340 万。

续表

高中毕业人数	1964年，25.7%的黑人（25岁及以上）完成了至少4年的高中学习，人数约为240万。	2012年，85.0%的黑人（25岁及以上）完成了至少4年的高中学习，约2 030黑人（25岁及以上）获得了高中文凭。
	1974年，36.5%的西班牙裔美国人（25岁及以上）完成了至少4年的高中学习。	2012年，65.0%的西班牙裔美国人（25岁及以上）完成了至少4年的高中学习。
高等教育	1964年，3.9%的黑人（25岁及以上）完成了至少4年的大学学习，约36.5万黑人（25岁及以上）获得了学士学位。	2012年，21.2%的黑人（25岁及以上）完成了至少4年的大学学习，约510万黑人（25岁及以上）获得了学士学位。
	1974年，5.5%的西班牙裔美国人（25岁及以上）完成了至少4年的大学学习。	2012年，14.5%的西班牙裔美国人（25岁及以上）完成了至少4年的大学学习。
收入状况	1964年，黑人家庭收入的中值约为24 840美元，男性和女性黑人的全职工作年收入分别为27 403美元和17 235美元（以2012年美元价格计算）。	2012年，黑人（单一种族者）家庭收入的中值约为40 517美元，男性和女性黑人的全职工作年收入分别为39 816美元和35 090美元。
	1976年，西班牙裔美国人的家庭收入中值约为37 642美元，男性和女性西班牙裔美国人全职工作年收入分别为38 240美元和26 158美元（以2012年美元价格计算）。	2012年，西班牙裔美国人的家庭收入中值约为40 764美元，男性和女性西班牙裔美国人全职工作年收入分别为32 516美元和29 508美元。
贫困水平	1966年，黑人的贫困率为41.8%，而全国的贫困率为14.7%。	2012年，黑人的贫困率为27.2%，而全国的贫困率为15.0%。
	1972年，西班牙裔美国人的贫困率为22.8%。	2012年，西班牙裔人的贫困率为25.6%。
选举情况	1964年，参与当年总统选举投票的黑人（18岁及以上）比例约为58.5%，而全国参与投票的人口比例约为69.3%。	2012年，参与当年总统选举投票的黑人（18岁及以上）比例约为62.0%，而全国参与投票的人口比例约为56.5%。
	1972年，参与当年总统选举投票的西班牙裔美国人（18岁及以上）比例约为37.5%。	2012年，参与当年总统选举投票的西班牙裔美国人（18岁及以上）比例约为31.8%。

资料来源：http://www.census.gov/content/dam/Census/newsroom/facts-for-features/2014/cb14-ff17_civilrightsact.pdf.

虽然美国少数族裔在人口数量、受教育程度和生活水平等方面均有所提高，但种族歧视现象在美国社会仍系统性地存在，少数族裔人权状况堪忧。2014 年 8 月 9 日，在美国密苏里州的弗格森小镇，18 岁黑人学生迈克尔·布朗遭白人警察枪击身亡。该事件引发了当地民众的强烈抗议，并最终演变为骚乱。此外，纽约、芝加哥、洛杉矶、菲尼克斯等近百个城市的民众也纷纷举行抗议和守夜活动。迄今为止，各方对于该案的说法各异，但该事件无疑引发了美国各界乃至世界对于种族歧视问题的关注。2014 年 8 月 20 日，美国《纽约时报》发表了署名查尔斯·布洛的评论文章。文章指出，骚乱产生的原因除了事件本身，还涉及美国针对黑人日益固化的不公平制度。① 2014 年 8 月 13 至 14 日，联合国消除种族歧视委员会在日内瓦对美国代表团就该议题进行质询，并开始审查美国自 2008 年来的人权纪录。29 日，该委员会公布审议美国有关落实《消除一切形式种族歧视国际公约》定期报告的结论性意见，其中就美国执法人员过度使用武力问题表示严重关切。②

6.1.3 宗教

美国人口普查局 2012 年的普查结果显示，截至 2008 年，美国成年人中有 76.0%信仰基督教，3.9%信仰犹太教、伊斯兰教、佛教等其他宗教，15.0%没有特定的宗教信仰，另有 5.2%拒绝透露该信息。③

美国宪法第一修正案规定，“国会不得制定设立宗教或者限制其自由实践的法律”。这句话即著名的“设立分句”和“自由实践分句”，确立了政教分离原则与宗教自由原则，是美国政教关系中最主要和最根本的法律基石。对此，联邦最高法院前任首席法官伯格在“沃尔兹诉纽约税收委员会案”的裁决中作出了如下解释：既不能容忍政府设立宗教的行为，也不能容忍政府干预宗教的行为。

对于跨国公司而言，当地居民的宗教信仰会对其营销活动产生一定的影响。第一，不同宗教有着各自鲜明的价值观，不仅规范着宗教信徒的行为，而且影响着人们的价值观念和生活方式，进而决定了社会各个阶层的需求特征与消费习惯。第二，宗教组织是大型的集团购买者，其购买规模大，地域分布也较集中。第三，宗教组织对教徒购买决策具有重要影响，如果宗教组织认为某种新产品或新技术对宗教构成威胁，就会严格限制其引进，反之则会号召教徒购买和使用。

---

① http://www.chinanews.com/gj/2014/08-20/6510677.shtml.

② http://news.xinhuanet.com/world/2014-08/30/c_1112290395.htm.

③ http://www.census.gov/compendia/statab/2012/tables/12s0075.pdf.

此外，各种宗教均有自己独特的节日，这些节日也可能对企业的国际营销活动产生影响。此外，在宗教节假日前后，消费者的需求往往会大涨大落。在美国，感恩节、圣诞节前一个月的零售额往往高出其他月份几倍。对于节日性商品的经销商而言，把握好运输与分销的时机可以大幅提高其营业收益。

6.2 美国日常生活

6.2.1 饮食

美国的餐饮呈现出多元化的特点，一般大城市中都有世界各地风味的餐馆。欧洲餐馆以法国和意大利餐馆为主，这些地方环境很好，价格也较高；中餐馆以中国广东餐馆为主，多售卖海鲜类菜肴，价格适中；其他还有日本、印度、中东、拉美和东南亚餐馆。

美国多元饮食

中餐馆在美国的发展始于13世纪40—50年代的淘金热，在移民大潮的涌动下，曾呈现百家争鸣、快速扩张的发展格局。如今，美国的中餐馆已超过4.6万家，大于麦当劳、温迪和汉堡王等本土快餐连锁店的总和，吸纳了超过1/3的华人新老移民，更影响着美国人的饮食习惯和对中国文化的认知。[①]

对于中餐企业而言，准确的市场定位十分重要。“熊猫快餐”是在美国知名度较高的中餐连锁品牌之一，其中央厨房每天只负责配送宫保鸡丁等十几个外国人耳熟能详的中餐菜式，这些菜味道统一，服务人员则多为墨西哥人。由于符合美国人的口味和快餐习惯，“熊猫快餐”成为各大商场内最火爆的餐点之一。全美最大的中餐连锁集团华馆则瞄准了美国的白领阶层，目前已是市值12亿美元的上市公司，旗下拥有100多家连锁餐厅。该餐厅利用暖色调的灯光、兵马俑、

① http：//huashang. haiwainet. cn/n/2014/0110/c354686-20146691. html.

华盛顿中国城

达拉斯中国城

大型中国壁画、唐朝风格的中国屏风等打造出具有浓厚古典中国氛围的用餐环境；优越的地理位置、精致的菜单设计和中档消费的价格提高了餐厅整体格调；其菜品则展现出本土化的特色，如添加奶酪的“四川鸡薄饼”和甜品“长城巧克力”等。[①]

然而，中国餐饮业在美国也面临着巨大的挑战。首先，美国的劳动力成本较高。在当地聘请厨师、服务员和物流配送人员对企业来说是一笔不小的开销。而从国内聘用人员又需要办理签证等相关程序，耗费大量的财力和时间。其次，美国的卫生标准十分严格，从包装、配送、储藏、烹饪到处理厨房垃圾的各个环节，均有相关法律法规予以约束。例如，食物一旦处于非冷藏状态 4 个小时以上就必须倒掉。第三，中国餐饮企业的本土化经营水平亟待提高。由于中西方消费者的饮食习惯和文化习俗存在较大差异，对产品和服务方式进行适当调整往往是非常必要的（参见专栏 6-2）。

专栏 6-2

海底捞进军美国受挫

海底捞成立于 1994 年，是一家以经营川味火锅为主、融汇各地火锅特色为一体的大型火锅店。凭借独特的品牌形象和周到贴心的服务，海底捞在中国市场好评如潮。例如，消费者在门口等位时可免费品尝小吃，并享受擦皮鞋、美甲等服务。待客人入位后，服务员会为之提供手机保护袋、眼镜布等贴心赠品。此

① http：//finance. people. com. cn/GB/16795085. html.

外，餐厅内还有欢快的甩面舞供用餐者欣赏。

2013 年秋天，海底捞在美国南加州 Arcadia 建立分店，试图开拓美国市场，但文化差异却使海底捞饱受“水土不服”的困扰。在中国的大众点评网上，海底捞的评分可高达满分 5 分，而在美国的点评网站 Yelp. com，海底捞的评分却只有 2. 5 分。海底捞面临着产品、服务、管理等多方面的本土化挑战。

首先，川式火锅底料含有大量的辣椒、花椒，而美国人通常不习惯吃太多调料的东西，一下子让他们改变饮食习惯不是件容易的事。另外，海底捞的饭后甜点是咸味的，这一点也很难被美国人接受。

其次，海底捞的“增值服务”并不为美国食客买单。例如，服务员主动询问顾客需求的服务方式，在美国人看来是一种侵犯隐私的行为。此外，没有英文菜单和英文电话预订服务也让当地消费者难以理解。

再次，美国消费者普遍认为海底捞的定价偏高。在美国，普通餐馆的消费水平为人均 20 美元左右，而海底捞的人均消费为 40 美元左右，价格与当地一份含餐前小菜或甜品的牛排套餐或龙虾套餐相当。

最后，海底捞在员工管理方面也面临挑战。在中国，海底捞凭借丰厚的薪资和免费的食宿吸引了许多优秀人才。但在美国，到餐馆打工的基本是外来移民，他们大多没有长远的职业规划，对企业的忠诚度自然大打折扣。

资料来源：

[1] http://www. iceo. com. cn/com2013/2014/0326/285477. shtml.

[2] http://finance. sina. com. cn/zl/international/20130927/091416868872. shtml.

6. 2. 2 交通

美国拥有世界上最发达的交通运输体系，其公路、铁路、航空和水运系统形成了一个完整的网络，连接全国和世界各地。

6. 2. 2. 1 公路

美国的公路是由地方、州与联邦政府共同建造的。1811 年，联邦政府首次负起公路建造的责任，开始建造通过阿帕拉契山的国家公路——肯伯兰公路。1939 年，国会通过兴建州际国防公路网计划。1944 年，国会又通过了兴建州际公路网发展计划。

美国政府大规模兴建高速公路是在二战后艾森豪威尔总统执政的 20 世纪 50 年代。1960 年以后，以连通和改善州际交通干线为重点的州际高速公路建设取得重大进展。目前，联邦政府对绝大部分的州际公路系统提供资助，公路的建筑工程则由各州分别管理。

目前，美国的公路和高速公路覆盖全国，全长超过651万公里，约有1.4亿辆车使用。2012年7月6日，奥巴马总统签署“在21世纪中前进”的运输法案，计划在2013年财年和2014财年为陆地交通建设拨款1 050亿美元。

美国公路系统分为州际公路、其他干线公路、地方公路等。按管辖权分为联邦、州、地方3级。联邦交通运输部下设的联邦公路管理局主管全美公路规划、建设、养护和运营，在全美各地设有区域性机构办公室。美国50个州及诸多市、县政府是公路建设、运营的主要管理机关。州政府的主要职能是负责收集和分配道路使用税、建设和维修已有的州道路网、经营和管理公路等。地方政府包括县政府和市政府，其公路管理职能根据各州规定不尽相同。

加油站

美国州际公路建设的资金来源主要是联邦政府，其他公路资金则主要来自地方财政、联邦补助和其他渠道。燃油税在联邦和地方公路建设资金中的占比较大，车辆注册费也是地方公路建设资金的来源之一。此外，收费公路有利于吸引私人投资和快速回收成本。

高速服务区

美国的高速公路始建于20世纪30年代。1957年，州际公路系统正式投资建设，其所有权和管理维护均由各州政府负责。至今，美国州际公路系统建设已经基本完成。美国联邦公路管理局的报告显示，美国高速公路的规划重点已经转向如何提高公路效用的问题，包括安全性、可持续性、有效性等，从而适应人口发展、全球化经济、生产贸易、气候、环境保护等多方面的变化。

6.2.2.2 铁路

历史上，铁路对美国的西部开发发挥了重要的作用，农民、商人及矿工都经由铁路运输到达西部的荒凉地带。1869年，铁路已经遍布联邦政府的东半部。那一年，第一条横贯美洲大陆、连接太平洋沿岸的铁路终于完成。虽然空中航线与高速公路在运载乘客上减低了铁路的重要性，然而在美国，铁路还是货物运输的重要工具。目前，美国拥有铁路41.2万公里，约占世界铁路总长度的35%，居世界第一位。

联邦交通运输部下设的联邦铁路管理局是美国铁路的联邦主管部门，其主要职责是保证铁路安全条例的颁布与实施，提供铁路管理援助计划，支持改进国家铁路和铁路交通运输安全的研究和发展，加强政府对铁路运输服务的支持。

联邦铁路管理局并不对铁路企业进行管理。美国铁路严格客货分开、政企分开。目前，美国最大的铁路公司有全国铁路旅客运输公司、太平洋联合铁路公司、北伯灵顿-圣塔菲铁路公司、CSX公司、诺福克南方公司、伊利诺斯中部海湾公司、密苏里-堪萨斯-得克萨斯铁路公司等，这些公司在美国的客运和货运领域发挥着举足轻重的作用。此外，美国铁路协会、美国公共交通协会等行业协会也在铁路的立法、规范、安全等领域发挥着重要的作用。

为应对经济危机和改善就业，奥巴马政府于2009年提出《高速铁路战略规划》，将高速铁路定位于美国下一代绿色交通设施，拟在全国兴建高速铁路网络。另据联邦铁路管理局公布的数字，美国国会通过《2009年美国复兴与再投资法案》、2009财年和2010财年财政拨款法案等，共计为高铁规划拨款101亿美元。33个州和华盛顿哥伦比亚特区向联邦铁路管理局申报了高铁项目并申请资金支持。至今，19个州和华盛顿哥伦比亚特区的50个项目得到联邦资助，已经进入或即将进入施工阶段。

6.2.2.3 航空

美国的民用航空非常发达，全国共有1.5万个机场，居世界第一。美国主要的国内航线连接了所有的大城市，小一点的城市则依赖支线连接，所有的航空支线都与一个主要的航空中心联系。国内航线每年可以运输2.4万旅客，因快递与货物运输而开出的国内航线每年约可飞行65亿吨公里。美国起用的国际航线四通八达，可通往世界各地。目前，美国主要的航空公司包括美国

航空服务

航空、联合航空、达美、西北、大陆航空等。

6.2.2.4 水运

美国优越的内陆水运网一直是美国成长与进步的重要因素。早期美国移民经过阿帕契山到达俄亥俄河，再由俄亥俄河顺流而下，在俄亥俄河沿岸建造家园。后来的居民们也曾让货物从俄亥俄河顺流而下至密西西比河，再到新奥尔良。1825年，伊利运河在纽约州完工，这条运河连接了哈德逊河与伊利湖，刺激了整个大湖区的商业发展。

哈德逊河

金门大桥

水路客运

如今，美国大部分的贸易都依赖海运。纽约是美国最繁忙的海港，也是全球最大的港口。大西洋沿岸的其他重要港口有巴尔的摩港、波士顿港、诺佛港、费城港、波特兰港。大湖区重要的港口有芝加哥港、底特律港、杜鲁斯港与苏必略和托雷多港。墨西哥湾的重要港口有新奥尔良港、休斯敦港和巴敦罗基港。太平洋岸的主要港口有长堤港、洛杉矶港、波特兰港、西雅图港。

美国港口的管理权隶属地方，多数港口属市县政府管理，也有个别港口由州政府管理。除港口外，港务局通常还管理该地区的其他市政或交通项目。以纽约-新泽西港务局为例，该港务局管理了纽约州和新泽西州境内的5个大型机场（包括肯尼迪机场、拉瓜迪亚机场和纽瓦克机场）、6个隧道和桥梁（包括林肯隧道、荷兰隧道）、3个公交汽车枢纽、5个港口、10个房地产开发项目（包括世茂中心）等。美国联邦政府没有主管港口的专门机构，但涉及或影响港口建设和管理的机构却很多，如交通运输部的海运管理局、联邦海事委员会、环境保护署等。

6.2.3 教育

美国是受教育程度最高的国家之一。经济合作与发展组织（Organization for Economic Co-operation and Development，OECD）发布的报告显示，美国的受教育程度在 34 个成员国中位列第 5 名（参见专栏 6-3）。

专栏 6-3

受教育程度最高的国家排名

第 1 名，俄罗斯。受教育人口数量占总人口数量的 53.5%，平均每个学生的高等教育支出为 7 424 美元。2012 年，在 25～64 岁人群中，接受过高等教育的人口占总人口数量的 53% 以上，高于其他 OECD 国家。

第 2 名，加拿大。受教育人口数量占总人口数量的 52.6%，平均每个学生的高等教育支出为 23 225 美元，仅低于美国。2012 年，接受过高等教育的加拿大人口数量超过总人口的一半。在加拿大，所有年龄段的学生均受到了良好的教育。2012 年的测试结果显示，加拿大中学生的数学成绩和文字运用能力普遍高于其他 OECD 国家。

第 3 名，日本。受教育人口数量占总人口数量的 46.6%，平均每个学生的高等教育支出为 16 445 美元。同美国、韩国、英国一样，日本在高等教育方面的私人支出很大。虽然高昂的教育花费和接受高等教育，并不一定会换来更高的技能水平，但在日本，高教育开支的效果显著。语言运用熟练度达到最高等级的成年人口占总人口数量的 23%，远高于 OECD 国家 12% 的平均水平。

第 4 名，以色列。受教育人口数量占总人口数量的 46.6%，平均每个学生的高等教育支出为 11 553 美元。大多数 18 岁的以色列学生都参加了至少两年的义务兵役，也许正是出于这个原因，以色列人取得高等学历的时间通常较晚。但这并没有降低以色列学生的毕业率，2012 年，约有 46% 的成年人获得了高等学位证书。由于以色列在高等教育方面的支出低于大多数发达国家，其教师的工资水平也普遍较低。2013 年，新任中学教师的年薪不到 19 000 美元，而 OECD 国家的平均水平为 32 000 美元。

第 5 名，美国。受教育人口数量占总人口数量的 43.1%，平均每个学生的高等教育支出为 26 021 美元，较 OECD 国家平均水平高出近 1 倍，其中学费占总支出的比例最高。2008—2011 年，仅有 6 个 OECD 国家削减了公共教育支出，美国就是其中之一。由于美国的教育在很大程度上由州及地方政府掌控，因此各州的教育水平差距较大，例如内华达州的受教育人口比例仅为29%，而哥伦比亚特区为71%。

资料来源：http：//www. usatoday. com/story/money/business/2014/09/13/24-7-wall-st-most-educated-countries/15460733/.

西东大学

根据美国教育部的统计，2014 年秋季，美国的公立中小学校将迎来约 4 980 万名新生，其中，白人学生约 2 480 万，黑人学生约 770 万，西班牙裔学生约 1 280 万，亚裔及太平洋地区学生约 260 万，印第安及阿拉斯原住民约 50 万，另有约 140 万学生具有多重种族背景。2014 年秋季，美国公立学前教育机构的新生数量约为 130 万，公立高中的新生数量约为 410 万。所有公立学校体系共有约 310 万名全职教师供职，学生/教师比率达到 16.0。

据估算，美国公立中小学 2014—2015 学年的学费收入共计 6 190 亿美元左右，这些费用包括学校员工的薪资福利，学生的交通费、书本费、材料费和能源开销等，平均每个学生的花费为 12 281 美元左右。

2014—2015 学年，美国的高中毕业生预计为 330 万名，其中包括 300 万公立高中毕业生和 30 万私立高中毕业生。2000—2012 年，16~24 岁学生的辍学率从 10.9%下降至 6.6%，其中白人、黑人和西班牙裔学生的辍学率均有所下降。2012 年，66.2%的应届高中毕业生选择进入大学学习，其中女生的大学入学率为 71.3%，而男生的大学入学率为 61.3%。

莱斯大学（Rice University）

2014 年秋季，美国的大学院校将迎来约 2 100 万名新生，相比 2000 年的 570 万有了较大幅度的增长。其中，女生入学人数约为 1 200 万，男生入学人数约为 900 万。在这些学生中，选择全日制和非全日制学习的人数分别为 1 300 万和 800 万人左右，选择 2 年制和 4

年制学习的人数分别为 730 万和 1 370 万左右，进入本科阶段和研究生阶段学习的人数分别为 1 800 万和 300 万左右。

得克萨斯 A&M 大学（Texas A&M University）

2000—2012 年，18 至 24 岁的大学入学人数从 2 730 万增长到 3 140 万左右，入学率从 35.5% 上升到 41.0%。2012 年，25 岁以下的大学生数量约为 1 300 万，25 岁及以上的大学生数量约为 800 万，两个年龄段的大学生数量均较 2000 年有所增长。

2000—2012 年，黑人学生和西班牙裔学生的大学入学人数和所占比例均出现上涨，其中黑人学生比例由 11.7% 上升到 14.9%，西班牙裔学生比例由 9.9% 上升到 15.0%。18～24 岁黑人和西班牙裔学生的入学率同样有所增长，该年龄段黑人学生的入学率由 30.5% 上升到 36.4%，西班牙裔学生的入学率由 21.7% 上升到 37.5%。

2012—2013 学年，本科生的学费及其他必缴费用、住宿费和饮食花销在公立大学、私立大学和营利性教育机构的平均水平分别为 15 022 美元、39 173 美元和 23 158 美元，其中学费及其他必缴费用分别为 5 899 美元、28 569 美元和 13 766 美元。[①]

凯斯西储大学（Case Western Reserve University）

2014—2015 学年，美国预计有 100 万名大学生获得副学士学位，180 万人获得学士学位，82.1 万人获得硕士学位，17.8 万人获得博士学位。2012 年，在25～34 岁人群中，获得学士或以上学位、获得副学士学位、接受过大学教育但未获得学位、高中毕业和未获得高中文凭者的就业率分别为 73%、65%、59%、60% 和 49%。2013 年，获得学士或以上学位人群较其他群体仍显示出小幅的就业优势。

2012 年，在 25～34 岁人群中，仅获得学士、未获得高中文凭、高中毕业和

① http://nces.ed.gov/fastfacts/display.asp?id=372.

西点军校

获得副学士学位者的年薪中值分别为 46 900 美元、22 900 美元、30 000 美元和 35 700 美元。换言之，仅获得学士学位人群的收入水平是未获得高中文凭群体收入水平的两倍，比高中毕业群体的收入水平高出 57%。此外，当年获得硕士或以上学位人群的年薪中值为 59 600 美元，较仅获得学士学位群体的收入水平高出 27%。

迄今为止，美国已经历了 6 次教育改革，分别为 20 世纪 50 年代的“新课程”运动、20 世纪 60 年代的促进教育机会平等运动、20 世纪 70 年代的“恢复基础”运动、20 世纪 80 年代的学校重建运动、20 世纪 90 年代的教育选择与国家标准运动以及 21 世纪的学校教育与工作相结合运动。

2009 年 3 月，奥巴马在其教育改革演讲中，阐述美国的繁荣不在于拥有多少物质财富，而在于后代是否拥有良好的教育。他认为，教育是“美国繁荣的根源”，是成功的先决条件。总体而言，奥巴马在教育方面基本遵循布什政府的已有框架，但提出了“0 至 5 岁教育计划”和“美国机会税收优待计划”两项教育新主张。前者指每年由联邦政府拨款 100 亿美元资助各州学前教育的普及，为所有学龄儿童提供平等教育机会；后者以降低大学生的学费为主旨，为他们提供学费资助，但受资助的大学生必须以从事无偿的社区服务作为回馈。对于布什政府的“不让一个孩子掉队”的教育法案，奥巴马对其作出多项改进，强调学生的教育质量与教师业绩挂钩，如改革“为考试而教学”的现状，倡导教育科目要全面，对落后学生要给予更多关怀，增加教育经费等。他对公立学校的现有状况并不满意，要求美国各州增加对特许学校的拨款，支持特许学校的发展，但其成效还有待时间检验。另外，他认为为提高美国在国际上的长远竞争力，必须强化国民教育，提高学校教育质量，将降低高中学生辍学率作为国家的首要任务。关于教师待遇问题，他主张实行绩效工资制，提出加强教师聘用、培训、留任及奖励的优惠计划。[①]

① http://zh.wikipedia.org/wiki/%E8%B4%9D%E6%8B%89%E5%85%8B%C2%B7%E5%A5%A5%E5%B7%B4%E9%A9%AC.

6.2.4 医疗

经过一百年的演变，美国形成了以医疗保险为基础的医疗保健系统，该系统包括三大支柱：一是有工作的雇员通过雇主购买公司医疗保险；二是联邦政府向65岁以上的老年人和残疾人提供的联邦医疗保险（Medicare），也被称为老年医保；三是联邦政府与各州政府合资向最贫困的美国人提供的协助医疗保险（Medicaid），也被称作贫困医保。据世界卫生组织统计，2010年美国全国医疗卫生总支出占GDP的17.6%，按照购买力平价计算，人均医疗健康支出8 233美元。2005—2012年，平均每万人拥有医生25人、护理和助产人员99人、药师9人；2005—2012年，平均每万人拥有医院床位30张。

美国癌症协会（American Cancer Society）

美国弗罗里达州莫菲特癌症研究中心

2010年初，在奥巴马的全力推动下，美国国会通过了医疗保险改革法案，并经总统签署生效。新法案主要有以下变化：第一，在制度类型方面，改革前是商业保险（Consumer Sovereignty Model）方式，而改革后是商业保险和国民健康保险（National Health Insurance）共存。第二，在管理体制方面，改革前为商业保险公司，改革后由联邦、州政府和商业保险公司三方组成。第三，在财政来源主体方面，改革前是个人或企业主，改革后包括保险费、新设消费税、医疗补助上涨税、保险商品消费税等。第四，针对外国人入保问题，改革前允许非法移民享受医保，改革后禁止非法移民入保。第五，在入保方式上，改革前主要是以雇佣方式加入或者个人入保，改革后入保成为义务，否则面临罚款，防止少数个人及企业投机取巧，搭改革便车。第六，对已有疾病的个人，改革前有拒其加入医保的现象，改革后如拒其入保将面临罚款。第七，改革前实行自愿合同制，而改革后则凸显标准化与合同制。总体而言，改革前的医保模式具有促进医疗技术发展和提供多样选择的优点，但伴有高医疗费、高未入保率等缺点；改革后会消除医保死角，但同时会增加中产阶级的负担。美国此次医保改革的效果如何，仍有待检验。①

万圣节

6.2.5 节日

美国节日有联邦法定假日和其他节日之分。联邦法定假日包括元旦、马丁·路德·金纪念日、华盛顿诞辰日、阵亡将士纪念日、独立日、劳动节、哥伦布日、退伍军人节、感恩节、圣诞节（参见表 6-2），1971 年生效的美国《统一假期法案》（Uniform Monday Holiday Act）对其进行了统一规定。其他节日主要包括情人节、愚人节、复活节、万圣节等，在此期间，各商家通常会开展多种促销活动，以刺激销售增长。

表 6-2　　美国联邦法定假日

时间	节日	意　义
1 月 1 日	元旦	庆祝公历新年的到来，通常在新年前夜开始庆祝。
1 月第三个星期一	马丁·路德·金纪念日	纪念民权运动领袖马丁·路德·金诞辰（1929 年 1 月 15 日）。
2 月第三个星期一	华盛顿诞辰日	纪念美国首任总统乔治·华盛顿诞辰（1732 年 2 月 22 日）。
5 月最后一个星期一	阵亡将士纪念日	纪念在南北战争中阵亡的士兵。
7 月 4 日	独立日	纪念 1776 年 7 月 4 日《独立宣言》的发表和美国成立。

① 付玉帅，张业亮．奥巴马医改法及其实施前景［J］．世界经济与政治论坛，2012（6）．

续表

时间	节日	意　义
9月第一个星期一	劳动节	向劳动者致敬，纪念工人运动成就。
10月第二个星期一	哥伦布日	纪念克里斯托弗·哥伦布于1492年10月12日发现美洲“新大陆”。
11月11日	退伍军人节	向退伍军人致敬，纪念第一次世界大战于1918年11月11日上午11时正式停战。
11月最后一个星期四	感恩节	庆祝秋季收获，感谢印第安人的帮助。
12月25日	圣诞节	纪念耶稣基督诞生。

资料来源：

[1] http://www.opm.gov/policy-data-oversight/snow-dismissal-procedures/federal-holidays/#url=2014.

[2] http：//en.wikipedia.org/wiki/Federal_holidays_in_the_United_States.

6.2.5.1　元旦

元旦即新年的第一天，是全美各州人民一致庆祝的节日。一般而言，人们自新年前夜即除夕便开始庆祝，或聚集在教堂唱诗祈祷，或在野外举办篝火晚会，一同迎接新年的到来。

元旦并不是美国最热闹的节日，但仍不乏盛大的庆祝活动。例如，加利福尼亚州的玫瑰花会是美国历史最悠久、规模最宏大的新年庆典。届时，用鲜花，特别是玫瑰花装点的彩车会绵延数英里，彩车上摆满了鲜花制成的各种模型，不仅吸引了加州的男女老少簇拥街头，还吸引了上百万的电视观众。费城则有举办化装游行的传统，参加游行的人们会扮成小丑、妇女（根据古老的习俗，该游行不允许女性参加）等，随着彩车载歌载舞，热闹非凡。

此外，还有许多州会在元旦举行足球比赛。例如，在鲜花盛开的加利福尼亚州有玫瑰杯足球赛，在盛产棉花的德克萨斯州达拉斯城有棉花杯足球赛，甘蔗产地路易斯安那州新奥尔良有糖杯足球赛，佛罗里达州杰克森维尔城有鳄鱼杯足球赛，德克萨斯州埃尔帕索城有太阳杯足球赛等。

6.2.5.2　复活节

复活节是一个宗教节日，为每年春分月圆后的第一个星期日，一般在3月

22日至4月25日之间。

在复活节的传统习俗中，最典型的要数复活节彩蛋。除了彩蛋，兔子也是复活节的象征。鉴于兔子极强的繁殖能力，人们通常将其视为新生命的创造者。因此，以彩蛋和兔子为造型的巧克力和糖果便成为复活节期间最抢手的商品。

6.2.5.3 独立日

美国独立日即国庆节，为每年7月4日，意在纪念1776年7月4日《独立宣言》的发表和美国的成立。《独立宣言》是北美洲13个英属殖民地宣告脱离大不列颠王国独立的纲领性文件。该宣言主要由美国第三任总统托马斯·杰佛逊起草，于1776年7月4日由第二次大陆会议出席代表共同签署，是美国最重要的立国文书之一。

早期的独立日庆祝活动以游行和演讲为主，后来又增加了户外活动、体育比赛等项目。如今，独立日仍然是一个相当热闹的节日。自发参与程度高是美国民众庆祝独立日的重要特点。各地居民、非政府组织和社区机构通常会自发举办花车巡游、艺术表演等活动，各种彩车、乐队和欢乐的人群排成浩浩荡荡的队伍，景象十分壮观。

6.2.5.4 感恩节

感恩节定于每年11月的第四个星期四，是美国独创的古老节日。1620年，著名的“五月花”号满载不堪忍受英国宗教迫害的清教徒102人抵达美洲大陆。当年冬天，这些移民饥寒交迫，存活者仅半数左右。此时，善良的印第安人为他们送来了生活必需品，还特地派人教其如何狩猎、捕鱼、种植玉米和南瓜。在印第安人的帮助下，这些移民喜获丰收。他们根据传统的宗教习俗，规定了感恩上帝的日子，并邀请印第安人一同庆祝。这就是感恩节的由来。

“五月花”号

如今的感恩节是美国人合家团圆的日子。火鸡作为一道传统主菜，深受人们的喜爱。此外，信教民众通常会前往教堂做感恩祈祷。其他庆祝活动还包括化装游行、戏剧表演、体育比赛等。

6.2.5.5 圣诞节

每年 12 月 25 日的圣诞节是美国最热闹的节日，庆祝活动一般自 12 月 24 日平安夜开始，人们大多合家团聚共进晚餐，信教民众则会在教堂参加午夜礼拜。

圣诞节的典型装饰是圣诞树，人们通常会在小杉树或小松树上挂满礼物和彩灯，并在树顶摆放一颗大星。此外，人们还会头戴圣诞帽，互赠圣诞卡，参加圣诞派对等。孩子们则最期待圣诞老人的礼物，在平安夜将圣诞袜挂在床头，等待次日早晨收获礼品。

圣诞节前，美国人通常会采购大量节日礼品，各大零售商也会积极开展打折促销活动，这对于出口企业而言是一个不可错失的良机。目前，全球近 90% 的圣诞节礼品产自中国。① 但近年来，受全球经济疲软、原材料涨价、人民币升值等因素影响，中国出口企业在圣诞节期间的业绩堪忧。在此背景下，企业一方面需要及时关注美国对于出口产品的认证标准，提升自身产品的质量水平；另一方面需要加强产品创新，从代工生产模式向打造自主品牌转化，在出口市场上争取更多的主动权。

6.2.6 休闲

美国人的休闲生活丰富多彩，绝大多数美国人都喜欢利用假期外出旅游。2013 年，美国旅游商品与服务的总产出额为 1.47 万亿美元，较 2012 年增长了 4.1%。其中，直接产出额为 8 559 亿美元，间接产出额为 6 138 亿美元（参见表 6-3）。

尼加拉瓜大瀑布

表 6-3　　2009—2013 年美国旅游商品与服务总产出额　　单位：亿美元

	2009	2010	2011	2012	2013
食宿	2 094.59	2 112.82	2 235.51	2 373.93	2 513.42
餐饮场所	1 839.28	1 936.14	2 083.73	2 250.46	2 365.56
国内旅游航空	1 318.94	1 395.54	1 571.18	1 571.15	1 681.28

① http：//money.163.com/special/view56/.

续表

	2009	2010	2011	2012	2013
国际旅游航空	611.88	750.97	824.89	866.12	929.43
铁路客运	31.76	32.30	34.41	36.21	37.82
水路客运	211.75	223.37	220.72	230.23	266.70
城市客运	26.81	23.48	24.63	26.91	29.42
巴士租赁	26.35	27.85	28.57	30.11	32.82
城市轨道交通及其他交通服务	75.00	72.24	75.91	81.51	80.05
出租车	70.77	70.49	72.28	74.16	79.64
观光运输	41.67	44.29	47.94	52.79	48.19
汽车租赁	447.44	449.89	488.75	523.25	550.52
其他车辆租赁服务	12.21	12.26	12.87	13.27	13.87
车辆维修	187.22	193.15	201.08	194.39	186.50
停车费	34.96	36.42	37.38	37.17	37.76
高速公路费	13.10	13.56	13.65	13.69	13.96
旅游规划与预订服务	520.97	563.44	596.26	629.86	672.84
影视与表演艺术	255.94	255.06	250.15	266.10	248.85
观赏性体育赛事	96.63	94.62	98.86	89.81	86.99
参与性体育赛事	188.54	179.82	200.02	209.90	215.07
赌博	704.85	704.82	727.44	751.22	778.83
其他娱乐项目服务	215.39	212.30	219.28	223.53	230.01
汽油	786.57	920.45	1 322.33	1 482.61	1 472.41
除汽油外的非耐用性个人消费	1 919.94	1 863.89	2 050.53	2 083.19	2 125.18
合计	11 732.56	12 189.17	13 438.38	14 111.58	14 697.14

资料来源：美国商务部经济分析局网站.

2012年，美国居民在旅游方面的花费共计7 970.66亿美元，较2011年增长3.2%。其中境内旅游花费为6 575.40亿美元，境外旅游花费为1 395.26亿美元，二者占比分别为82.5%和17.5%，境外旅游花费占比首次突破2010年的峰值17.4%（参见表6-4）。

洛杉矶环球影城

帝国大厦

联合国总部大楼

39号码头

“破碎的地球”雕塑

表6-4　　2006—2012年美国居民旅游花费　　单位：亿美元,%

	境内旅游花费	境外旅游花费	合计	境内旅游花费占比	境外旅游花费占比
2006	6 548.60	1 222.65	7 771.25	84.3	15.7
2007	7 079.24	1 291.08	8 370.32	84.6	15.4
2008	6 814.90	1 347.78	8 162.68	83.5	16.5
2009	5 897.45	1 191.02	7 088.47	83.2	16.8
2010	5 910.34	1 243.53	7 153.87	82.6	17.4
2011	6 416.85	1 307.20	7 724.05	83.1	16.9
2012	6 575.40	1 395.26	7 970.66	82.5	17.5

资料来源：http：//www.bea.gov/scb/pdf/2014/06% 20June/0614 _ travel _ and _ tourism _ satellite_accounts.pdf.

迪士尼乐园

野生动物园

除旅游之外，运动也是美国人颇为热衷的一种休闲方式。美国的体育产业规模庞大，经营模式成熟，涉及职业比赛、休闲、健身、器械制造、媒体传播、娱乐时尚等众多行业。据估算，美国体育市场的整体销售额约为每年 4 850 亿美元，其中，体育设备的零售额约为每年 410 亿美元（参见专栏 6-4）。

专栏 6-4

美国的体育产业

美国是世界头号体育强国，同时也是世界上体育产业最发达的国家，其产业规模、经营治理、运行机制都堪称一流。早在 19 世纪中叶，美国就已经出现了商业性的体育赛事。20 世纪 60 年代以前，两次世界大战及经济萧条影响了美国体育产业的发展速度。20 世纪 60 年代以后，技术进步和经济发展使更多的美国人成为了“有钱又有闲”的中产阶级，这些人寻求新的生活方式并希望提高生活质量，使美国体育产业获得了新生，并走上了快速发展的轨道。据统计，2010 年，美国的体育产业总产值高达 4 410 亿美元，接近 GDP 的 3%，是汽车产业的两倍，影视产业的 7 倍。

职业体育是美国体育产业最具影响力的一个领域，美国劳工统计局 2013 年公布的数字显示，美国有 13 880 名专业运动员，206 808 名教练与审核员，16 410 名裁判员等比赛官员。美国橄榄球联盟（NFL）、美国职业篮球联盟（NBA）、美国冰球联盟（NHL）、美国职业棒球联盟（MLB）这四大职业体育运动组织是美国职业体育产业的支柱。

美国职业体育产业的主要收入来自电视转播权、门票、“场租”（包厢、货摊租金、停车等）及特许纪念品、赞助销售等，其中电视转播权和门票所占比重最大。美国四大职业体育联盟有着巨大的影响力和创造财富的能力。据调查，约有27.9%的美国人是NFL球迷，12.9%的美国人是MLB球迷，9.6%的美国人是NBA球迷。四大联盟目前的年收入在230亿美元左右。

美国航空球场

美国的健身业市场规模大，占美国整个体育产业的32%，整体经营水平高，组织化程度高。美国人有健身消费的意识和习惯，也有经济水平和时间的保证，这造就了全球最大的体育健身娱乐市场。美国自20世纪70年代刮起健身热，经过80年代后期至90年代初期的动荡与调整，如今该市场已趋于稳定与成熟。

目前，美国运动健身场所大约有4.8万个，商业性俱乐部1.33万个，其中体育健身俱乐部1.2万个，占总数的90.22%。此外，美国有大约130万人直接服务于娱乐休闲行业。休闲体育带动了旅游、交通运输、食宿、体育用品等方面的消费，极大地推动了美国体育产业的发展。

乔丹铜像

出于身心放松、社会交往、寻求刺激、挑战自我及变更生活方式等需求，美国人喜爱参加各种休闲体育活动，尤其是各种户外活动。美国2000年的官方统计显示，美国人喜爱的休闲活动包括散步（约8 600万人）、游泳（约6 700万人）、露营（约5 000万人）、器械练习（约4 500万人）、钓鱼（约5 000万人）、单车运动（约4 300万人）、保龄球（约4 300万人）。

近年来，参加健身运动的美国人越来越多。美国体育活动理事会2013年公布的统计数据显示，美国中小学生参加团体运动的人数有所增加，美国所有年龄段人群参加健身运动的人数增长了2%。另外，美国7 500万婴儿潮一代已经积累了巨大财富，有大量时间用于休闲，他们对生活质量非常关注，对运动休闲业的贡献正在增长，已经成为俱乐部与家庭运动行业的重要收入来源。据国际健康及运动俱乐部协会统计，2005 年美国健身俱乐部的会员数量仅为 4 130 万人，到 2012 年增至 5 020 万人。美国 30 500 个健康俱乐部在 2012 年获得 2 180 亿美元的收入。

体育用品包括体育器材、运动鞋和运动服三大类，约占目前美国体育总营业额的 13%。19 世纪上半叶，美国的体育用品生产开始起步；1905 年全美体育用品生产者协会成立；20 世纪 20 年代美国的一批著名运动员投身于此，带动了体育用品业的发展；20 世纪 70 年代世界体育用品联合会成立；20 世纪 80 年代，美国体育用品业产生了两大巨头——耐克和锐步。

美国的体育用品业积极支持大众体育的发展，企业通过赞助、宣传、游说国会等方式来鼓励大众参与体育活动。该产业对新兴运动项目保持着高度的敏感性，如 1998—2005 年，美国单板滑雪的参与人数一下子增加了 33%，这促使体育用品企业设计出了更多的优质单板滑雪装备和滑雪服装来满足市场的特殊需求。

资料来源：

[1] http：//news. xinhuanet. com/sports/2012-06/19/c_123305802. htm.

[2] http：//finance. sina. com. cn/roll/20141028/071920660163. shtml.

6.3 跨文化交际

6.3.1 美国文化特征

荷兰文化人类学家吉尔特·霍夫斯泰德（Geert Hofstede）将文化定义为："能够将一组或一类成员与其他成员相区别的一类思想的集合。"① 特普施泰拉（Terpstra）和大卫（David）则提出了一个更贴近商业的定义："文化是一套习得的、共通的、强制的、相互关联的符号，其含意为社会成员提供了一套准则。这套准则合力为各个社会所面临的生存和发展问题提供了必要的解决方案。"②

1967—1973 年，霍夫斯泰德在跨国公司 IBM 进行了一项大规模的文化差异研究。这项调研覆盖了 IBM 在全球范围的 70 多家子公司，旨在研究雇员行为、

---

① Geert Hofstede. Culture and Organizations：Software of the Mind [M]. London：McGraw-Hill，1991：5.

② Vern Terpstra and Kenneth David. The Cultural Environment of International Business，Cincinnati [M]. OH：South-Western Publishing Co.，1991：6.

价值观念以及合作方式等方面的差异。根据此项研究成果，霍夫斯泰德提出了权力距离（Power Distance）、个人主义/集体主义（Individualism/Collectivism）、阴阳特质（Masculinity/Femininity）、风险规避（Uncertainty Avoidance）4个文化维度。1991年，霍夫斯泰德根据米切尔·哈里斯·邦德（Michael Harris Bond）与华人学者彭麦克等人的研究成果，增加了长期导向/短期导向（Long-term Orientation/Short-term Orientation）维度，并将其应用于23个国家的文化测量。2010年，霍夫斯泰德根据迈克尔·明科夫（Michael Minkov）涵盖93个国家的研究成果，增加了第6个维度放纵与节制（Indulgence/Restraint）。[①]

权力距离，即掌握较少权利的社会成员对权力不均等分配的接受程度。在高权力距离国家，人们普遍接受社会地位的差异；而在低权力距离国家，人们则更重视社会的平等与民主。

个人主义和集体主义反映了社会成员融入群体的程度。在个人主义色彩较强的社会，人们更加注重自身的利益，成就被视为个人的，而集体对个人成就的贡献则是次要的。相反，在崇尚集体主义的社会中，集体的利益高于一切，个人的利益则是次要的。

阴阳特质，即性别因素对价值观和决策的影响，反映了一个社会对男权和女权的价值评判。在阳刚特质主导的社会中，人们期待男性是果敢、刚毅、不畏竞争的，同时期待女性更多地扮演养育子女等家庭角色。而阴柔特质主导的社会则以团结、环保、生活质量为主要价值取向，男性和女性的社会角色重叠交错。

风险规避，即人们对不确定性的容忍程度，包括规则导向、稳定性、压力感3个指标。其中，规则导向主要考察某种文化要求人们在思想和行为上循规蹈矩的程度，稳定性主要反映人们对待变化的态度，压力感则反映组织和个人的焦虑程度。在风险规避程度较高的国家，人们倾向于严格遵守相关的规范与程序，差异的存在则令人感到不安。相比而言，在风险规避程度较弱的社会里，人们显得更加悠闲自在，富有创新和创业精神，认为差异代表着一种趣味。

长期导向和短期导向反映了一个社会对未来、现在和过去的关注程度。在长期导向型社会，人们更多地着眼于未来，往往表现出坚韧、节俭（如较高的储蓄率）等特质。短期导向型社会则更加关注现在和过去（如尊重传统），注重当前的生活和享受，不愿为将来而牺牲现在。

放纵与节制反映了一个社会对于人类满足其基本需求和欲望的态度。在“放纵型”社会中，人们大多以享受生活为追求，而“节制型”社会则倾向于通

---

① http：//geert-hofstede. com/national-culture. html.

过制定严格的社会规范抑制人们享乐的欲望。

霍夫斯泰德认为，一个国家的文化特征是相对而言的。美国的权力距离指数、个人主义指数、阳刚特质指数、风险规避指数、长期导向指数、放纵指数分别为40、91、62、46、26、68，而中国的各项指数分别为80、20、66、30、87、24，二者的差异比较显著（参见图6-5）。

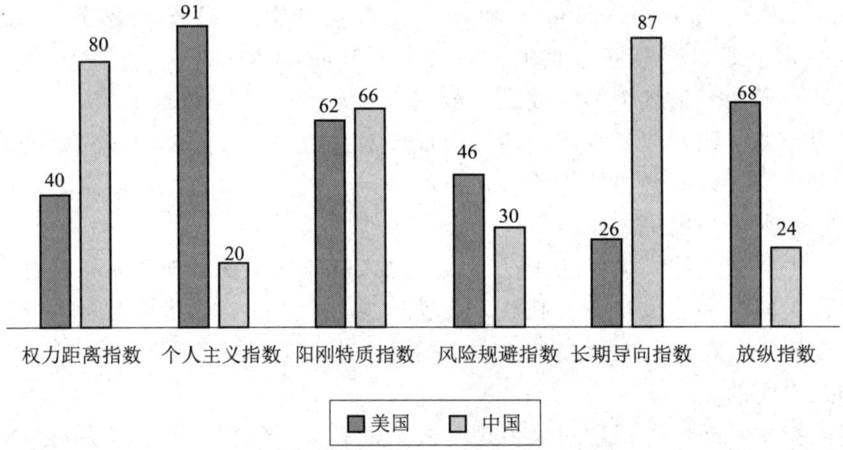

图6-5　美国与中国的文化维度

资料来源：http：//geert-hofstede. com/united-states. html.

具体而言，美国是一个低权力距离国家。美国人认为，每个人都是独特而平等的。这种平等观念以人性为基础，强调每个人生来具有不可低估的价值。在美国，“平等”多指机会平等，即所有人在生活中享有同样的机会，无论其肤色、性别、国籍和宗教信仰如何。美国企业的组织相对松散，管理者和员工之间的沟通也常常是非正式的和参与式的。

同时，美国又是一个推崇个人主义的国家。美国的社会组织相对松散，独立自主的观念深入人心。美国的商人善于和陌生人打交道，他们会大胆地与合作方进行接触从而获取所需的信息。在公司中，独立、主动、具有独到见解的员工更容易受到赏识而得到晋升机会。

美国是一个具有阳性特质的社会。美国人喜欢竞争，渴望成功，事事争先。无论学习还是工作，“赢者为王”的观念都渗透其中。美国企业的评价体系大多以目标为导向，通过目标的达成情况衡量一个人的工作能力。美国人普遍相信，总能找到更好的方法解决某个问题，这种持续改进的理念也融入了美国的企业文化。总体而言，工作在美国人的生活中占有重要的地位，通过工作获取金钱和更高的社会地位是美国人证明其优秀程度的一种方式。事实上，许多美国人都会在获得晋升后搬到更豪华的社区居住。

美国人的风险规避程度较低，比较容易接受新的想法，也有较强的意愿尝试新鲜的事物，无论是创新的科技产品，还是优秀的商业实践。美国人大多能够包容不同的观点，同时喜欢自由地表达自己的意见。

6.3.2 跨文化商务谈判

美国人类学家爱德华·霍尔（Edward Hall）将一个国家的文化取向划分为低语境文化（Low-context Culture）和高语境文化（High-context Culture）。所谓语境，是指语言交际以及非语言交际所依据或隐含的社会、历史、文化背景，以及交际现场的时空环境（口语和体态语）或文本中的上下文语义（或书面语）。在低语境文化中，言语或文字承载了大部分信息；而在高语境文化中，更多的信息则隐藏在沟通的情境中，如交谈背景、语义联想以及各方的价值观等。在低语境文化中，人们十分重视法律文件的作用；而在高语境文化中，能够发挥实际作用的法律文件则相对较少。在信贷发放决策中，低语境文化国家更加看重借款人的身份背景和社会地位；而高语境文化国家则更加注重有关信贷申请和财务报表等书面文件的分析。在低语境文化中，人们多以书面承诺作为办事依据，口头承诺不足以形成契约；而在高语境文化中，个人的口头承诺意味着一种契约，责任和信誉有时会取代非人格化的法律制裁。在商务谈判中，低语境国家的商人倾向于迅速推进，以协议的签署为主要目标；而高语境国家的商人则更加看重关系的建立（参见表6-5）。

表6-5　　高语境文化与低语境文化特征

	高语境文化	低语境文化
律师	不太重要	非常重要
承诺	个人口头承诺等价于信誉保证	多以书面承诺作为办事依据
责任	个人须对组织所犯的错误负责	个人与组织所犯错误的关联较小
空间	人与人之间的距离很近	注重个人享有的私密空间
时间	多元时间观，认为生命中的任何事情都有其时间规律，强调顺其自然	单一时间观，认为时间就是金钱，强调一时一事
谈判	冗长，主要目的是让谈判各方互相了解	迅速推进
竞标	不常有	常有

资料来源：沃伦·基根，等. 全球营销学［M］. 傅慧芬，等，译. 第四版. 北京：中国人民大学出版社，2009：136.

美国是一个典型的低语境文化国家，而中国是一个典型的高语境文化国家。在谈判过程中，这种文化差异体现在谈判目标、语言风格、谈判习惯、协议制订等多个方面。

就谈判目标而言，美国人通常以双方达成并签署协议作为谈判的最终目标。美国社会以市场交换和市场竞争为主要特征，美国人认为“生意就是生意”，只有通过谈判并签署协议，明确各自的权利和义务，才能更好地开展后续工作。因此，美国商人在谈判过程中更加注重实质问题和实际利益，整个谈判以任务为主要驱动力。而中国商人普遍认为，谈判的最终目标在于关系的建立而不在于协议的签署。中国商人更加重视人情关系，谈判时不过多强调利益的交换。

就语言风格而言，美国人往往直言不讳，喜欢直接而简单的沟通方式。美国商人大多能言善辩，谈判中尽量避免冷场。在美国人眼中，沉默不仅是缺乏信心甚至是逃避责任的表现，还意味着沟通的中断或谈判已经出现裂痕。在谈判过程中，不管赞成还是反对，美国商人都倾向于对问题做出清楚而明确的答复。而中国人崇尚和谐，通常不直接表露自己的情绪。对于沉默，中国人视其为一种重要的交际功能，认为停顿和沉默具有丰富的含义，既可表示无言的赞许，也可以是欣然默认、保留己见；既可以是附和众议的表示，也可以是决心已定的标志。中国人认为，恰到好处的停顿能产生惊人的效果，具有“此时无声胜有声”的语言魅力。因此，中国人认为保持沉默是值得赞扬的行为。在谈判过程中，中国商人倾向于婉转曲折的表达，也比较善用脸部表情、手势等肢体语言。即使是要表明拒绝的态度，也会在言语中使用大量的修辞，含蓄地在言辞间传达出反对的意思。

就谈判习惯而言，中美文化差异主要体现在谈判者的时间观念和战术选择方面。对于时间的控制，美国商人会更加强调“专时专用”，追求速度和效益，做任何事情都要严格遵守日程安排，对每个环节、每一场谈判都高度专注，并且速战速决。因此，美国人会习惯明确谈判的主题或问题的顺序和谈判的时间，逐个进行，第一个问题不彻底解决，就不进行第二个问题的谈判，最后才完成整个协定。而中国的谈判者则恰恰相反，习惯“一时多用”，认为宽松的时间表才能更好地互相了解，建立关系，从而有利于进行深层的谈判。因此，中国人喜欢全面地谈论问题，站在整体的角度综合分析和衡量问题的重要程度，认为同时进行几个议题的谈判也不为过。

高低语境文化在谈判战术方面的差异主要表现在开局、磋商和结束三个阶段。中国人认为生意是在饭桌上谈出来的，因此生意跟娱乐密不可分。开局的时候会先嘘寒问暖，努力沟通了解，建立关系为先。而美国人则会开门见山，直奔主题，因为在低语境文化里，工作和娱乐尽量避免混在一起，最理想的状态是按照议程展开谈判，尽快达成交易。在磋商阶段，美国人随时欢迎别人加入到谈话中来，积极表达自己的意见，打断别人的话都是正常的谈判行为。这种话语方式被称为高介入式。而与之相反的话语方式，说话者使用相对慢一点的语速，话题转换间有较长的停顿，避免打断或者抢别人的话，称为高体贴式。中国人在磋商的过程中，就强调不插话、不打断、不勉强的话语方式，在谈判中充分尊重对方。因此，在中美谈判中，美国人会表现得较为强势和积极，对谈话的主导性较强。对于谈判的结束，美国人认为签署合同就是谈判的终止，但是中国人强调源远流长的关系，因此会安排隆重的签约仪式和庆功活动，谈判的结束更多地意味着一段良好合作关系的开始。

就协议制订而言，美国人更倾向于细致具体的行文风格，要求协议能适用于所有可能发生的情况，交易的实质就是协议本身，参与者应该能依据协议找到任何因素变化后的应对方法，注重协议条款的严密性和完整性。而中国人则倾向于一种总体化的协议，认为协议的实质是双方建立的良好关系，如果有意想不到的情况出现，双方应该依据互相的关系而不是协议上的细节条款来解决问题。①

圣莫妮卡海滩

① 吴翠萍．浅析高低语境文化差异对中美贸易谈判的影响［J］．中国外资，2012（12）．

参考文献

[1] 彼得·海．美国法概论［M］．许庆坤，译．北京：北京大学出版社，2010.

[2] 陈宝森，王荣军，罗振兴．当代美国经济［M］．修订版．北京：社会科学文献出版社，2011.

[3] 董秀丽．美国政治基础［M］．北京：北京大学出版社，2010.

[4] 弗雷德里克·S·米什金．货币金融学［M］．郑艳文，荆国勇，译．北京：中国人民大学出版社，2012.

[5] 何家弘，邓矜汀．当代美国法律［M］．修订版．北京：社会科学文献出版社，2011.

[6] 黄绍湘．美国历史［M］．北京：中国大百科全书出版社，2013.

[7] 加里·阿尔滕，詹尼特·班尼特．理解美国——美国文化指南［M］．曹菁，王颖，译．北京：北京大学出版社，2012.

[8] 李其荣．美国文化解读——美国文化的多样性［M］．山东：济南出版社，2005.

[9] 刘宝成．国际市场营销［M］．北京：机械工业出版社，2013.

[10] 刘杰．当代美国政治［M］．修订版．北京：社会科学文献出版社，2011.

[11] 刘澎．当代美国宗教［M］．修订版．北京：社会科学文献出版社，2012.

[12] 刘振环．美国贸易政策研究［M］．北京：法律出版社，2010.

[13] 美国国务院国际信息局．美国法律概况［M］．金蔓丽，译．沈阳：辽宁教育出版社，2006.

[14] 潘锐．美国国际经济政策研究［M］．上海：上海人民出版社，2013.

[15] 乔治·布朗·廷德尔，大卫·埃默里·施．美国史［M］．宫齐，等，译．广州：南方日报出版社，2012.

[16] 沃伦·基根，等．全球营销学［M］．傅慧芬，等，译．第四版．北京：中

国人民大学出版社，2009.

[17] 吴军，郭红玉，陈涛．货币银行学［M］．北京：对外经济贸易大学出版社，2006.

[18] 余万里．美国贸易决策机制与中美关系［M］．北京：时事出版社，2013.

[19] 臧慧萍．美国金融监管制度的历史演进［M］．北京：经济管理出版社，2007.

[20] 周晓燕．国别贸易投资环境报告 2014［R］．上海：上海人民出版社，2014.

[21] Geert H. Hofstede, Gert Jan Hofstede, Michael Minkov. Cultures and Organizations: Software of the Mind [M]. 3rd Edition. New York: McGraw-Hill, 2010.

[22] Office of the Federal Register, National Archives and Records Administration. The United States Government Manuel 2013 [M]. Washington: Claitor's Publishing Division, 2013.

[23] Richard Schaffer, Filiberto Agusti, Beverley Earle. International Business Law and Its Environment [M]. 7th Edition. Mason: South-Western, 2009.

[24] Roger LeRoy Miller, Gaylord A. Jentz. Fundamentals of Business Law: Summarized Cases [M]. 8th Edition. Mason: South-Western, 2009.

[25] U. S. Department of State Bureau of International Information Programs. U. S. A. History in Brief [M/OL]. http: //www. america. gov/publications/books/learner_english. html.